塔羅博物館

Tarot and Divination Cards: A Visual Archive

作者　拉媞西亞・巴比耶（Laetitia Barbier）

譯者　林金源

塔羅博物館

Tarot and Divination Cards: A Visual Archive

作者　拉媞西亞・巴比耶（Laetitia Barbier）

譯者　林金源

起初是聲音

起初是聲音。這句話在夜半時喚醒了我，那不像個夢境或口頭陳述，而是等待著我的某種訊息。從白天到傍晚，我讀著這本奇妙的書，思忖書中所列舉的，從許多世紀以來的許多文化中種種令人感到驚奇的事物，以及它如何在文藝復興、古典藝術、民俗圖像、煉金術和魔法符號、時裝秀及神秘訊息，乃至於電影、電視和漫畫書之間翩翩起舞——我尤其想著，作者拉媞西亞如何悠遊穿梭於書中的每個角落。

俯拾皆是的趣味貫穿了整本書，每一頁都顯而易見，作者展現出對牌卡占卜所有的形式表現、變化轉折及無窮花樣的喜愛。多年前，一位名叫約安娜·薩拉揚（Ioanna Salajan）的希臘裔美籍教師告訴我們這群在阿姆斯特丹的學生：「凡事得在樂趣中學習。」她還說，很多人都不相信這句話，但我相信。我也納悶是否因為塔羅已經滲入了我的生活，所以即便這些牌卡帶來的訊息揭露出痛苦和挑戰，我總能從各種發現中獲得樂趣。

拉媞西亞深諳此道。我們看得出她對每幅圖像和每個故事的熱愛，而且從一開始便感受得到。她告訴我們，她和塔羅就像美國導演吉姆·賈木許（Jim Jarmusch）的電影《噬血戀人》（*Only Lovers Left Alive*）裡的那對吸血鬼情侶，每當她再次拾起塔羅牌，他們就會彼此吸引，忘卻悠悠歲月。請注意，她並非單純說她受到塔羅的吸引，而是，她與塔羅彼此吸引。這是一個天大的秘密，拉媞西亞不僅知曉，還再三昭示於我們眼前——塔羅以及統稱為「占卜牌」的各種占卜遊戲傳統至今仍然存在，生動地表現在圖像和牌意之中。

讓我說得更清楚一點。我指的不是經常出現在圖像裡的天使、惡魔或幽靈。我們確實在牌卡、塔羅或其他事物中見到許多上述例子，它們透露了來自「天使和引導者」的口頭訊息，就像當代許多靈媒喜歡說的那樣。我說的是比較簡單、也許更奇怪，或者，至少是更直接的事。對許多人而言，想瞭解牌卡的意義，並不需要藉助某種外在的神靈。若干世紀以來，藝術家、作家和解讀者致力於哺育這些圖像，而圖像本身就是我們的導師、朋友和愛人。在這本精彩的書中，從每組圖像和每個**饒富趣味**的故事裡，我們都能發現這點。

我們大可這麼說——以前從來沒有人做過類似的事！就我所知，甚至從來沒有人嘗試過對占卜牌卡的通盤歷史進行如此深入和深情的調查。我們可能會想到卡普蘭（Stuart Kaplan）四冊一套的《塔羅百科全書》（*Encyclopedia of Tarot*）。不過卡普蘭作品的特點是搜羅詳盡，而非展現鑑賞力。《塔羅百科全書》勇敢嘗試囊括了古來第一副到現今的所有塔羅牌，當然，這是個不可能達成的目標，因此最後一冊發行前，內容甚至尚未齊備。再者，卡普蘭將範圍侷限於塔羅，而非開放地探索從古至今、牌卡占卜廣大的「多重宇宙」（拉媞西亞無疑會喜歡的漫畫系列用語）。

左頁

《女祭司》（*The High Priestess*），亞瑟·哈克（Arthur Hacker），十九世紀。

在本書中，拉媞西亞也沒有企圖要涵蓋當代數不盡的牌卡，無論塔羅或神諭牌，也因此，我們非常期待第二冊的問世。然而，她確實探討了非塔羅占卜牌傳統的世界，不光我們所知的許多牌卡，還有一副又一副奇蹟般出現的不知名牌組，因其獨一無二的預言系統和豐富絕倫的藝術性而令人著迷。然而，除此之外，書中還有別的東西。所以我在半夜因為這句話而醒來：**起初是聲音**。

書中告訴我們的第一件事是：「我是個用英語寫作的法國女子。」以此「舌」寫作的人有其特出之處，這個舌頭，是指他們入籍的國家所使用的語言聲音。我們從而想到以撒．辛格（Isaac Bashevis Singer，出生於波蘭的美籍猶太作家，1987 年諾貝爾文學獎得主），他一開始以意第緒語寫作，後來改用英語。或者，著名的納博科夫（Vladimir Nabokov，俄國作家與昆蟲學家），起初他將自己的俄語原文作品翻譯為英語，後來直接以英語寫作。這兩個人，尤其是納博科夫，都設法尋求流利地運用一種新語言，試圖達到母語使用者的程度。拉媞西亞欣然越過了邊界，跨立於兩個語言世界，帶來一種玩耍似的機智感。那是愉悅之聲，注入了書中的每一頁，即便這些頁面多半以圖像為主，有時全然是圖像。牌卡占卜的傳統豈不正是一種對著我們說話的圖像傳統？它們一如本書作者，訴說著跨越文化的事。

當我寫這篇序文時，網際網路這個跨越於實體與非實體資訊領域的異世界，已經產生出新一代的牌卡占卜媒介。這個有點笨拙的說法，指的是上述那些提及「天使和引導者」的心靈牌卡解讀者。他們利用塔羅，而且經常同時使用好幾副牌——有這麼多種塔羅牌可供選擇，你如何能抗拒？——就像本書往往混合了塔羅和神諭卡。同時，他們所接收到的訊息可以來自圖像或語句。由於網際網路比什麼都更能促進平等和機會的取得，因此這些媒介希望我們明白，我們自身也具備了這項能力，只要願意敞開心胸去信任、去聆聽。

拉媞西亞認為牌卡本身就是天使和引導者，而他們的語言、他們的敘事之舌正是圖像，也就是**美**。縱觀全書，不管從哪裡開始讀起，往前翻或往後翻，書中無疑傳遞出昭然若揭的訊息，那近乎感同身受的滋味告訴我們，美，就是占卜的真正語言。牌卡事實上蘊含著準確的意義（十九世紀的占卜牌最為真確，例如勒諾曼〔Lenormand〕牌），有時甚至直接寫在牌面上，但它們是真的透過圖像的力量在和我們說話，即使只是最簡單的話語。

許多塔羅和牌卡占卜作家，特別是在處理相關歷史時，都會嘗試採取一種超然「客觀」的寫作風格，想從文字中抽離掉那些起初吸引他們投身於該主題的熱情和好奇心。但是，拉媞西亞從不這麼做，因為說到牌卡占卜和塔羅，其核心不正是最主觀和最個人的體驗？不光歷史學者，還有許多寫到關於特定牌組和傳統的作家，比方說，牌卡占卜的勒諾曼或塔羅的埃特拉（Etteilla），他們提供了一套如何解牌的指示。我記得某次在看埃特拉牌時，我注意到如果 A 牌毗鄰 B 牌出現，「你會去野餐，但會因下雨而取消。」令人驚訝的是，我唯一一次讓人用埃特拉牌替我占卜，這兩張牌竟然全都出現了。最後，這位解牌者選擇從心理角度來進行解讀。

拉媞西亞的確超越了客觀意義與主觀解讀之間的假分界。她以自身為載體，藉以瞭解牌卡及它們在我們生活中可能代表的含意；而她所使用的兩種語言，好比一黑一白拉著塔羅戰車的兩頭斯芬克斯。

她指出，*image* 這個英文單字的回文，可以變成法文的 *magie*，意思是「魔法」。她說，圖像在我們心中會自我神聖化，「圖像之美，擦亮了我們的靈魂。」兩個單字中發生改變和**位移**的是 i 字母，從 image 的開頭移到 *magie* 近乎結尾的位置。英文字母的 i 不僅變成「我」這個解讀者，其發音也意指眼睛（牌卡占卜除了被說出來和聽見，同時也被看見），**眼睛**看見圖像，並引領它們進入我們的心靈。

拉媞西亞看見了這一切，但憑藉的是一雙詩人和舞者的眼睛（她自己）。

這個可愛的**魔法圖像**出現在本書的開頭部分，緊接著描述牌卡占卜「遍及世界的高端和低端文化，是一座便於攜帶的藝術史博物館」，每攤開一個牌陣，亦即每一次解牌，就像「一場小規模的臨時展覽。」當然了，這個短暫的博物館展也是某人的靈魂肖像及其人生地圖。她還告訴我們，對她而言，牌卡變成一種神秘的藝術形式和充滿詩意的儀式，一種輕盈舞動著（拉媞西亞的動作絕不笨重）「惡作劇精靈的藝術形式」。身為說故事的人，我會加以**想像**，換言之，我能看見心眼中的我、歌手奧菲斯（Orpheus，希臘神話中彈豎琴的名家）和魔術師暨騙子之神赫密士的故事，他們一起在做解讀。誰會是他們的客戶？也許是拉媞西亞・巴比埃，在這個輝煌旅程的一開始——以及直到結束。

本文作者為瑞秋・波拉克

瑞秋・波拉克（Rachel Pollack）以世界一流的塔羅專家而知名，她也是經典之作如《78 度的智慧》（*78 Degrees to Wisdom*）和《新塔羅手冊》（*The New Tarot Handbook*）的作者。她是《閃亮的部落塔羅》（The Shining Tribe Tarot）的創作者，並與普萊斯（Robert Place）共同創作了《燃燒的巨蛇神諭卡》（*The Burning Serpent Oracle*）和《拉齊艾爾牌組》（*Raziel Deck*）。

身為多產作家，瑞秋・波拉克寫了四十餘本小說和非小說，當中有許多為冒險和科幻類型作品，包括贏得亞瑟・克拉克獎（Arthur C. Clarke Award，英國最佳科幻小說獎項）的著作《不可遏制的火》（*Unquenchable Fire*），以及獲選世界奇幻獎（World Fantasy Award）的《教母之夜》（*Godmother Night*）。瑞秋・波拉克作為漫畫書作家和先驅，在一九九〇年代為 DC 漫畫書出版社（DC Comics）而寫的著作《毀滅巡邏》（*Doom Patrol*），因為引進了世界第一位跨性別的超級英雄因知名。

瑞秋・波拉克的作品已被譯成十六種語言，她在美國、加拿大、歐洲、英國、澳洲、紐西蘭和中國等地教授並推廣關於塔羅、創意寫作、性別與其他主題的知識。直到退休時，她是哥達德學院（Goddard College）藝術創作碩士寫作課程的資深教員。

塔羅博物館

目錄

引言

我叫拉媞西亞・巴比埃（Laetitia Barbier），是個身兼多職的法國人。近十年來我定居紐約的布魯克林，之前往返於巴黎和柏林兩地，過著類似波希米亞人的生活。我自小與塔羅結下不解之緣，然而我得坦承，直到成年很久之後，我才敢說自己精通塔羅的解讀。我與塔羅牌的關係隨著時間日益緊密，它們進出我的生活，就像跌宕起伏的熱情。我與我的第一副馬賽塔羅，有如吉姆・賈木許（Jim Jarmusch）的電影《噬血戀人》（*Only Lovers Left Alive*）中的吸血鬼情侶，在分離多年之後，只為重回彼此的懷抱，彷彿時光未曾流逝。

我在塔羅中找到一種紮實、舒適且十分私密的關係，這種關係融合了審美和靈性的追求，並在危機時刻帶給我慰藉。塔羅原型人物的群像提供了角色模範，這些象徵性的同儕公正地評斷我，他們用暗黑但機智的幽默感來揭露壞消息，讓我一面大翻白眼，一面拼湊出細微的線索。但不知怎的，我可以信賴它們，即便我們之間沒有太多話可說。

與塔羅的無聲對話助長了我內向的天性。我最早接觸的是馬賽塔羅，然後是萊德－韋特－史密斯（Rider-Waite-Smith）塔羅，這些牌卡之美以一種非常直接而透明的方式，對著我的內心深處說話。彷彿阿爾克納擁有自身詩意的語言，清楚明確，他們美妙的聲音讓我能立即領略、並與之產生連結。從這場奇妙的遭遇中，我學著去瞭解並勘測周遭的世界，表達我意外沉浸其中的情緒，以及認清人類天性中的矛盾之處。這些牌卡一直幫助我解開和捨棄某些事物，以及確認我是這樣的人，而不是那樣的人。

藉由觀賞這些美麗圖像，我們能學到什麼，誰又是我們學習的對象？如果我們輕輕牽動那些圖像迷戀的繩索，又能從中獲得多少訊息？當我第一次以塔羅進行實驗，並未認真在腦中構思這些問題，但想找到答案的欲望無可避免地成為我一頭栽進藝術史研究的原因。我在天主教家庭長大，約略瞭解到視覺表現中含有神聖的火花，還有我們可以藉由圖像作為管道，透過它們去創造一種與神聖事物的超越關係。「圖像」（“image”）這個英語單字的回文構字是法語的「魔法」（“magie”），我如實地看待這件事。我就像一名在人體構造中找尋意識中心的解剖學家，我渴望瞭解圖像所具備不可思議的特質，想知道是什麼造就了它們。無論這個魔法藏於何處，那些我們所創造、或布置於自身周遭的圖像，都能在我們心中被賦予生命力，當它們的美拂掠過我們的靈魂。

住在巴黎時，美術館對我來說成為某種替代性的教堂，尤其是奧塞美術館和巴黎現代藝術博物館。我記得在人生的某個關鍵時刻，我在兩幅特定的畫作之間游移，後來內省之下才明白，我為

左頁
「愚者」（*The Fool*），尼古拉斯・卡恩（Nicholas Kahn）與
理查・塞萊斯尼克（Richard Selesnick），2017 年。

什麼會受到這兩幅畫的吸引、它們代表的意義，以及內心那些象徵性地被它們填滿的空缺。我喜歡這些被視為文化物件的藝術品，它們被銘記於宏偉的文明史之中。話雖如此，我也從中看見了超乎創造者意圖的東西，那是一種自我投射，一種除此之外我無法觸及的盲點，同時，一部分的自我顯現於畫布上，赤裸裸地毫不遮掩。當我穿行於各個展間，在我的理智之眼與靈魂之眼睛之間，產生了某種分裂。

我與塔羅的關係，因為這種解讀圖像的方式而產生了轉變。此時我瞭解到，牌卡意涵的忽隱忽現是透過雙重的凝視，而非公式化的詮釋系統。無論這些牌卡的本意是用於遊戲或者秘傳目的，在它們歷經六個世紀的存在期間，終歸是自身時代的產物，被注入它們所處時代的精神、藝術、社會或政治價值觀。這些層面包含了設計它們的藝術家、它們所欲娛樂的顧客的憧憬；它們適用的製造技術和經濟行業，以及在某種情況下，將它們加以概念化的神祕主義者。

當我在為自己或別人解牌時，所有這些不同層面都能在我心中激起火花。近來，我開始大力探尋這些牌卡的圖像譜系，它們的象徵宗譜、文化重要意涵與實務歷史。不出意料，我發現了一個不停變動的文化，它有機地成長，透過與不同社群的接觸而產生變化，同時含括高端和低端文化，遍及了所有時代和全世界。

這是一個奇特現象，由於具備強而有力的圖像，牌卡遊戲被綁架成為占卜或冥想的工具。我們無法以決定性的標準來斷言這些圖像到底代表什麼意思，然而，或許有解讀者試圖這麼做了，他們相信自己已經識破了塔羅「真正的秘密」，並試圖鞏固這個一直變動的傳統，使之符合某些教義。如我們所見，十五世紀的維斯康提－斯福扎（Visconti-Sforza）塔羅的「教皇」，與萊德－韋特－史密斯塔羅的「祭司長」（Hierophant）鮮有共通之處，然而，這兩張牌所包含的故事肯定都值得一提。

牌卡是象徵和化身的最終容器，當我們在舒適的模擬狀態下，為了好玩而使用牌卡時，這些大道理顯得平易近人，它們就印在手掌大小的紙片上，感覺不那麼兇巴巴的。它們的黑色鏡面本質，反映出我們自身的文化和私密性。我們利用牌卡進行占卜，希望遇見我們內在的陌生人，這已超出它們原本的表面用途。接下來的篇幅，我們將見到許多非常美麗的圖像。一盒盒牌卡不只是好玩的裝置──它們與藝術領域有著諸多關聯。一副塔羅牌，舉例來說，就像一座便於攜帶的博物館。本質上，它呈現了遵照線性開展原則的靜態收藏品。編上號碼的大阿爾克納及其敘事順序，本身便可當成一部藝術史來閱讀。

「愚者」的旅程是個連續體、一個啟蒙故事，合乎規範且以經驗為依歸，如歌劇般高低起伏的相互接替。當我們洗牌和擺出牌陣，牌卡就變成了小規模的臨時展，由機率負責優雅地策展。每張牌都保有自身完整的敘事，它們被重新創造，透過與其他牌的接觸，建構出一個新的故事。

在這個象徵性的積累中，我們看見它們似是而非地完全相同，卻有著微妙的差別和變形。超現實主義者稱這種現象為「客觀機會」──出自不可預測的遭遇（比方說，解剖台上的一把傘和一部縫紉機），新的想法自動浮出，意想不到的答案呈現在我們眼前。某種顏色會失去它的本義，而帶給我們不同的感受。摩擦力和其他動力將我們的注意力牽引到客觀可見的事物之外。突然間，我們看過上千次的牌卡以一種新的觀點出現了！身為解讀者，我們應當研究牌意，但也要留意存在於牌與牌裂隙之間的東西。

這些年來，我學會將塔羅視為一門神秘的藝術，而不只是算命工具。它是一種充滿詩意的儀式，在這個儀式中，言語和圖像被交織到時間和空間之中，提供我們慰藉、基礎或建議。它也是一種彷如惡作劇妖精式的藝術形式，因為牌卡並非要告訴我們真相，而是透露出那些需要被聽見、被看見和瞬間使之為真的眾多真相之一。這聽起來非常抽象，不過在科幻電影《駭客任務》中有個極為典型的例子，片中那難以置信的神諭場景正可以說明這個過程。在經典的連續鏡頭中，主角尼歐被帶到先知面前，她可以確認尼歐正是「救世主」。

我一直很喜歡這個橋段，因為這位由葛洛莉亞·福斯特（Gloria Foster）所飾演的當代女先知是這般的不搞神秘和違反預期，而以如此極端和激勵人心的方式，重新定義女預言家的概念。她渾身散發出現代感和「女皇」的氣質，溫暖且平易近人。身為觀眾，我們肯定很快就能明白她是**真正的高手**：她知道尼歐一來就會打破一只花瓶，她也談到他與莫菲斯（Morpheus）的關係等詳盡細節。接下來的「解讀」部分表現得相當滑稽，就像在進行一場體檢：她戴上眼鏡，像個醫生那樣對他聽診，叫他張開嘴，查看他的眼睛和手掌。她對於自己這套表演的戲劇效果樂在其中，她一面抽著菸，一面烘焙餅乾，然後致命性地宣布結果：尼歐不是救世主——當然，後來的劇情會透露尼歐就是救世主。是她弄錯了嗎？還是她知道，但不能說出來？

正如劇中的母體神諭，牌卡往往得對我們說「不」，才能創造出「是」。倘若神諭告訴尼歐他的真實身分，那會發生什麼事？他可能因恐懼而崩潰，被身為網路彌賽亞的重責大任壓垮。或許，他會因為身負如此重要的任務，吹捧出膨脹的自我，結果造成失敗？當神諭說「不」時，她替他奠定了基礎，展開啟蒙和變成救世主，進而實現他的天命的過程。藉由牌卡，我們知道，我們必須靠自己修築自己的路以回應牌卡傳達的訊息——不管順從或違背這個訊息。

《塔羅博物館》（*Tarot and Divination Cards: A Visual Archive*）這本書的實際內容為何？它主要在探討牌卡占卜文化，涉及解牌的藝術與實務——包含各式各樣的牌卡。我們在書中檢視六個世紀以來的牌卡製作，並探索這種利用牌卡求取預兆或進行內省的衝動源自何處，誰在做這件事？以及，為何這麼做。我們試著去發現，這些圖像說明了關於人們的什麼事，以及我們如何執著於玩遊戲、將圖像化為文字，並從混亂中創造秩序。

當我們檢視這些來自過去的圖像，並探索它們隨著時間轉變所傳達的意義時，我們也會試著理解這種文化如何透過新的經濟體系、溝通工具和塔羅解讀法的改變，而正在被復興。我們將見識各個世代、性別和種族的藝術家、解讀者與學者，如何默許這種以牌卡為中心的作法，以求發現新的合理性，並使牌卡本身變得大眾化。

儘管本書奠基於歷史，但如果你以為它出自塔羅歷史學者之手，那可就錯了。我不能假裝自己就像麥可·達米特（Michael Dummett）、塔羅學者瑪麗·格里爾（Mary K. Greer）、保羅·赫森（Paul Huson）、羅伯特·普萊斯或安德里亞·維塔利（Andrea Vitali）等知名學者，這些人花費了數十年功夫研究這個主題，我十分欣賞他們的著作。接下來，我們將一同見證塔羅與牌卡實務豐富複雜的歷史，其中點綴著異議和猜測，這正是我在書末必須加上一份冗長的參考書目的原因。無論本書有哪些不足，你都能在此找到大量的網站、出版品、書籍和許多好玩的兔子洞，讓你發掘出自己的結論。

我願意謙卑地承認，我的說法總是帶有偏見。雖然我具備學術背景，但我也是一位塔羅解牌師，而且，我自詡詩意之眼永遠凌駕於理智之眼。因此，本書不是一部百科全書，我並不妄求呈現塔羅世界中最具代表性的例子，或者最密切的歷史關聯。我憑藉著自己專屬的感覺來策劃本書，展示那些我覺得因其美麗、系統原創性，或因其訴說的離奇故事而迷人的收藏品。

這本書誕生自我與牌卡本身的雙重關係。牌卡是秘傳之物，也是通俗的東西，既是詩意的預兆，也是文化的產物。我願意相信本書的存在介於兩者的閾限中，我正是因為這個空間而撩起了好奇心。我的最終目的是展現牌卡之美及豐富性，並讓更多人能接觸到牌卡，無論他們是否熱中占卜，或只是喜愛美麗的圖像。

本書作者 拉媞西亞・巴比埃

右頁

「星星」，《布雷迪塔羅》（Brady Tarot），
艾米・布雷迪（Emi Brady），2018 年。

XVII
THE STAR

作為靈性工具的牌卡簡史

探究牌卡占卜的歷史，猶如檢視一件美麗的香蒂莉蕾絲（Chantilly lace，以法國城市香蒂莉為名的棒槌蕾絲繡品）：一種奇異的撩人經驗，覺察那忽隱忽現的不透明與透明感，交織的故事線以及大量的孔洞與神秘，引領我們去想像隱藏在朦朧面紗之後的東西。想要撰寫一部周翔且以經驗為依據的牌卡占卜史，是件棘手和必須不斷改變觀點的大工程，其理由多到數不清。一方面，這個故事存在於其他更具體的記述的陰影中，例如有充足證據的牌卡遊戲的發展、印刷媒材的演進，或者中世紀後期歐洲紙張的易於取得。

然而，不管我們討論塔羅牌、皮克牌（piquet）或明奇亞特牌（minchiate），我們都必須明白，這些牌卡是發明用來玩樂的，僅此而已。用這些牌卡來解讀命運，就像主要用途之外的私生子，是一種出於直覺的綁架行為。我們難以劃分牌卡作為文化物件，以及用於在地巫術或占卜用途的明確歷史。如我們接下來所見，商業發行作為秘傳工具的牌卡，時間最早可追溯到十八世紀直至今日，由於缺乏實質證據或書面紀錄，歷史學者仍在爭論牌卡的占卜用途是否早於十八世紀。

不過，就如同受到天主教會譴責的其他許多民間占卜形式，我們可以輕易地想像，為何這些習俗一直難以被記錄或宣揚，所以它們只能在口述和夾縫中偷偷摸摸地生存。話雖如此，我們很難相信牌卡占卜和後來的塔羅占卜——人們不斷執迷於從生活的一團混亂中創造出意義的產物——在牌卡流通了數世紀後突然誕生，但同時卻有其他這麼多的運氣遊戲，例如擲骰子，被用於某些玩樂式的卜算吉凶。

另一方面，牌卡本身的脆弱材質使得它們不易保存，使其研究侷限於少量禁得起時間考驗的僅存牌卡。現存的每一副牌，可能都曾有其他好幾百副同時在流通，然而目前已經被毀損，甚至永遠消失了。就塔羅牌而言，留存至今的最早期牌卡彌足珍貴，它是由十五世紀義大利北部貴族委託製作，如寶貝般存放在圖書館厚重的大門之後。不過這些非比尋常的牌卡被設計作為地位的象徵，只能告訴我們當時某個小層面的牌卡文化，無法觸及大量生產的通俗牌卡的流行玩法，及假設中的占卜用途的內在世界。這些短暫存在的牌卡從不被認為具有價值，並且很快就變成歷史的塵埃，只留下少數幾種遊戲反映出每個時代極小片段的真實。

在牌卡占卜的學術領域，我們掌握了少量的歷史證據，是絕大部分被遺忘所淹沒的冰山之一角，留下許多供人猜測和建構浪漫理論的空間。許多神祕主義者將牌卡及其神聖的起源歸納為神話，有時是為了合理化某種教義，藉以證實他們的精神權威，或者作為評定夢寐以求的「真正的塔羅」的決定性依據。對於牌卡真實歷史的掌握於二十世紀開始得到鞏固，這時學者們陸續解開虛

左頁
出自義大利米蘭博羅梅奧家族（Casa Borromeo）的壁畫，顯示一群在玩塔羅（tarocchi）遊戲的人，不具名藝術家，1440年代。

構與真實的糾結，開拓出不同的故事，遠離秘傳的事物，但總是一步踏入黑暗中。儘管他們努力還原這些歷史，但這段歷史中仍充滿了騙子和傳說。每當某位學者發現了某個遺失的環節——某機構裡被遺忘的抽屜中的某個文本或某張牌，能夠串連起這個歷史之謎的兩個要素的某項證據——理論便可隨時改變。在此，我將盡我所能的以綜合的方式拆解這個被封裹的故事，檢視我們已知的事實，以及關於每個時代不同的周邊看法。但請你小心，我只不過刷開了永遠在變動中的歷史的表層。

牌卡遊戲約在十四世紀後期抵達歐洲。如果說中國人發明了用印刷的紙張來玩耍的概念，那麼貿易的連結就幫助了這些遊戲以不同的方式，在波斯、印度或北非被散播和改造。其中一個最為確立的理論認定，所謂的馬木路克（Mamluk）牌組是我們的遊戲牌卡的正統祖先。這個牌卡遊戲約在十三世紀起源於埃及斯伊蘭君主國的馬木路克，具備四種花色（杯子、馬球杆、短彎刀和錢幣），以及四張一組非抽象的宮廷牌（國王、第一總督、第二總督和助手），這樣的結構和花色系統被西方的牌卡遊戲繼承。

這些由商人和水手帶來、承襲自伊斯蘭世界的遊戲，經由地中海的門戶被引介到歐洲。西班牙和義大利根據與馬木路克牌相似的命名法發展出自己獨特的遊戲，調整花色名稱成為杯子、錢幣、劍或箭，以及棍棒。一眨眼的時間，牌卡遊戲大肆流行，藉由木板印刷術在歐洲其他地區大量製造和流通，其數量如此之龐大，逼得當地政府必須制定禁止賭博的法律。教會也出手了，將玩牌這種行為列入能腐化靈魂的一長串罪行名單中。

到了十五世紀，義大利人將一種新型牌組加以概念化，包括了第五種花色，這一組稱作王牌（trionfi）花色的寓意牌，目的是為了替吃墩的遊戲（trick-taking games，這類遊戲如橋牌，牌分大小，每方輪流出一張牌，必須出與引牌同一花色為優先的牌，最大的牌吃下該墩牌並成為下次引牌者）增加一些複雜度。正所謂越多張牌，越多樂趣，目前留存下來供我們欣賞的，包括米蘭公爵委託製作的幾副維斯康提牌，以及出自義大利北部的其他幾副牌。這些鍍金的手繪牌卡是極具價值的財物和豪奢的資產，往往描繪出委託者家族成員的浮雕畫或家族紋章。

在接下來的篇幅中，我們將檢視這些早期的王牌，並欣賞它們絕佳的圖像多樣性。起初，這些王牌具備非固定的圖像順序。它們就像一座圖畫實驗室，呈現已知世界的視覺矩陣，按照小宇宙到大宇宙的順序排列，呈現出當中的世俗人物遇見哲學的寓言、古代神祇和宇宙的代表圖像。在這個時期，關於牌卡的圖像要如何選擇，提醒我們一種態度：那就是，即使不是出於秘教傳統，這些圖像必須連結到深刻的象徵意義的微妙態度。

十六和十七世紀期間，牌卡文化的觸手藉由大量的新遊戲、牌組和系統，遍及整個歐洲。牌卡遊戲在義大利大行其道，在法國也變成極受歡迎的消遣，並發展出自己的花色系統（紅心、梅花、方塊和黑桃），就像德國一樣（紅心、葉子、鈴鐺和橡實），這兩個國家完全地投入了王牌的行列。如果「塔羅」（“tarau”）也列入拉伯雷（Rabelais，文藝復興時期法國作家）的十六世紀小說中食人魔卡岡都亞（Gargantua）所玩的兩百種遊戲之一，那麼我們至今所能取得的最早的法國塔羅牌出自十七世紀。《維耶維爾塔羅》（Viéville Tarot）、早期的《讓·諾貝雷塔羅》（Jean Noblet Tarot）或《不具名巴黎塔羅》展現了多元的圖像，而且王牌的順序依牌卡製作師的不同

右
「牌卡製造者服裝」，出自《怪誕的行業服裝》（*Costumes grotesque*），尼古拉・德・拉米森（Nicolas de Larmessin），1695 年。

而有所改變。

在類似的概念主軸啟發下，每副牌根據製作者各自的品味和破格自由發揮，在視覺效果上重新被詮釋。所有這些變異都在大約十八世紀時被一個標準化的模式給僵固住，而這個模式日後稱作《馬賽塔羅》（*Tarot de Marseille*）。然而，如果說這個福西亞城市（指現今的馬賽，由來自福西亞〔Phocaea〕的希臘殖民者建立的城市）滿是牌卡製作匠人（馮斯華・布利翁〔François Bourlion〕、馮斯華・喬松〔François Chosson〕、讓・馮斯華・杜卡提〔Jean François Tourcaty〕），那麼在貝桑松、第戎或巴黎以及瑞士和比利時的其他牌卡製造者，則以稍微不同的圖案促成了通俗塔羅牌的誕生。

一七八一年，塔羅國度發生一個轟動事件：法國博學之士安東萬・庫爾・熱伯蘭（Antoine Court de Gébelin）的百科全書式巨著《原始世界》（*Le Monde Primitif*）第八冊出版。在這個野心勃勃、包羅萬象的寫作計畫的最後一冊中，新教牧師暨共濟會員熱伯蘭首度宣稱塔羅為一種秘傳工具，是失傳的奧妙知識的寶庫，他的說法戲劇化地重塑了當時人們對於塔羅的感覺，使塔羅牌在往後西方世界的秘傳事物中佔有一席之地。

在書中的牌卡遊戲專章，熱伯蘭講述一個命中注定的事件帶來的啟示。某天傍晚，熱伯蘭受邀到某私人沙龍，一位被他稱作「H 夫人」的女士說服他參與一行人的塔羅遊戲。這副牌令他感到困惑，因為他以前從未見過類似的東西，他將這些牌卡描述成「怪異、放肆的人物狂想曲」。然而，如同他的說明，他花了十五分鐘便破解了牌中的寓意畫，並斷然宣布塔羅牌起源於埃及。儘管他憑藉的是著魔似的自我啟發，而非根據歷史事實，但熱伯蘭的斷言在牌卡解讀的世界裡產生了蝴蝶效應，使得塔羅牌在未來的世紀重新被發明。除此之外，由於《原始世界》中也包含了《馬賽塔羅》插畫，因此熱伯蘭的文本強行賦予馬賽模型一個暫時性的霸主地位，使之成為出類拔萃的「真正的塔羅」。

熱伯蘭的確描述了《最神聖的埃及人之書》（*Most Sacred Book of the Egyptian*）如何隱藏在一種粗俗的容器中——亦即某一副牌裡——以防被破壞，但他獲得啟蒙的敏銳雙眼不曾被愚弄。這章的內容也探討了早期牌卡中神聖的命理學層面，以及寓言作家式的某些「塔羅」詞源的起源。繼這個文本之後，出現了同等重要、且有討論空間、關於塔羅作為一種占卜工具的文章，作者是孔特・德・梅爾（Comte de Mellet）（寫作"C. de M.***"）。他描述了王牌作為三個時代——黃金時代、白銀時代和鐵器時代——寓意畫的敘事順序，並將順序顛倒，以「世界」牌作為開始，用「街頭藝人」牌來結束。但最重要的是，德・梅爾將以更專門的術語來討論遊戲牌卡的占卜用途，並在史上首度指稱塔羅為《托特之書》（*Book of Thoth*）。

儘管從歷史觀點而言，這是個錯誤，但相信塔羅起源於埃及，則純粹是十八世紀時代精神的產物，當時是諸如考古學等學科的草創時期，甚至早於商博良（Champollion，法國歷史學者與語言學家，最早破解埃及文字，為埃及學的創始者）的年代，此後商博良便破譯了埃及象形文字，並發展出更嚴謹的歷史研究方法。當時，古埃及被視為神秘的異國文明，其精緻複雜的喪葬儀式、動物造型的諸神及令人困惑的神話，為試圖仿傚古代世界神秘學派的秘傳團體提供了想像力的燃料。熱伯蘭和梅爾雖然缺乏歷史正確性，很可能被二十一世紀的我們解讀為荒謬，但他們在當時並非離經叛道者。

十八世紀是牌卡藝術與解讀最早的黃金時代，有許多理論和出版品為這個文化的前景鋪路。亦稱作「埃特拉」（Etteilla）的讓－巴普蒂斯特・阿利埃特（Jean-Baptiste Alliette）於一七七〇年代出版了第一批關於牌卡占卜的書籍，首度在出版品中提供了技術指導，說明如何使用一般的皮克牌來陳列牌陣和公式化地解讀牌意。埃特拉的例子相當有趣，我們稍後會有完整的專章來討論，並檢視他於一七九〇年代創製的牌卡。阿利埃特是出了名的容易變節，這位受到熱伯蘭和德・梅爾影響的「代數」大師，在讀過《原始世界》後，將徹底重訪他的牌卡神話，幫助傳播「塔羅作為埃及人秘傳遺產」的概念。身為精明的商人和多產作家，阿利埃特創造出自己的解牌系統，還進一步發行了第一副完全作為占卜工具的牌組，裡面包含一組根據他自己的《托特之書》的詮釋，並且重新安排了順序的王牌。

阿利埃特留下來的遺產在許多層面上，讓更多的讀者得以去解讀牌卡。更重要的是，連同勒諾曼小姐（Mademoiselle Lenormand）的努力，阿利埃特在為牌卡占卜師建立起受到公眾歡迎的形象上，也發揮了重大影響，使得牌卡占卜從露天商場裡的餘興節目，變成有教養的神秘主義者所從事的活動。他試圖將這門行業「正當化」，使之至少成為準學者的業務，即便仍然稱不上是「科學」。勒諾曼作為第一位牌卡占卜名人和法國大革命時期的偶像，他在歐洲的名聲到達顛峰，日後成為牌卡占卜中家喻戶曉的名字。勒諾曼死後，有幾家牌卡製造商改造了舊遊戲，形成冠上「勒諾曼」名號的新占卜系統，有時還附上這位著名巴黎女預言家經過修飾美化之後的圖像，以滿足人們對算命遊戲與日俱增的渴望。

整個十九世紀期間，通俗與秘傳牌卡占卜之間的區別日漸擴大，明顯分隔出通俗牌卡占卜的散播與奧秘塔羅的發展。一方面，牌卡製造隨著工業革命而興盛，加速了供大眾使用的神諭卡的創造和流通。在法國，《沙龍女預言家》（*La Sibylle des Salons*）、《命運之書》（*Le Livre du Destin*）和其他的大量牌組，被設計用來迎合尚無實務經驗的牌卡占卜者的新市場。這些新手不具備任何秘傳知識，他們只管挑選此類神諭遊戲，遵循著遊戲所提供的簡單說明，或依照直接印在牌面上的指示或關鍵字，給自己來一個輕鬆愉快的解讀。在德國和東歐，《小勒諾曼》（*Petit Lenormand*）或《基博牌》（*Kipper Karten*）成為受歡迎的算命遊戲，而每個國家也各自發展出

上左和右

「海難」和「命運」牌，出自一副獨特的手工上色占卜牌，1791 年在法國創製。

類似的系統。

冥想自己的未來，是一種用於消遣的沙龍活動。「婚姻」、「金錢」、「背叛」、「出生」、「流言蜚語」、「求愛」——這些牌卡的設計通常呈現了具體而微的十九世紀時間膠囊，展現出這個時代的風尚、建築或生活方式。最重要的是，這些民間系統所賦予的意義，反映出一般百姓想知道這個混亂時代將帶給他們什麼樣的希望和恐懼，當時代持續在政治動盪、經濟發展和新社會階級的誕生之間更迭，以牌卡為基礎的占卜遊戲變得非常普遍，從巧克力的附贈品到書報攤，人們只消花幾個錢就能買到一本不起眼的小冊，將一副普通的遊戲牌變成預測家庭命運的工具。

在這些由唯物主義和技術進步所主導、並對傳統宗教日漸起疑的時代，人們回應以一種深刻的奧秘感，以及產生了新的靈性形式，這些形式因為渴望以不同方式與神聖事物連結而興盛起來。十九世紀中晚期，許多新的哲學體系和思想蓬勃發展，多半混合了古代魔法傳統和較現代的觀點。塔羅當然也是這個故事的重要部分，而且絕非一個小角色，因為艾里法・李維（Eliphas Levi）的作品做出了重大貢獻，使得通俗的牌卡遊戲變成絕佳的秘傳容器。

李維或許是他的時代中最具影響力的神秘學思想家，他一度名為阿爾方斯－路易・康斯坦（Alphonse-Louis Constant），曾經擔任副執事，後來因為被他辜負的情婦而離開了天主教會，隨後鑽研高魔法，透過一種經過統合的秘傳形式，開始發表介於宗教與科學之間的折衷之道。他的巨著《高魔法教義與儀式》（*Dogme et Rituel de la Haute Magie*），在一八五四至一八五五年間分成兩冊出版，成為下個世紀法國秘傳教義的基石，也是未來幾代神祕主義者的重要文本。

艾里法・李維的貢獻之所以如此重要，在於他設法在幾種古代傳統和《馬賽塔羅》的王牌之間，建立了一個連貫的對應系統。突然間，煉金術、占星學或赫密士神智學在（李維也分派給一個希伯來字母的）牌卡中，找到了前後一致的表達方式，將塔羅與卡巴拉研究連結了起來。憑藉著他對牌卡占卜的尖酸看法，李維促使這些世俗實務呈現兩極化，並建立了秘傳的塔羅研究。這種理性事物與形而上事物無懈可擊的綜合體，被包含在二十二張大阿爾克納中，對於能解讀內容的人來說是一種赤裸裸的昭示，以及通向過往神聖智慧的神秘入口。

《高魔法教義與儀式》為往後數百年定調，而李維留下的作品將對帕普斯（Papus）、奧斯瓦爾德・維爾特（Oswald Wirth）、法爾科尼耶（Falconnier）的作品，以及法國好時代（Belle Epoque，第一次世界大戰前歌舞昇平的時代）的眾多秘傳學者發揮了重大的影響力。值得注意的是，這時的奧秘塔羅通常被視為一種用於冥想的物件和神聖的書籍，而不盡然是以世俗形式呈現的一副牌卡。這二十二張牌被想像成一組象形文字畫像，從此被指稱為「大阿爾克納」，通常是緊緊捆在手抄本中，按其原本的順序漸次出現。可以說，這些牌卡及其象徵故事引導著對寓意的啟蒙過程。

一八八六年，在英吉利海峽的另一邊，在紐約布魯克林出生、英國成長的一名年輕學者，早幾年發現了李維的作品，他首度為以英語為母語的世界發表了概要版的法國星術學家秘傳理論。《魔法的秘密：艾里法・李維著作摘要》（*The Mysteries of Magic: A Digest of the Writings of Eliphas Levi*），由時年二十九歲的亞瑟・愛德華・韋特（Arthur Edward Waite）編輯，大大衝擊了已經在自己的神秘學復興運動中全速旋轉的英國文化。同年，神智學者暨儀式魔法師威廉・溫・威斯科特（William Wynn Westcott）在李維作品的說明性描述引導下，素描了一組圖畫。除了戰車和

右

「開明的人，忠誠的朋友」，這張紅心國王占卜牌，顯示一名衣著優雅的女子將錢放進捐款箱。這些小張的占卜牌由杜法耶巧克力（Chocolat du Foyer）廠商製作，作為巧克力棒隨附的免費贈品。巴黎石印工場（La Lithographie Parisienne）印製，十九世紀後期。

下左

奧斯瓦爾德・維爾特的「街頭藝人」，《中世紀畫家塔羅》（*Tarot des Imagiers du Moyen Âge*〕）的第一張牌，與希伯來字母 *Alef* 有關。

下右

「世界」，威廉・溫・威斯科特的塔羅素描，1886 年。

XIX
THE SUN.

兩隻斯芬克斯是直接模仿李維的《高魔法教義與儀式》插畫，威斯科特牌卡呈現了獨一無二、如聖像般具備神聖的風格，以及一絲不苟的象徵性，但是完全沒有法國遊戲牌卡的經典圖像。

事實上，塔羅牌在英國不是真的用來玩樂，而且在維多利亞時期的英國很難找到一副《馬賽塔羅》，因而留下了許多想像空間，讓人猜測大阿爾克納及其神奇的畫外之意所造成的視覺衝擊。威斯科特與同行的神祕主義者麥克逵格．馬瑟斯（McGregor Mathers）和古德曼（Woodman）後來成立了金色黎明赫密士會（Hermetic Order of the Golden Dawn），這是一個啟蒙組織，其學說融合了秘傳哲學與儀式，並納入許多古代傳統，當中，塔羅大阿爾克納的研究成為其核心。如同塔羅歷史學者海倫．法利（Helen Farley）所言，馬瑟斯是將塔羅研究置於金色黎明魔法學說的核心人物，他重塑了相當多的詮釋並為某些牌更名，以配合參雜了古代哲學的教義。在他的推動下，「街頭藝人」變成「魔術師」，「教皇」變成「祭司長」，而「女教皇」成為月亮「女祭司」。馬瑟斯發明出「正義」和「力量」牌，如今分別編號為 XI 和 VIII，以此調整牌卡的順序來符合他那對應卡巴拉的系統。

金色黎明會變成一個孵化器，後來將孕育出發展成熟的盎格魯撒克遜塔羅傳統，我們會發現這個傳統是由它的兩位前會員所促成。內部的宿怨使得金色黎明會自一八九九年開始慢慢解散，排擠掉阿萊斯特．克勞利（Aleister Crowley）－麥克逵格．馬瑟斯集團，並迫使各派系形成一個附屬團體。李維作品的早期翻譯者韋特逐漸成為一名卓越的神秘學學者，他從金色黎明會的政治鬥爭中脫身，開創了自己的第一副塔羅牌的概念。為了設計牌卡，他尋求非凡的藝術家潘蜜拉．柯爾曼．史密斯（Pamela Colman Smith）的幫助，潘蜜拉也曾是金色黎明會的會員。

被暱稱「小精靈」(“Pixie”)的潘蜜拉．柯爾曼．史密斯是普瑞特藝術學院(Pratt Institute)的學生，她是一位放蕩不羈、多才多藝的天才，當時身兼多職。她與伯蘭．史托克（Bram Stoker）和艾倫．泰利（Ellen Terry）為倫敦的萊塞姆劇院（Lyceum Theater）擔任舞臺背景和服裝設計師，同時兼職寫作、她自己的出版生意，並從事插畫家、民俗學研究者和說書人。她是極富遠見的藝術家，發展出一種透過音樂觸發的共感繪畫法。聲音的經驗啟發了她對形狀和顏色的觀點，使她能自動將聲音的音調轉換成史詩般的場景。她大膽獨特的視覺風格極其微妙，受到新藝術（art nouveau，十九世紀九〇年代流行的一種裝飾於建築的藝術風格）、象徵主義和日本浮世繪的影響，能以極少數的線條和細節傳達出複雜的敘事深度。她的遺作在二十世紀幾乎被人遺忘，但她的名字在過去幾十年來重新被記住，成為塔羅世界中遭到埋沒的英雄，她的藝術貢獻變成在英國和美國創製的許多塔羅牌的經典樣板。

韋特委託史密斯於一九〇九年四月至十月間繪製的七十八張原創塔羅牌圖畫，以均一的價格付費。如果說，韋特高度參與了大阿爾克納的視覺概念規劃，那麼，他似乎交給了史密斯一張白紙，以便讓她根據自己的所見所想去創造小阿爾克納的各組花色牌。在十五世紀義大利遊戲牌《索拉．布斯卡塔羅》（Sola Busca Tarot）的啟發下，她產生了設計出一整套寓意人物圖像的想法，

左頁

「太陽」牌，潘蜜拉．柯爾曼．史密斯，
萊德－韋特－史密斯塔羅，1909 年。

而非幾何圖案的點數牌，她的創新為傳統的抽象圖案牌注入戲劇和心理層面的力道。這個開創性的改變堪稱革命，讓任何一個塔羅新手都能直覺地連結到牌卡所喚起的層面，進而明白其中的秘傳意義。這個動能十足的第一對塔羅雙人組，韋特和史密斯的合作，日後成為英語世界牌卡占卜的黃金準則，並使得塔羅牌成為水瓶世紀的必備品。的確，在一九七〇年代，斯圖亞特．卡普蘭和他新成立的公司美國遊戲系統（U.S. Games Systems），曾與韋特的女兒西比爾（Sybil）洽談在美國發行這副塔羅牌，大大鞏固了潘蜜拉．柯爾曼．史密斯在大眾想像中的非凡形象。

如前所述，韋特不是金色黎明會中唯一一位進行塔羅生產實驗的鄉紳。如果說，韋特－史密斯雙人組製造出一副經典塔羅牌，那麼《托特塔羅》的受歡迎程度並未瞠乎其後。《托特塔羅》作為至高魔法師阿萊斯特．克勞利和藝術家哈里斯女士（Lady Frieda Harris）的合力創作，是另一個藉由通靈藝術家的靈視，為複雜的秘傳系統注入生命力的例子。

近來於二〇一二年巴勒莫收藏品（Collection of Palermo）中的發現顯示，克勞利在西西里島切法盧時，早已有意組裝他自己的塔羅詮釋，他在那裡建立了他的魔法烏托邦社區「泰勒瑪修道院」（Abbey of Thelema）。在這位英國星術學家於一九二〇年代繪製的一小組油畫作品中，其中兩幅公然地描繪了塔羅牌：一張從埃及獲得靈感的「月亮」牌呈現兩個像阿努比斯（Anubis，古埃及神話中長著胡狼頭的死神）的神祇，他們面對面站立在夜景中；還有一幅克勞利作為「祭司長」的自畫像，編號第五，與這張牌的關聯清楚可見。

克勞利與哈里斯兩人從一九三八至一九四四年合力推動這項計畫。藝術家哈里斯運用她的現代主義線條和偏暗的色調，設法為克勞利更新的塔羅系統注入力量，融合他的卡巴拉、占星學和他自己的教義系統的詮釋。對許多人而言，朦朧不明且高度複雜的《托特塔羅》是克勞利作品的顛峰，綜合了他一生秘傳研究的視覺概要。克勞利與哈里斯合而為一的才能顯現成為《托特之書》，當時僅印製了數量有限的兩百副。雖然他們兩人都未能活到看見自己的作品被提煉成一副牌，但《托特塔羅》仍被視為經典的秘傳工具，大受歡迎程度足以與它的韋特－史密斯表親一較高下。

進入一九六〇年代，隨著隱秘文化（*occulture*，由 occult 和 culture 合鑄成的字，西方現代文化中的神秘學主題次文化）的發展，塔羅和牌卡占卜在適應與變化中打造出具有特色的平行途徑，拓展成用於自我探索和內省的工具，以及心理反射的起點。諸如伊登．格雷（Eden Gray，美國女演員、塔羅作家）、瑞秋．波拉克、亞歷杭德羅．霍多羅夫斯基（Alejandro Jodorosky，智利導演、製片、詩人）和瑪麗．格里爾等作家對於牌卡實務的大眾化做出了貢獻，同時提升了它的完整性，並讓更多讀者容易理解牌卡的複雜程度。接近二十世紀末時，解讀牌卡轉變成一種常態化儀式，既神聖又世俗，為許多人帶來了探索自我和重新改造的啟發性。

自一九九〇年代起，新型態牌卡的出現見證了來自所有靈性光譜和社會結構中，各式各樣的實務與執業者間出現的極大差異。塔羅轉變成一種政治神諭，慢慢醞釀出爭取自身代表權的迫切要求，並展現出那些想藉由這種多功能工具來收復靈性的人們的多樣性。他們利用專屬的象徵形式，為塔羅長存的傳統灌輸了巨大的創造力。

在電視、電影、漫畫和情色文學的推波助瀾下，新奇的塔羅在書店和生活風格零售商店迅速地大量出現，讓塔羅的純粹主義者大翻白眼，但也深刻證明了我們的流行文化中如何充斥著古代原型，並創造出我們能認同的新萬神殿。而且就像其他的每個面向，網際網路徹底改變了我們體驗牌卡文化、研究歷史、製造牌卡、學習如何解牌，以及組成相關興趣團體的方式。

千禧年的占卜文化可謂真正的文藝復興，在顯微技術革命的協助下，朝向神秘的藝術形式推進：圖書館和博物館的數位收藏品，例如 Gallica ／法國國家圖書館或大英博物館，突然開放歷史上的牌卡和主要來源的免費取用，極度地擴展了我們理解和研究牌卡的方式。資訊的可取得性，加上人們有能力在論壇或社群媒體上創造平台分享理論，不但能刺激持續的對話，還能讓牌卡實務及研究繼續作為一個有活力並可拓展的領域。我們大可認定這種資訊的易於取得，部分要歸因於人們對舊時系統的重新燃起興趣。一度只有極少數熱中者才知道的勒諾曼系統，如今成為每年接觸上百副新牌的牌卡占卜者心儀的替代選項。我們現在可以猜想，或多或少已遭冷落的埃特拉是否很快便會迎向相同的命運。還有，多虧有數位技術，出自十六和十七世紀的古代牌卡往往被不求回報的牌卡製造者加以復原，他們渴望與塔羅光榮的過往重新接上線，更進一步地將這些原本被廢棄的牌組介紹給新一代的占卜者。

過去十年來，Kickstarter 募資平台網站的發展，完全重塑了牌卡印製的籌資方式，讓某些牌組甚至在尚未製造前就成為潮物。Kickstarter 是許多具革命性的牌卡的秘密締造者，它替一大群牌卡藝術家和製造者充當助產士，讓他們找到自己的觀眾支持他們的計畫，以及定期為他們創造財務上可維持的生活。Witchstarter 於二〇一九年由「音樂與許多神奇事物」（Music and Many Magickal Things）的內部總監格拉弗（Meredith Graves）公諸於世，這個募資平台大力幫助定義何者將成為當代牌卡製造的商業典範。透過該系統，一種由藝術家創造的新型牌卡大量出現。這些牌卡更具實驗性，維持嚴格的審美標準，挑戰規範，或者乾脆極度地小眾化，擺脫取悅主流品味的商業需求，告別在精神追求上一體適用的觀念。在牌卡的歷史上，我們首度具備了能夠看清過去、現在和未來全貌的視野。還有，如果之後書中提到的過往榮光讓你著迷，我希望當你讀完這本書，你和我一樣相信它有同樣令人感到振奮的未來。

右

「月亮」，阿萊斯特．克勞利，出自巴勒莫收藏品，1920至23年，OTO提供。

大阿爾克納

愚者

混

亂嘈雜（tohubohu）——這個用語常被法國人用來描述難以理解的噪音。這是一種響亮、持續且往往令人感到煩躁的聲音，無法辨識其來源。該用語源自希伯來語“*Tohu wa-bohu*”，出現在〈創世紀〉的開頭，被古老的《舊約聖經》用以定義在時間伊始，神尚未創造萬物之前太初的混沌和黑暗。

在大阿爾克納牌所構成的敘事序列中，「愚者」正是這個「混亂嘈雜」，這股原始而未成形的能量是萬物的浮現和回歸之處。我們的「愚者」與數字 0 或 22 有關，它是一張有著幾分狂野的牌，在塔羅大牌的象徵故事裡成為充滿動能的開頭和走鋼索的結尾。「愚者」是煉金術士的原料，接下來依序與牌中的其他原型人物遭遇，這些經驗將使他變得形象鮮明，並引領他超越自我。

他像天地初開的霹靂聲和宇宙大爆炸那般吸引我們的注意，將我們吸入此後即將遇見的原型人物行列中。在《塔端塔羅》（*Tarocchi Fine dalla Torre*），我們看見他跳著吉格舞，同時吹著笛子和打鼓。在《索拉・布斯卡塔羅》，這位「瘋子」（Matto）在演奏風笛，對於管樂器的才能和熱忱，可從他的名稱中發現其詞源學的淵源。「愚人」（“Fool”）這個字源自用於描述風箱和空皮囊的拉丁文“follis”。在這個脈絡下，基於「愚人」是中空的、裝滿空氣和膨脹浮誇的事實，我們可以得出一個貶抑的評價——就像人們說的：「空桶的聲響最大」。

「愚者」的呶呶不休使我們想起中世紀的《萬愚節》，由於巴黎新教神學會（Protestant Faculty of Theology of Paris）認為這些淫猥的異教活動會危害善良風俗，該節日遂於一四四五年被廢除。[1] 以往在一月一日的《萬愚節》，人們每年會有一天的時間可以踰越教會和國家所制定的種種規範。從這一整天的顛倒正常和無法無天的狂歡中，我們可以想像「愚者精神」，也就是暫時的瘋狂、放蕩，以及藐視已確立的秩序。

因此，在《普瓦伊明奇亞特牌》的「莫墨斯」（Momus）牌中，那位全身叮噹作響的弄臣裝扮成羅馬的諷刺和嘲弄之神莫墨斯，他嘲笑諸神，還譏諷宙斯是個愛使用暴力的神明，沒有能力克制對女人的淫慾。莫墨斯的毒舌害他被逐出奧林巴斯山（Mount Olympus，希臘諸神居所）。他接下來發生了什麼事？在失去奧林巴斯的神位後，他是否變得居無定所，漫無目的地四處流浪？如同莫墨斯，「愚者」不屬於任何地方，因此他走到哪裡都覺得很自在。

在「悲慘」牌（*Misero*）和聲名狼藉的《讓・諾貝雷塔羅》中，「愚者」以窮苦流浪漢的形象出現，這次他的裸露並非一種下流的行為，他那毫無衣物遮蔽的身體表明了他與環境的格格不入。這兩

左頁
《發笑的弄臣》（*Laughing Fool*），據稱作者是北尼德蘭畫家雅各・范・奧斯特沙南（Jacob Cornelisz van Oostsanen），十六世紀。

個牌中人物的敏感肉體遭受到小動物的攻擊，牠們露出犬齒和爪子。第一個人物沒有表現出畏縮的樣子，他若有所思地凝望地平線，陷入冥想之中。另一個人物則沉浸在狂喜的朝聖旅途，自顧自地繼續前進，不受被動物撲咬的影響，彷彿有種使命在召喚他向前。這兩人都脫離了現實，更貼近於一種神聖境界。「愚者」那與生俱來、不可思議的智慧讓他變成異議份子，促使他遊走在社會邊緣，他如同身旁的動物那般不受束縛、無憂無慮、未被馴服，他是一個野人。

在《中世紀畫家塔羅》中，奧斯瓦爾德．維爾特描繪了某種有點不搭調的生物作為「愚者」的動物寓言，那是一隻鱷魚[2]，隱藏於一根細長的柱子旁。這位瑞士神祕主義者如此描述該圖像：「目光銳利的猞猁追趕著那位沒有警覺的流浪漢，來到一根倒轉過來的方尖碑旁。碑後方有一隻正在等待的鱷魚，準備吞下注定要回歸於混沌的任何事物，這些事物回歸成為這個有秩序的世界所賴以誕生的原料。」[3]

「愚者」的鱷魚一直以來作為一種寓意圖像，直到傳說中塔羅的埃及起源被歷史給否決。這種狼吞虎嚥的爬蟲類動物讓人想起吞噬靈魂的阿米特（Ammitt，埃及神話中擁有鱷魚頭、獅子上半身與河馬下半身的生物），牠是危險的象徵，與「愚者」的天真和缺乏經驗恰成對比。我們也可以將之視為埃及豐饒之神索貝克（Sobek）的化身（鱷魚），他從努恩（Nun，埃及神話中原水和混沌之神）的原水中自我創生浮現。「愚者」精力充沛地走向索貝克，我們可以視之為凱斯（Paul Foster Case，二十世紀初美國神秘學學者，著有許多塔羅和卡巴拉書籍）所稱「存在先於實際顯現的主動法則」[4]。「愚者」或許天生狂野，或許為狂野而生，他篡改規則、自我嘲弄、失敗了然後微笑以對。「愚者」關乎天賜的豐饒而非本能的恐懼，他絕不會跟別人交換一個停下聞聞路邊玫瑰的機會。

「瘋子」（*Mato*），《索拉．布斯卡塔羅》，十五世紀義大利。

出自《塔端塔羅》的「愚人」牌，十七世紀義大利波隆那。

「愚人」牌，出自所謂的《格蘭高尼塔羅》（Gringonneur Tarot）或《查理六世塔羅》（Charles VI Tarot），十五世紀義大利北部。

上左

出自《維耶維爾塔羅》的「愚人」牌，十七世紀，法國。

上右

「愚人」，《諾貝雷塔羅》，1659 年，法國。

下頁，左

「莫墨斯」牌，出自《普瓦伊明奇亞特牌》，馮斯華．普瓦伊（François de Poilly），約於 1712 至 1741 年發行。

下頁，右

《小丑與執事的宴會》（*La fete des fous et des diacres*），出自《跨越時代的巴黎》（*Paris a travers les siècles*），古爾東．熱努亞克（Gourdon de Genouillac），1881 年。

Momus

LA FÊTE DES FOUS ET DES DIACRES

(XVIIe SIÈCLE)

「悲慘」，所謂的《孟特尼那塔羅》（Mantegna Tarot）E 系列，由約翰・拉登斯佩德（Johann Ladenspelder）雕版，1540 至 1550 年間發行。

左

「愚人」牌，出自《維斯康提－斯福扎塔羅》，十五世紀義大利米蘭。

上左

「愚人」，《中世紀畫家塔羅》，奧斯瓦爾德．維爾特，1889 年。

上右

「瘋狂」，或「煉金術士」，出自《夫人神諭大遊戲》（*Grand jeu de l'Oracle des Dames*），由雷加米（G. Regamey）設計，1890 至 1900 年法國。

魔術師

現在你看見它，接下來它不見了：在這幅據稱作者為波希（Heironymous Bosch，十五至十六世紀荷蘭畫家，大量使用象徵手法）或其助手的一五〇二年畫作中，一名街頭表演者在繁忙城區的某個角落擺放了一張桌子。那男人的腰帶上掛著籃子，裡面有一隻探出頭來的貓頭鷹。在中世紀的動物寓言中，貓頭鷹象徵著欺騙。男人跟前蹲著一隻裝扮成弄臣的狗，小小的棕色身軀圍了一圈鈴鐺帶。他迅速完成布置，在面前的桌上擺好各種東西——平底無腳杯、錐形的杯子、小彈珠（和他手上那顆一樣）、一個金色的環、一根小竿子，還有看似不協調的一隻小青蛙。

這位魔術師以熟練的手法表演一個把戲，各式各樣的觀眾，包括男人、女人、貴族、商人、孩童和一名修女，慢慢聚集到他的攤子旁。當他用拇指和食指轉動彈珠，有個男人不由自主地發生不正常的反應，並嘔出另一隻青蛙。這件不可思議的事讓他反應不及，沒有意識到他身後的男人正在偷他的錢袋，只留下掛在腰帶上的那把精美的鑰匙。

這幅畫雖然不是塔羅牌，但它與維斯康提－斯福扎牌組繪製於約莫相同的時期，並描繪相同的文化比喻，目的都在頌揚中世紀後期的想像力。這位魔術師的確與大阿爾克納的第一位主角有相同的敘事和原型本質，他的英文名稱——魔術師（Magician）——稀釋掉了它本身的圖像根源，也減損了這張牌的含義。傳統上，魔術師這個形象包含了更多世俗意義——街頭藝人／耍把戲者／工匠／舞臺魔術師——他是地位卑微的人，能憑藉一整套的巧藝創造出美和一種驚奇感，讓觀眾感到驚嘆，並且使人想起變形。

他可能是那種四處流浪的人，很像「愚者」，但他會中斷旅程並擺出桌子，設立起一間臨時商店。這張桌子是一座舞臺，一間視覺經驗的實驗室，如黑洞般吞噬人們目光的焦點。在桌上，你可以看見他所使用的工具——塔羅的工具——每種都對應了四元素：刀子，象徵性的寶劍；樹枝或棍杖，權杖；神奇酒杯，聖杯；而彈珠則是錢幣。

街頭藝人往往與盜賊和旅人之神墨丘利有關。他的姿勢為一臂指向上方，一臂指向下方，模仿古典雕像作品中的羅馬神祇。有了這樣的靠山，我們可以預期我們的主角佔有優勢，而且具備墨丘利的某些特性。作為騙子，他能扭曲表象，挑戰界限。他可以在我們眼睜睜的注視下改變真實。

左頁

「魔術師」，〈耶羅尼米斯．波希或他的作坊〉，1502年，聖日耳曼昂萊市立博物館（Musee Municipal de Saint-Germain-en-Laye）。

他是塔羅師，負責占卜和解讀牌意，這種技能隱藏凸顯於飛舞的手勢中，並以言語表達一種永恆精妙的藝術形式。他是藝術家和詩人，如同古希臘七弦豎琴手奧菲斯能穿行於兩個界域，用站立的身體為導體，有如天線般接受來自其他維度的振動，揭開真實的面紗。他是江湖郎中，也是先知，他的把戲未必是真的，卻能產生真實的效果。

如同在波希的畫中，舞臺上的魔術是受控制的幻象，讓奇異的事來戳破我們的現實。如果把戲是假的，那麼觀眾吐出的青蛙卻非常真實。埃特拉牌組中，有一張牌顯示一位魔術師站在他的魔術道具或者一尊木偶前，這張牌與疾病和治療疾病有關。魔法表演影響了觀眾，就這層意義而言，魔術師本身就在呈現一幅塔羅寓意畫——一種讓內在發生轉變、非常詩意的奇觀——它是一種啟蒙的藝術形式，以挑釁且有時令人不安的方式操縱著象徵。在波希的畫中，男人吐出青蛙並且被打劫，然而，那把神奇的鑰匙依舊在那裡。在塔羅中，不管站在桌子的哪邊，我們都是在跟靈性事物博奕。只要是塔羅容許我們去見識的，我們便輸不了。

左頁，左

從具有特色的棋盤格邊緣來看，《不具名巴黎塔羅》（*Tarot Anonyme de Paris*）對我而言是易於辨識的。它是過去最非典型的塔羅牌之一，它的大牌富於原創性，極具價值，此外也是十七世紀留傳下來少數完整的牌組之一。圖中的魔術師相當的非典型，他是從側面被描繪，而非正對我們。視角的些微改變讓觀看者見到他與兩個觀眾的互動。其中一個戴著驢耳帽，用手指著桌上他認為藏著球的杯子，而他的同伴似乎被剛剛目睹的把戲給徹底弄糊塗了。

左頁，右

《雅克．維耶維爾塔羅》，約創製於 1650 年，畫面上是一個典型的馬賽街頭藝人，加上一張三腳桌、大型雙紐線帽，以及用呈現蛇形的雙臂連接天與地，溝通兩個世界。

本頁上左

「街頭藝人」（*Le Batelleur*），《維爾加諾塔羅》（Vergano Tarot）的第一張牌，在類型上屬於經常援用馬賽式塔羅圖像的皮埃蒙特（Piedmontese）牌，1827 年。

本頁上右

「墨丘利」牌，出自 1860 年代的德國占卜牌《上帝之眼》（*Das Auge Gottes*）。墨丘利被描繪成一名速度飛快的使者，手持節杖，是職掌溝通、預兆和占卜的羅馬神祇，時常擔任陰間領路人的角色，在此傳達他能聯繫不同界域的概念。如同魔術師，墨丘利也是騙子和演說家。

「墨丘利」，馮斯華·普瓦伊創製的《明奇亞特塔羅》第一張牌，發行於1721至1742年。

「江湖郎中」（The Charlatan），出自客廳占卜遊戲《象徵的神諭》（*l'Oracle Symbolique*），1890年瓦蒂利奧（Watilliaux）在巴黎發行。

上

「墨丘利」，所謂的《孟特尼那塔羅》E系列第四十二張牌，由約翰·拉登斯佩德雕版，1540到1560年。

上左

「墨丘利」紅心傑克，出自1847年由維克多．藍格（Victor Lange）繪圖的《英雄牌卡》（*Cartes Héroïques*）遊戲牌。

上右

「奧德翁」（Odéon），出自某遊戲牌的「黑桃國王」，該副牌描繪巴黎不同的劇院，以及十九世紀初期的劇院環境類型。奧德翁，例如奧德翁劇院（l'Odéon-Theatre），以嚴格講究表演而聞名，日後莎拉．伯恩哈特（Sarah Bernhardt，法國舞臺劇女演員，擔綱演出十九世紀後期到二十世紀初期最受歡迎的法國戲劇）將於奧德翁的某家劇院登臺，首度演出拉辛（Jean Racine，十七世紀法國劇作家）的《費德爾》（*Phèdre*）。圖中這位富有魅力的男士在爆炸的煙霧中登場，讓觀眾敬畏有加，這種超自然的演出使人想起魔術師原型的煙霧和鏡子特性。

上左

「疾病」（*Maladie*），《大埃特拉埃及塔羅》，1879 至 1890 年巴黎。

上右

「魔術師或街頭藝人」（疾病），《大埃特拉埃及塔羅》，1850 至 1890 年巴黎。

上
「假先知」（“The False Prophet”）出自埃及式復古的《大埃特拉》牌，1875 年在巴黎發行。這張牌編號 15，與「憂鬱症」和「缺乏先見之明」有關。

《德拉羅卡塔羅》（Tarot Della Rocca），這張雙頭牌描繪一個相當頑皮又勉強維持清醒的耍把戲者，他舉著酒杯而非棍杖，1887 年由阿瑪尼諾兄弟（Fratelli Armanino）創製，義大利熱內亞。

「瑣羅亞斯德」（Zoroastro），佛羅倫斯明奇亞特牌，1725 年，描繪伊朗先知瑣羅亞斯德正在舉行儀式。

女教皇－女祭司

二〇一八年，巴貝多歌手蕾哈娜（Rihanna）現身大都會藝術博物館慈善晚宴（Met Gala），盛裝踏上紅地毯。她身穿一套從「教皇」牌獲得靈感的服裝，包括鑲滿珠寶的斗蓬和超短連衣裙，露出踩著十二吋高跟鞋的雙腿。目睹她這身隆重的裝扮，有誰能不當回事？在這場天主教主題的時尚盛會中，蕾哈娜撩人的裝扮不僅非正式地贏得「最佳服裝」[1]，也在炫麗的嘩然爭議中引發了騷動。蕾哈娜一夜之間改造了西方世界最重要的精神領袖之一、羅馬天主教教宗的標誌，並利用機會創造出她自己的象徵性服裝，而這種服裝在此前的許多個世紀，只有白人男性穿過。

如此強而有力的形象令輿論界震驚、傾心和著迷，我也不例外。她渾身散發權威的魅力，從容不迫、大步跨上大都會藝術博物館的紅色階梯，與攝影機保持堅定的目光接觸，迷死了跟前的一大票攝影師。她大膽的服裝造型和隨後引發的喧騰十分有趣，立即使我想起塔羅女教皇／女祭司的格言。這張牌是許多讀者最喜歡的牌之一，編織出與蕾哈娜禁忌的外表完全相同的文化矛盾——女性、智慧和權力的爆炸性碰撞，證實了家父長秩序中的女性神秘。

歷史上在塔羅中被稱作「女教皇」的這個女性人物是誰？她後來如何變成「女祭司」？她的身分、角色和重要性一直令許多學者著迷，也使得她成為大阿爾克納中最富爭議性的人物之一。她首度出現在十五世紀的義大利王牌中，被描繪成一名穿著宗教服裝的女子，戴著教皇冠冕，即便在今日我們現代人的眼中看來，似乎也顯得不適宜。直至今日，梵蒂岡統治集團裡仍然沒有女性的位置，這樣的形象讓人感覺格格不入。女教皇顯然讓人想起「教皇瓊安」（Pope Joan）的迷人傳說，這個傳說在中世紀晚期的歐洲日益受到歡迎。

傳說是這麼說的：第九世紀時，這位博學的女子成功地假扮男人，一步步往上爬，最後被推舉為教皇。她的託辭據說維持了好幾年時間沒被拆穿，直到某天，身懷六甲的女教皇在行進的隊伍中分娩，讓身旁的紅衣主教們大吃一驚，或者應該說是驚恐萬分。「教皇瓊安」的故事在中世紀手抄本中大量被描繪作為插圖，但這似乎並不合適。早期的王牌是受義大利北部貴族的委託而繪製，我們難以相信目的是為了嘲弄羅馬天主教當局的正當性。更可能的情況是，這位戴著三重冕的少女代表了擬人化的「教會之母」，是虔信教徒的保護者和養育者，或者這是義大利教堂裡一

左頁

蕾哈娜於二〇一八年五月七日參加大都會藝術博物館慈善晚宴，慶祝「天體：時尚與天主教想像」展（*Heavenly Bodies: Fashion and the Catholic Imagination*）的開幕。（照片由 John Shearer 拍攝／Getty Images 提供給 *Hollywood Reporter*）

幅少見的「信仰」寓意畫。直至十九世紀，塔羅「女教皇」的配備並無太多的改變，她總是戴著具有特色的教皇冠，通常手裡還拿著一本書。

在《維斯康提·斯福扎塔羅》，藍色的書是畫面焦點，緊緊握在她手中，彷彿為了表明她不僅是知識的保衛者，也監督知識的取用。透過《馬賽塔羅》原型，「女教皇」圖像在十七世紀鞏固了下來，她不僅手持書本，而且還認真地閱讀，大大的書本攤開在膝上。當我們注視她時，幾乎感覺會打斷她的閱讀，那是一種經年的儀式、孕育想法的冥思。她抬起頭，但不是在看我們。神秘的「女教皇」令人生畏且難以窺測，她的難以親近使她更教人信服。她脫離常規、顛覆歡愉和母性，她的女性氣質挑戰了社會對她和一般女性的期待。她飽讀書中的難解之謎，成為孕育神聖知識的容器，她的親切只保留給靈性、直覺和秘傳的事物。

在她身後，捲曲環繞的帷幔張開在兩根柱子之間。這些圖像細節，以及十八世紀秘傳圈子裡所發展出來、關於塔羅源起於埃及的想法，最終將導致「女教皇」被詮釋為喬裝的伊西斯（Isis，埃及神話中農業和生育女神）。她的三重冕逐漸被新月形頭飾給取代，並透過反射來產生照明。她變成跨越兩界的女性人物，是普西芬尼式的存在，不同於凡塵俗世裡的教皇。她能來去於不同的世界並提供啟示，她不只是精通神秘儀式的學者，還變成神聖領域的守門人，從而讓人類經驗與神產生了連結。共濟會的傳統宣稱她的柱子為雅斤（Joachim）和波阿斯（Boaz），那是所羅門聖殿入口的兩根柱子，使她成為兩極之間的中心點。她以非現實的方式揭開帷幕，讓感知在客觀和主觀之間搖曳。

從這點來說，在十九世紀和二十世紀初期，當她找到新的象徵身分而成為「女祭司」，她的身體已然喪失了實質的密度。在萊德－韋特－史密斯塔羅中，這位月亮女先知只是一個坐在立方體上的軀體，從瀑布般流動的靈質長袍中升起。她坐鎮於她所守護的聖殿，手持聖律，當我們注視她，我們看見的是一個虛影，一幅精神的全像圖，如同韋特的描述，她是為上帝以女性示現的「神之顯現」（Shekinah）[2]，以及「大阿爾克納中最崇高和最神聖的一張牌」。[3]

右頁

「女教皇」，出自《維斯康提－斯福扎塔羅》，據稱作者為博尼法喬·班波（Bonifacio Bembo），約 1450 年。

這張維斯康提－斯福扎塔羅牌描繪的「女教皇」是誰？這個問題困惑著許多塔羅學者。紐約圖書館員莫克利（Gertrude Moackley）透過她影響後代深遠的研究，首度摒除了「喬裝的伊西斯」理論，從信史中追溯圖中的形象，結果在迂迴曲折的維斯康提家譜中找到「麥芙烈達·皮羅瓦諾修女」（Sister Maifreda di Pirovano）這個名字[4]，這位被指控信仰異端邪說虔信女子被燒死在火刑柱，只因為她所掌控的一個基督教宗派質疑了教皇的價值觀。史密斯（Sherryl E. Smith）在某篇精采的文章中提出看法[5]，認為這張牌描繪的並非麥芙烈達，而是她所信奉的對象，一位名為「米蘭的古列爾瑪」（Guglielma of Milan）的十三世紀熙篤會（Cistercian，一個改革派的天主教修會）修女，她因為具備領袖魅力和虔誠信仰而受人敬重，被視為女聖靈。這張牌收藏於紐約摩根圖書館（Morgan Library）。

「教皇瓊安」的分娩。木刻畫，出自薄伽丘《名女人傳》（*De Mulieribus Claris*），海因里希·史泰因霍韋爾（Heinrich Steinhowel）德文譯本，約翰內斯·蔡納（Johannes Zainer）在德國烏爾姆發行，約 1474 年。大英博物館館藏。

「信仰」：《維斯康提·迪·莫德隆塔羅》（Tarocchi Visconti di Modrone）中所描繪、連同「慈善」和「希望」在內的神學美德之一。這副牌的作者據稱為博尼法喬·班波，時間是 1460 年代[6]。「信仰」被描繪成採坐姿的寓意人物，跟前有一名國王。她的金色服裝幾乎與同樣金碧輝煌的背景融合在一起。她左手持一根權杖，右手指向天空，聖餐杯和聖餐在她身旁飄浮。這張牌卡收藏於美國康乃迪克州紐哈芬市耶魯大學，班內基善本與手抄本圖書館（Beinecke Rare Book and Manuscript Library）。

「信仰」，原始文藝復興大師喬托·迪·邦多納（Giotto di Bondone）描繪的七大美德之一，出自義大利帕多瓦（Padua）的斯克羅威尼禮拜堂。

勒諾曼牌封套，1868 年，法國國家圖書館館藏。這張勒諾曼牌暗示「牌卡占卜者」可能是「魔術師」與「女祭司」的共生體。「牌卡占卜者」在召喚宇宙能量，並以第一張大阿爾克納的著名手勢觸碰桌上的牌卡，她站在一大片天鵝絨帷幔前，守護著兩界之間的世界。

這張「女教皇」之所以特別，有許多原因。它在 1839 年發行，是出身馬賽的塔羅牌大師蘇珊．博納汀（Suzanne Bernardin）的作品。她的作品常與尼古拉．康威（Nicola Conver）塔羅相提並論，然而博納汀的「女教皇」呈現一個非常獨特的圖像手法：她身後有個用綠水墨水上色的半圓形，這個細節是其他馬賽式塔羅所沒有的。這個圓形後來被邪典電影導演暨塔羅學者亞歷杭德羅．霍多羅夫斯基詮釋為一顆蛋，並且完全複製到他與梅松．卡穆安（Maison Camoin）一同創製的牌組。這顆蛋藏在正在偷偷孵蛋的「女教皇」背後，讓人想起懷孕的主題，以及與懷孕所寓指不可阻擋的積累。

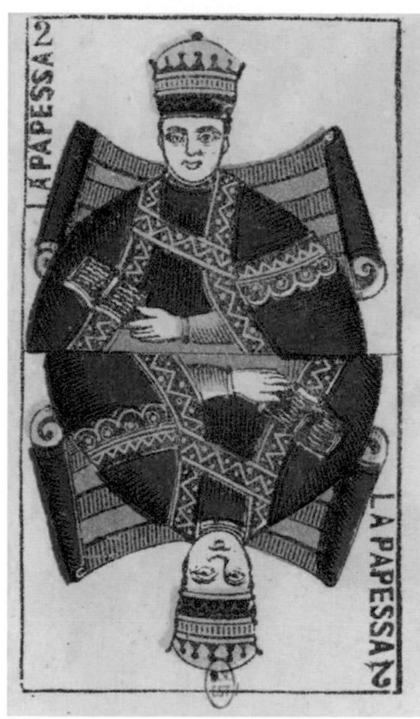

雙頭義大利塔羅，由亞歷山卓．維亞索納（Alessandro Viasonne）設計，1888 年在杜林發行。

波希米亞人塔羅（*Le Tarot des Bohemiens*），此為作者帕普斯，迪維爾（Durville）於 1911 年發行的第二版。牌卡圖案由讓－加布里埃爾．古利納（Jean-Gabriel Goulinat）設計。

「朱諾」，《貝桑松塔羅》（*Tarot de Besançon*），十八世紀晚期法國。法國大革命期間，隨著政權和當權者的更迭，牌卡製作者從他們的牌中抹去了羅馬教皇人物的參照，改以羅馬神祇取代：朱諾（Juno，羅話神話中司婚姻的女神，朱比特之妻）代表「女教皇」，而朱比特代表「教皇」。

「聖殿」，羅伯特．法爾科尼耶（Robert Falconnier）的《奧祕塔羅》（Hermetic Tarot）的第二張牌，奧圖．韋格納（Otto Wegener）設計，1896 年。

「聖杯皇后」，出自十九世紀晚期創製的西班牙遊戲牌《神秘巴哈拉》（*Bajara Mistica*），呈現嬉戲玩樂中的修女和神父。

萊德－韋特－史密斯塔羅的「女祭司」，由亞瑟．愛德華．韋特予以概念化，潘蜜拉．柯爾曼．史密斯設計，1909 年。「女祭司」背後的帷幕在兩根柱子之間展開，上方出現了石榴，使得這個背景與普西芬尼神話產生了連繫。

「女祭司」，《貧民區塔羅》（Ghetto Tarot），創作者為愛麗絲．斯梅茨（Alice Smeets）和藝術團體「反抗的藝術家」（Atis Rezistans），2015 年。這個驚人的女祭司版本是在向潘蜜拉．柯爾曼．史密斯的作品致敬，如流水般的女祭司憑藉她的存在感，將一切變得朦朧。

右頁

戴著三重冕的女子，這個因為讓人感覺難以親近而常被色情化的人物，作為一系列訴諸感官的短篇故事《巴登浴場》（*Les Bains de Bade*）的卷頭插畫。故事作者為頹廢派作家勒內．布瓦萊夫（René Boylesve），由阿爾芒．拉森福斯（Armand Rassenfosse）繪製插畫，1911 年。圖片由博杜安國王基金會／菲利浦．福馬諾工作室（King Baudouin Foundation/Studio Philippe de Formanoir）提供。

1380
1459

Nutrix ejus terra est.

EPIGRAMMA II.

Romulus hirta lupæ pressisse, sed ubera capræ
Jupiter, & factis, fertur, adesse fides:
Quid mirum, teneræ SAPIENTUM *viscera* PROLIS
Si ferimus TERRAM *lacte nutrisse suo?*
Parvula si tantas Heroas bestia pavit,
QUANTUS, *cui* NUTRIX TERREUS ORBIS, *erit?*

女皇

「據說，羅繆勒斯（Romulus）是由母狼哺育長大，而朱比特是由山羊哺育長大，如果這些傳說被塑造成可信的事實，那麼我們是否也能相信，並且聲稱地球用它的奶水哺育了溫柔的『哲學家之子』？如果一隻無足輕重的動物能哺育出如此偉大的英雄人物，那麼，有地球當奶媽的人，豈能不偉大？」[1]

「地球是他的奶媽」（"Nutrix Ejus Terra Est"），在《亞特蘭妲奔逃》（*Atalanta Fugiens*）第二幅插畫上方有以上題詞。米夏埃爾·邁爾（Michael Maier）在他這本著名的象徵圖畫書中，利用圖像、音樂和詩來描述煉金術的過程。這幅手工著色的插畫顯示了以嬰兒為象徵的元素，在變形成為哲學家之石的早期階段吸吮著地球乳房，以喻獲得了哺育。在這個驚人的描繪方式中，自然被擬人化，顯示成女性的滋養力量，這個概念將在稍晚重新出現，成為「女皇」。

在《維斯康提·迪·莫德隆塔羅》中，「女皇」顯得年輕亮麗，擁有玫瑰花瓣般的嘴唇，身穿光芒四射的純金長袍。她坐在寶座上，頭戴王冠、手持權杖，身旁有四位年輕的侍從。其中兩位穿著相稱的紅袍，在畫面中被抬高位置，位於女皇美麗的臉龐兩側，另兩位站在她跟前祈禱，朝她膜拜。他們是她的孩子或僕人？其中一位刻意指著鑄在她盾牌上的帝國黑鷹——這是代表羅馬帝國的紋章標誌——提醒我們，我們不應因為她的美麗和溫和的態度而搞錯重點。毫無疑問，她是當權的女子，她的角色再清楚不過，因為她手持王權象徵物——她是一位政治人物。

從創製這張牌的歷史脈絡來看，這代表她透過婚姻創造出足以維持兩國間和平的強大政治聯盟。這個如此身分地位的女子藉由替她的皇帝配偶提供一個兒子，來確保她對王朝的持續影響力，在兩個政治氏族間維持並鞏固共生的關係，同時連結起她整個家族的過去和未來。權力從她的子宮裡成形，在世界中興盛發展，屆時她便是一名政治主婦，這個概念對現代人來說難以理解，而且相當不浪漫，卻深植於十五世紀義大利北部人士的心中。

然而在這副牌中，「女皇」被描繪成溫柔和卓越的女族長，不過她還碰見了另一個「母親」，一個象徵性的母親，以「慈善」寓意畫的樣貌呈現。這個寓意人物的乳房從花團錦簇的服裝裸露出來，正哺育一個站立的孩童，表明了阿奎那（Saint Thomas Aquinas，歐洲中世紀經院派哲學家和神學家）所公布的七個神學美德之一，當中愛、保護和關心別人，被視為奉獻上帝的一種形式。

左頁

《亞特蘭妲奔逃》（*Atalanta Fugiens*）的第二幅象徵圖，作者為米夏埃爾·邁爾，由馬蒂亞斯·馬利安（Matthias Merian）繪製插圖。1618 年約翰·特奧多爾·德布里（Johann Theodor de Bry）出版商於德國奧本海姆發行，法國國家圖書館館藏。

在整幅圖像中，「女皇」和她的原型化身徘徊於上述兩個受到外在世界所支配的女性面向之間，與她的姐妹「抽象事物的主宰者」（Sovereign of the Abstract）「女教皇」分庭抗禮。「女教皇」沉默無語、空靈飄逸且深不可測，但「女皇」則心胸開放、主動積極、熱心腸且可以親近。在《馬賽塔羅》，我們看見她正面朝前、坐在寶座上，用嚴厲的目光看穿我們，對比於萊德－韋特－史密斯版本，畫面中的她優雅淡然地倚著寶座，背後舒服地墊著色彩鮮艷的靠枕。

後者這種性感的描繪方式，同如塔羅學者瑪麗．格里爾所指出[2]，靈感可能來自一三三八年洛倫澤蒂（Ambrogio Lorenzetti）繪於西恩納（Siena）市政廳的壁畫《和平寓意畫》（*Allegory of Peace*）。畫中穿著半透明白袍的女子手持橄欖枝，頭頂上寫著“PAX”，可認定她是一位調停者。在《不具名巴黎塔羅》，活力充沛的女皇在起伏的山坡上疾走，手裡緊握著權杖。無論身負何種任務，她都積極投入，臉上露出微笑。為了妥善統治國家，你得處事圓滑、維持和睦，這便是「女皇」所扮演的角色。

十八世紀發生了微妙的圖像變化，或許因為有幾個歐洲國家開始厭惡君主政體，因此這位貴夫人失去了她的象徵性領導權。這位象徵的母親似乎在某些牌中喬裝易容，跟「女皇」搭上了線，或乾脆取而代之，成為大牌中的女性領導者。她們在牌中稱作「慈善」、「夏娃」、「愛」或「自然」，總是被描繪成太古人物，或裸體、或袒胸露背，她們在哺育孩童，甚至擁有好幾個乳房，像是母狼和跨物種的褓姆，餵養著古代世界神話裡的英雄和諸神。

「自然」牌（*La Nature*）中的圖像讓人想起以弗所的阿特彌斯（Ephesian Artemis），她是掌管荒野和生育力的女神，以弗所人膜拜她以祈求獲得保護和糧食。她的胸部是由許多乳房狀的突起所構成，其光滑程度使得考古學家相信，它們可能代表公牛的睪丸而非乳房[3]。這位身上塞滿種子的女皇包羅萬物，身為女造物者，她體現了大自然的滋養力，她是狂野的女愛神，結合我們這個世界的複雜化學元素，培養並誕生了形形色色的事物。

二十世紀初，韋特和柯爾曼結合女性的這兩個表現，使得「女皇」成為她此後努力爭取的形象。一方面，她如同她的義大利先祖「公正命令的皇后」（Queen of Fair Command），一個慈悲的統治者和有愛心的保護者，她的盾牌上有金星標誌。另一方面，她是狄蜜特（Demeter，希臘神話中司農業、豐饒和婚姻的女神）式的人物，是我們這個可見、可觸知世界的構成元素的靈魂和源頭。她身穿石榴圖案的衣服，上面的每顆種子清晰可見，承諾她所能產生的一切輝煌——生生不息的生命奇蹟。

右頁
「女皇」，出自《維斯康提－斯福扎塔羅》，據稱作者為博尼法喬．班波，約 1450 年。

左

在《中世紀畫家塔羅》，奧斯瓦爾德·維爾特首度引進天主教圖像中的象徵元素，使他的「女皇」——星星王冠、在她左邊的白百合和腳下的新月——與聖母瑪利亞產生了關聯，成為「基督教徒的無玷聖母，希臘人會從而認出那是他們的維納斯－烏拉尼亞（Urania，維那斯的別稱），從黑暗的狂濤巨浪中光芒萬丈地誕生。」這些新的圖像元素源自聖約翰的《啟示錄》，當中「啟示錄中的女子」聖母顯現，「一個婦人身披日頭，腳踏月亮，頭戴十二星的冠冕。」

上

這位急沖沖、忙個不停的「女皇」身穿洋紅色服裝，在山巒間奔跑，使我們想起「女皇」是有行動力和採取主動的人。出自《不具名巴黎塔羅》，巴黎，約 1650 年，法國國家圖書館館藏。

左

寓意人物「和平」（Peace），出自一系列的三幅壁畫《好政府與壞政府寓意畫》（*Allegory of Good and Bad Government*）局部，1339 年安布羅喬·洛倫澤蒂繪於義大利西恩納市政廳。這些畫是接受西恩納共和國九人委員會的委託而製作，目的是在委員會成員間激發身為市民的道德責任感，提醒他們在替全體市民做出重大決定時所冒的風險。

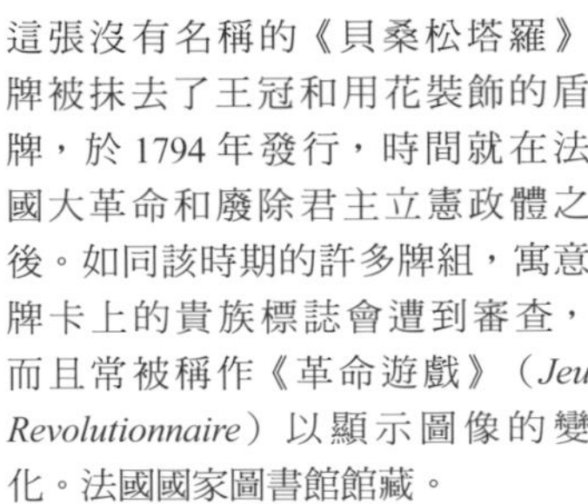

這張沒有名稱的《貝桑松塔羅》牌被抹去了王冠和用花裝飾的盾牌，於 1794 年發行，時間就在法國大革命和廢除君主立憲政體之後。如同該時期的許多牌組，寓意牌卡上的貴族標誌會遭到審查，而且常被稱作《革命遊戲》（*Jeu Revolutionnaire*）以顯示圖像的變化。法國國家圖書館館藏。

「女皇」和「慈善」牌，出自不齊全的《維斯康提・迪・莫德隆塔羅》，通俗的說法是「卡瑞－耶魯」（“Cary Yale”）牌組，它的六十七張牌目前保存於耶魯大學的班內基善本與手抄本圖書館。該牌組創製於十五世紀中期，連同《維斯康提・斯福扎塔羅》，被認為是包含成套王牌的最早期塔羅牌之一。據推測，《維斯康提・迪・莫德隆塔羅》是受菲利波・馬利亞・維斯康提（Filippo Maria Visconti）的委託而製作，由義大利畫家暨壁畫藝術家博尼法喬・班波繪圖，他為維斯康提家族繪製了無數的肖像畫。

《普瓦伊遊戲》（*Jeu de Poilly*），牌中女子手裡牽著一個孩子，同時正哺育著另一個孩子，以傳統但溫柔的方式描繪神學美德「慈善」。此為馮斯華・普瓦伊所創製的明奇亞特牌組，時間為 1712 至 1741 年。法國國家圖書館館藏。

類似「女皇」的人物，在這幅牌中稱作「大媽媽」，此為馮斯華・伊斯納爾（François Isnard）在法國大革命期間的雕版作品。這位女性人物被剝除了王冠，但仍手持一面盾牌，變形成為保護人民的母親。法國國家圖書館館藏。

「微笑的女皇」，出自手工著色的義大利牌組，約於 1860 年在義大利米蘭發行。法國國家圖書館館藏。

左
「慈善」——與慈善美德有關的另一張寓意牌，出自所謂的《孟特尼那塔羅》。圖中的女性人物一手捂著胸口，另一手倒空了一袋錢幣，以證實她的慷慨。與此形象有關的「養育」圖像隱藏在左下角的鵜鶘圖中。在這個經常被用於基督教圖像的主題中，鵜鶘媽媽會用喙刺穿胸口，將血餵給幼鳥，為了不讓幼鳥挨餓而不顧自身安危。「慈善」為《孟特尼那塔羅》第三十八張牌，屬於 E 系列，約在 1540 年代由約翰・拉登斯佩德發行。法國國家圖書館館藏。

第一個女人「夏娃」在伊甸園裡，畫面呈現出一派田園風光。《夫人神諭大遊戲》，繪於 1890 年代後期。

「女皇」倚在柔軟的寶座裡，她是母親，也是和平的保護者。置身金色的小麥田，「女皇」處在早期塔羅的「政治的母親」與「象徵的母親」的十字路口；後者是自然的豐饒及養育力的象徵。這張「女皇」牌出自萊德－韋特－史密斯塔羅，由亞瑟・愛德華・韋特委託製作，潘蜜拉・柯爾曼・史密斯負責設計。該副牌於 1909 年首度發行。

「野女人與獨角獸」（“Wild Woman and Unicorn”），這是十五世紀某遊戲牌卡，出於不具名的德國藝術家之手，大都會藝術博物館館藏。她身披柔軟毛皮，只露出手、腳和赤裸的胸部。野女人在中世紀德國是受歡迎的寓意形象，她們被認為是原始的森林精靈，經常淘氣地惡作劇，有時被描繪成在哺育「野孩子」，例如在馬丁・紹恩高爾（Martin Schongauer）著名的紋章盾。野女人與生育力有關。

出自《算術遊戲》（*Jeu Arithmetique*）的「自然」牌，由布夏爾（Bouchard）設計，1820 到 1830 年。

「以弗所的阿特彌斯」與吹排簫的牧羊人。諾維利（P.A. Novelli）蝕刻，十八世紀，倫敦惠爾康收藏品（Wellcome Collection）。這幅田園景象讓人想起以弗所的阿特彌斯膜拜儀式，圖中顯示一名男子在阿特彌斯塑像前吹奏排簫，自然的生育力瀰漫於不同的蔓藤花樣。構成阿特彌斯身體的圓柱上呈現著種種哺乳動物的形象，上面有兩頭立於她手上的獅子。

動物褓姆！一張相當詼諧的牌，出自 1840 年代的德國牌組《顛倒世界》（*Verkehrte Welt*），描繪一頭擬人化的豹穿著女僕裝，在新古典主義風格的臥室裡照顧人類孩子。

皇帝

大佬能量！她是「皇帝」，肯定是「皇帝」！某次我的一位學員看著迪斯可和新浪潮巨擘葛瑞絲・瓊斯（Grace Jones）的肖像，高興地大聲宣布，這張照片是葛瑞絲的伴侶古德（Jean-Paul Goude）在大約四十年前替她拍攝的。這幅超大的圖像出自一本攤開的書，我們大夥兒從高處鳥瞰這幅圖，當時我們正在玩一種自由聯想遊戲。這是我很喜歡的遊戲活動，玩法是讓學員根據自己對於形狀、顏色、對象所做的象徵性聯想，以及細節中浮現的意義，找出與之相匹配的一張或數張塔羅牌。照片中的葛瑞絲・瓊斯穿著一件散發八〇年代莊重氛圍的有墊肩黑色外套上裝，全身的裝扮完美地映襯她直角造型的髮型。她直視我們的雙眼，似乎在逼問我們，嚴厲的目光與她的魅力相得益彰。她的臉稍稍轉向，嘴裡叼著一根未點燃的香菸，整個人散發出強大的氣場。該圖像是由許多以完美的九十度角相交的線條所構成，除了外套上往下露出胸部弧線的 V 字形開叉外，整個形象徹底粉碎我們對於性別的預期。

除了「皇帝」牌，還有什麼牌能與葛瑞絲・瓊斯如此完美地相配？她是出了名的不愛循規蹈矩，只遵從自己的決定，所以擁有這樣一種挑釁味極濃的陽剛形象是再適合不過的事。這種概念也在寇特妮・亞歷山大（Courtney Alexander）獨特的《塵 II 縞瑪瑙塔羅》（Dust II Onyx Tarot）中的「酋長」（Chief）牌被讚頌著，它提醒我們，在性別角色和屬性一分為二的塔羅世界，事情遠比表面上看起來有彈性得多。

在所謂的《查理六世塔羅》「皇帝」牌，手中的皇帝權杖和金球是用來表明他的政治職責，他也穿著看起來不太相稱的古怪服裝。他的上半身披戴全套的盔甲，但腹部以下卻是一襲垂地的藍色長袍。可說是上半身英武威猛，下半身輕鬆隨意。跟前兩個形體較小的人物映襯出他較為柔軟的面向，我們不妨想像這兩人是他的子女。

皇帝權力與超越君權的至高權威是在意義上相同的概念，這是一種制定規則和領土範圍的權力。在戰爭與征服的歷史中，還有在不顧一切追求絕對霸權的渴望裡，我們都見識過這種權力的膨脹。然而我們會發現，塔羅的「皇帝」是相當不同的，不應只將他視為身任家父長的君主和濫用統治權的政治人物。儘管他常被描繪成身著胸甲，但並未佩帶任何武器，而且已經被比作一名保護者，而非好戰者。「皇帝」與馬爾斯（Mars，羅馬神話的戰神）有關聯，他雖然嗜血但很謹慎，他的鬍子證實了他的年紀和經驗，這些跡象給予我們線索，說明經驗如何讓他放下復仇的本性。他善運邏輯和策略，是講求理性的人，也是以身作則進行統治的領導者，他明白提供安全感和維持存續是他的職責所在。

左頁
「酋長」，《塵 II 縞瑪瑙塔羅》，
寇特妮・亞歷山大，2018 年。

許多世紀以來，「皇帝」牌的造型幾乎沒有改變：在馬賽牌組，他的男性威嚴展現在光禿禿的背景中，我們看見他倚著皇帝盾牌，一旦發生緊急事故，隨時準備一躍而起。本質上他是個行動派，擺出朝右（「主動」邊）的姿勢，散發權威的氣質。

在《讓．多達爾塔羅》（Jean Dodal Tarot），牌中的數字四出現了兩次，分別為羅馬數字的「IIII」和阿拉伯數字「4」。牌中為何會有多餘的標記？我們可以推測，圖中人物自然是呼應著「皇帝」的象徵性特質。在《塔羅之道》（*Way of Tarot*）中，邪典電影導演暨塔羅學者亞歷杭德羅．霍多羅夫斯基將數字四解讀成「物質安全的象徵」。他解釋：「桌子或教堂祭壇的四條腿與數字四有關。四不會傾倒，除非發生革命性的劇變。」[1] 這個數字當然得藉由「皇帝」誇張的疊腿動作來強調，整個身體往往構成數字4的形狀，這個招牌姿勢在《托特塔羅》表現得最為誇張。牌中「皇帝」的一隻腳穩穩踩在地上，吸取大地的能量，這種穩固性展現強大的威嚇力，同時又教人感到放心。

在《奧斯瓦爾德·維爾特塔羅》，「皇帝」的寶座被一個立方體給取代，使我們想起克卜勒（Johannes Kepler）的正多面體研究。在他的著作《宇宙奧秘》（*Mysterium Cosmographicum*）中，這位德國天文學家闡釋柏拉圖立體（即正多面體）與元素之間的柏拉圖關聯。他的立方體與土元素有關，其中的三個面呈現一株根植於土地的樹、蘿蔔、十字鋤和瓦罐等用來耕作的農具。維爾特的「皇帝」坐在他的立方體臺座上，提醒我們他不是一位全能的造物主，頂多管轄著有形世界的有限領域，他的統治僅及於看得見的領域，而非精神世界。他嚴厲且強大，看起來像一座沉睡中的火山，以合理的接地姿勢平衡他的破壞力。

上

兩張「皇帝」牌，出自義大利佛羅倫斯發行的明奇亞特牌，作者為彼得·阿立果（Pietro Alligo），1725 年，二十世紀時大量發行成為曼內格羅與史卡拉比歐（Il Meneghello and Lo Scarabeo）的《伊特魯利亞明奇亞特》（Etruria Minchiate）。他們通常被稱作「東部皇帝」和「西部皇帝」，讓人想起羅馬帝國歷史的一段插曲：西元 289 年，戴克里先（Diocletian）皇帝將領土一分為二，擢升馬克西米安（Maximian）為奧古斯都（Augustus，羅馬皇帝的稱號），授予他控制帝國西半部和戍衛東部的霸權。

佇立於原野中，罕見地身著全副盔甲的「皇帝」。他的紅色斗篷稍稍遮住了鞘中的劍。出自《不具名巴黎塔羅》，十七世紀。

「皇帝」，出自馮斯華・布利翁創製的《馬賽塔羅》，約1760年。

《維斯康提・迪・莫德隆塔羅》的「皇帝」牌極似西吉斯蒙德（Sigismund）皇帝的浮雕像，他那具有特色的雙股鬍子出現在他的許多肖像中，包括在他死後由杜勒（Albrecht Dürer，德國文藝復興時期著名畫家及藝術理論家）繪製的一幅肖像畫。西吉斯蒙德於1431年接受倫巴底鐵王冠（Iron Crown of Lombardy），我們可以看到這個細節也被描繪在牌中：他跟前的一名男童捧著第二頂王冠。西吉斯蒙德亦於1347年由教皇安日納四世（Eugene IV）授予「神聖羅馬皇帝」稱號，使他成為擔任最高國家元首的第一人，統治權大於歐洲其他天主教國家的君主。從這張牌我們可看見帝國鷹在西吉斯蒙德頭頂上展開黑色的雙翼。

粉紅色胸甲和王冠，《貝桑松塔羅》中以蝕刻方式精心描繪的「皇帝」，由皮耶・伊斯納爾（Pierre Isnard）發行，1746至1760年。

「皇帝」牌，戈代（J. Gaudais）於1860至1889年間發行的雙頭牌。

右頁

神聖羅馬皇帝西吉斯蒙德，作者為阿爾布雷希特・杜勒，1511至1513年，德國紐倫堡日耳曼國家博物館（Germanisches Nationalmuseum）館藏。

Dis bildt ist kaiser Sigmunds gstalt
Sigismūdus Annis
imperavit ·28·

上左

出自所謂的《查理六世塔羅》中的「皇帝」牌，《查理六世塔羅》也被稱作「格蘭高尼」牌。這副手繪牌卡的作者曾被誤傳為雅克．格蘭高尼，他是受雇於查理六世國王的中世紀畫家，在 1392 年創製了幾副「金色牌組」。事實上，這些保存於法國國家圖書館、獨特性高、可惜不齊全的牌組，可能出自十五世紀的義大利北部。[2]

上右

出自帕普斯的《波希米亞人塔羅》的「皇帝」，複製了之前的馬賽塔羅的姿勢，穿著古埃及帝王服裝，包括象徵統治上埃及和下埃及的雙重冠。帕普斯描述雙重冠的意義為「表示順應神旨的統治」，而置於頭飾正面的鷹則代表「創造生命是普世的作為」。[3]

「中國皇帝」，出自為了出口到交趾支那（Cochinchina，中南半島的歷史地名，位於現今越南南部）而創製的牌組，1870 年在法國馬賽發行。

4 和 IIII，出自讓．多達爾牌組的雙數字馬賽式「皇帝」牌，法國里昂發行。

「紅皇帝」全身著軍裝，坐在立方形臺座上，出自《奧斯瓦爾德．維爾特塔羅》，被描述成統治「有形物質事物」的「塵世王子」。[4]

「衰老的皇帝」和他茂密的白色鬍子，出自牌卡形狀瘦長的《塔端塔羅》，十七世紀在波隆那創製的義大利塔羅牌。

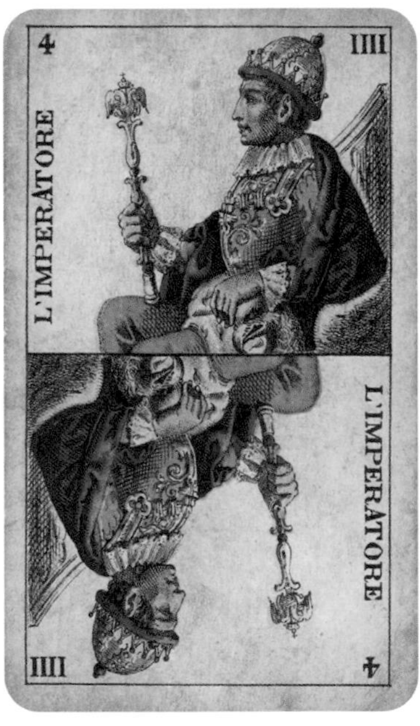

出自義大利的雙頭塔羅牌，屬於《索普拉菲諾塔羅》（Soprafino Tarot）的變種，由阿瑪尼諾兄弟於 1887 年在義大利熱內亞發行，由卡洛．德拉．羅卡（Carlo della Rocca）設計，這張牌卡已經稍微變色。

教皇－祭司長

「畫得太真實！實在太真實了！」教皇伊諾增爵十世（Innocent X）倒抽一口氣說道。傳說是這麼說的：當他第一次細看西班牙宮廷肖像畫家維拉斯奎茲（Diego Velásquez）在一六五〇年為他畫的油畫肖像，連聲驚嘆！羅馬教皇雖然無法否認維拉斯奎茲的高超技巧，但他發揮自然主義式的大膽畫風，以如此非傳統的方式來處理這種正式肖像，多少還是讓教皇感到驚嚇。畫面中坐在寶座上的教皇戴著絨帽和最不起眼的教皇身分標誌——戴在他放鬆的手上、伸向畫面前方的「漁夫」圖章戒指，這是唯一清楚表明其權威地位的物品。然而，這正是這幅畫的構圖方式，教皇望著觀看者的銳利目光，彷彿正仔細打量著觀看者。幾抹快速的筆觸捕捉住驚人的真實，使得這幅肖像畫如此獨特，常被認為是有史以來最好的作品之一。

維拉斯奎茲運用任性的真誠，將深具威望的教皇稀釋成世俗之人。維拉斯奎茲畫中所傳達的不只是上帝特使的高貴形象，還描繪出一個野心勃勃的精明男子的心理寫照，他那有穿透力的雙眼透露出，只有深諳自身影響力的人才配擁有的聰明才智。在這幅大膽的肖像畫中，維拉斯奎茲畫出的「真實」是——這點似乎令伊諾增爵十世感到相當困惑——在他的神聖職責屬性下，人們其實可以視他為凡人。在塔羅中，這種二元性——人類和上帝代理者、教導者和接受教導者、統一者與群體——是教皇／祭司長／大祭司的基本原則。

作為羅馬天主教會的管理者，教皇是西方世界最古老的制度之一，而且教皇在塔羅的圖像造型幾乎沒有改變過，直到十九世紀後期，「教皇」才慢慢變成「祭司長」。如果我們將義大利文藝復興時期的王牌，想像成代表已知世界的價值觀和權力的寓意畫，那麼我們便不會弄錯在精神層面擔任「皇帝」的「教皇」。當時，教皇擁有不容置疑的無邊權力，其宗教權威和政治勢力足以匹敵歐洲君王和皇帝的威信，因此教皇也戴王冠，稱作三重冕。但和那些貴族不同的是，教皇站在物質和精神世界的十字路口。在若干塔羅牌中，我們看見他手持一對特大的萬能鑰匙，表示他是聖彼得的使徒後繼者，根據《福音書》的說法，聖彼得是從耶穌本人那裡接下這天國之鑰。這兩把作為教皇標誌的鑰匙，賦予他「束縛和解開」（禁止和允許）的權力，並任命他為精神律法的塵世擔保人。就這層意義而言，教皇代表安置教義的「磐石」，讓傳統得以延續，歷經許多世紀而不變。

在《諾貝雷塔羅》，教皇手持牧杖，那是一種像牧羊杖的鉤形權杖，似乎要表明他的職責不只是發號施令，還有聚集他的會眾，維持他們成為一個群體的身分。當我們在研究馬賽塔羅的原型時，會發現「教皇」舉起右手的食指和中指，這個手勢常被解釋成賜福的手勢。這個手勢也讓人想起拜占庭藝術中類似的寓意畫，畫中的基督或聖徒被描繪成伸出兩根手指，並將拇指按在其他

左頁

《教皇伊諾增爵十世肖像》，作者為維拉斯奎茲，約1650年，
羅馬多利亞．潘菲利美術館（Galleria Doria Pamphilj）館藏。

手指上。受羅馬手勢藝術和意義的啟發，這種手勢被解讀成意指「我宣告」，而「教皇」也是如此，他發出神聖的言語供我們聆聽，將上帝國度的語言傳達給我們。

作為適於公眾、用以代表精神事物的原型，教皇的形象在十八世紀毀壞，隨著歷史而改變的身分使得他的政治正當性遭受質疑。在一七八〇年代創製的比利時《范登博雷塔羅》（Vandenborre Tarot），教皇被酩酊大醉、欣喜欲狂的羅馬酒神巴克斯（Bacchus）給取代，被描繪成跨坐在酒桶上飲酒。法國大革命期間，若干遊戲牌用朱比特來代替教皇。或許是因為牌卡製造商認為，像教皇這樣崇高的精神領袖圖像，可能會抹煞了玩牌卡遊戲時世俗化的輕鬆樂趣？或許教皇那種嚴厲剛直和高高在上的裝模作樣，給現代初期的人們一種時代錯置的感覺？

十九世紀《索普拉菲諾塔羅》中令人目不暇給的「教皇」，是我最喜歡的「教皇」牌之一。他穿著豪華的刺繡法衣，就像其他塔羅牌中的「教皇」，座前有一眾僧侶跪在地上。但其中一個穿著黑袍的僧侶像是宣布不祥消息的人，將他表情嚴峻的臉轉向我們，彷彿在暗示什麼。我喜歡將他想成一個吹哨者，向我們指出教皇的宗教卓越地位與其傲慢態度之間的矛盾。這位黑袍僧有如尼采式的惡作劇妖精，正在哀悼上帝之死，告訴我們那個披紅斗篷的男人只是在愚弄自己，還妄想在他極盡所能展示的財富中找到神聖的事物。他似乎在說，理性思維的發展和對傳統宗教的質疑，將很快地削弱教皇的地位。

至於「祭司長」這個用語，最早是與安東萬．庫爾．德熱伯蘭的第五張大阿爾克納產生關聯[1]，他認定這張牌的主角為「大祭司長」（"Great Priest of the Hierophants"），首度暗示與希臘世界的秘密宗教儀式「伊琉欣斯秘儀」（Eleusinian mysteries）的圖像關聯，當時人們相信塔羅起源於古代世界。在古希臘，大祭司長是主持秘儀的人，為人們提供解說，好讓他們明白儀式活動的象徵性內容。他透過吟唱和示範來演示普西芬尼被冥王黑帝斯（Hades，希臘神話的地府神）擄走，以及後來上升回到生人之地的神話。為了成為祭司長，他必須拋棄先前的身分，效力於他的神聖職責。整個十九世紀期間，這個引發人們對古代世界產生一絲迷戀的用語，逐漸被引進秘密結社和共濟會的集會所，變成與高階主事者有關，例如在舉行「孟斐斯－麥西儀式」時（Rite of Memphis-Misraim，一種共濟會儀式）。然而，這張牌找到它的新名稱，是透過麥克逵格．馬瑟斯在金色黎明赫密士會的推動。馬瑟斯援引牌卡占卜者埃特拉、艾里法．李維和熱伯蘭為證，摒除某些中世紀的圖像含意，選擇了與埃及－卡巴拉有關的全新詮釋，將「教皇」更名為「祭司長」。[2]

右頁
全能基督（Christ Pantocrator）和他的奇特手勢，被解讀成賜福和發話的信號。出自西西里島的切法盧主教座堂（Cathedral of Cefalu），約 1130 年。安德里亞斯．瓦拉（Andreas Wahra）拍攝和潤飾。

CORPOREVS
ΕΓΩΕΙΜΙΤΟΦΩΣ
ΤΟΥΚΟΣΜΟΥΟΑ
ΚΟΛΟΥΘΩΝΕΜΟΙ
ΟΥΜΗΠΕΡΙΠΑΤΗΣ
ΗΕΝΤΗΣΚΟΤΙΑΑΛ
ΛΕΞΕΙΤΟΦΩΣΤΗΣΖΩΗΣ
EGOSVLVXMVDIQVI
SEQVITVRMENONAM
BVLATINTENEBRIS
SETABEBITLVME
VITE +

上左

「教皇」，出自《維斯康提－斯福扎塔羅》，據稱作者為博尼法喬．班波，約 1450 至 1480 年在義大利米蘭創製。

上右

色彩豐富的「教皇」，出自所謂的《格蘭高尼塔羅》或《查理六世塔羅》，畫面中央的主角身旁有兩位穿紅衣的樞機主教。

上左

在某幾副牌中，包括《諾貝雷塔羅》和《維耶維爾塔羅》，「教皇」手持牧羊杖，彷彿為了表明他負責聚集會眾的角色。在他跟前的兩名僧侶是從背後描繪，露出他們剃光的頭頂。出自《諾貝雷塔羅》，1659 年。

上右

出自《維耶維爾塔羅》的「教皇」牌，約於 1650 年發行。

下左

尼古拉．康威的《馬賽塔羅》，1809 至 1833 年發行。在康威和其他許多牌組中，「教皇」戴著有黑色十字記號的手套，這個細節可以表明他用來賜福／發言的手，是屬於他所代表的機構而非他自己。

下右

雙手都握著閃電的朱比特站在金色的鷹翼上，披帶環繞著他的身體飄動，形成色彩豐富的渦狀物。這張標示羅馬數字「五」的《貝桑松塔羅》「教皇」牌出自 1820 年代，以朱比特取代了傳統的教皇。

沒有標示數字的「教皇」牌，出自《米泰利塔羅》（*Tarocchini Mitelli*），粉彩色調的波隆那式牌組，約1670年在羅馬發行，朱塞佩·馬利亞·米泰利（Giuseppe Maria Mitelli）雕版。

「教皇」，出自1880年代的《索普拉菲諾塔羅》，由亞文多兄弟（Avendo Brothers）發行的義大利塔羅牌，牌的頂端和底端顯示手寫的筆記。頂端寫著「長壽，婚姻」，另一端是「很快敲定一筆買賣。」本圖由麥克洛斯基古籍與牌卡（McClosky's Antiquarian Books & Cards）提供。

「教皇」，所謂的《孟特尼那塔羅》的第十張牌，出自E系列，約翰·拉登斯佩德雕版，1540至1560年。教皇將聖彼得之鑰握在心口，左膝上還放著一本闔起來的書，這是塔羅圖像中罕見的屬性，因為「律法」通常與他的女性同僚「女教皇」有關。

右頁

這幅小型油畫的作者是神祕主義者阿萊斯特·克勞利，繪於1920年代，當時他在西西里島的切法盧創設了泰勒瑪修道院，作為一個烏托邦式的心靈社區和魔法學校。身為視覺藝術家，克勞利的西西里時期是他最多產的時期之一，當時完成的若干作品，包括了這件畫作在內，曾失蹤數十年之久，後來神奇地在2000年代初期重現。在這件色彩鮮明的小型木板油畫中，克勞利創造出作為祭司長的自畫像，以及似乎是為了日後的《托特塔羅》所做的初期研究，從頂端的羅馬數字V可見端倪。

666

戀人－戀人們

在伊甸園蒼翠繁茂的荒野中，亞當和夏娃溫柔相擁，用一個吻封印他們的愛情。透過這幅圖像，我們想起〈創世紀〉中那對太古的情侶曾經是一體的。在許多中世紀手抄本的裝飾圖中，夏娃被描繪成「取自亞當的肋骨而形成」，她從亞當的身側平靜地浮現，軀體穿出他的胸腔，而上帝輕輕將她拉出來，在這個古怪的分娩儀式中擔任助產士。巴爾托洛齊（F. Bartolozzi，義大利雕刻家，1927~1815，以「粉彩」雕刻法而聞名）描繪這對情侶被獨自留在夜裡的天國叢林，身旁圍繞著鸚鵡和兔子，他們渴望合而為一。驅使著他們恢復以往完整狀態的情感拉力，將兩人結合在一起。畫中沒有內疚或羞愧感，也不存在邪惡的蛇。透過用肉體表達出來的愛與親密感，亞當和夏娃再度合為一體，逆向地讚頌賦予他生命的神蹟。在塔羅中，該圖像包含了兩個原型——戀人和戀人們，而對於這種結合的渴望，無論內省的、浪漫的或精神層面，是這幅圖像令人悸動的核心。然而，我們首度發現在大阿爾克納的敘事序列中，其牌意是透過心理戲劇的情境和不只一個人來表達。「戀人」牌最終在說明一個危機，一旦危機獲得解決，將產生截然不同的觀點。

文藝復興初期，塔羅牌所描繪的「愛」寓意畫中，兩人的結合是透過婚姻制度達成。在《維斯康提．迪．莫德隆塔羅》，面對面的戀人在色彩鮮艷的頂篷下含蓄地牽著手，頂篷上寫著金色的「愛」（“Amor”）字，字跡僅勉強可辨。在他們上方，蒙住眼睛的邱比特展開綠色的翅膀，準備射出他的愛之箭。更仔細地看，你會認出維斯康提家族的盾形紋章——巨蛇（*biscione*）：吞人的藍蛇，以及帕維亞鎮（Pavia）的紋章——紅色底圖上的白色十字架。這個細節使學者們相信，這張牌是一個結婚紀念物，由米蘭公爵菲利波．馬利亞．維斯康提委託製作，送給女兒比安卡．馬利亞．維斯康提（Bianca Maria Visconti），祝賀他的女兒和女婿法蘭西斯科．斯福扎（Francesco Sforza）結為連理。

好幾個世紀以來，「戀人」寓意畫存在於許多牌組中，通常被描繪在極小的景框裡：一個男人和一個女人緊緊相依偎，兩個豌豆般大小的東西彼此吸引，被裹在隱形的豆莢裡。從肉體上的到帶有神秘性的種種求愛方式，預示著兩個個體將在交媾中彼此交融。許多人認為「戀人」牌讓人想到煉金術中的結合，在這種深奧難解的高潮中，兩個對立的原理統合為一，以「太陽國王」和「月亮皇后」的象徵性結合體出現在煉金術的專著中。大阿爾克納來到「戀人」牌，曾經分離的事物重歸於好、再次結合並體驗到一種完整。

左頁

伊甸園裡的亞當和夏娃，巴爾托洛齊點刻雕版，以史托瑟德（T. Stothard）為仿本，1792 年，倫敦惠爾康收藏品。

從十七世紀開始，隨著馬賽原型的出現，第六張大阿爾克納展開一個更為複雜的故事，此後這張牌往往被命名為「（男性）戀人」（*"l'Amoureux"*，此為法語陽性形容詞和名詞）——因為焦點放在此刻身旁多了一個伴的男主角身上，這時，有翅膀的愛神伊洛斯（Eros）盤旋在一小群人上方。俗話說得好：兩人好作伴，三個人變太擠，畫面中央的男人被夾在兩個想得到他關注的女人之間，而他的身體語言說明了這種緊張關係正折磨著他。這第二種寓意畫不是在談神秘結合的詩意召喚，而是一種兩難的困境，一種協商。他看著右邊的女人，用手臂擋著她的身體，同時對另一個女人伸出手。這些女人是誰？他的母親和他的新娘？舊愛和新歡？安逸地遵循前人的經驗之路，或者踏上冒險的實驗旅程？對我們的主角來說，這種對立的不平衡只能透過選擇而非協商來解決，他必須親自做出決定，捨棄兩個選項中的一個。

在《78 度的智慧》一書中，瑞秋·波拉克描述「戀人」是給青春期的寓言，在這個生命階段，我們逐漸明白世界的遼闊，而且視野不再侷限於長輩教導我們的東西。我們變成自己，發現我們所愛的事物，以及為何愛它們，有時候，要確認這些事情，間接地形塑了我們的叛逆性。直到這時，我們的主角已經遇見過四個原型人物，他們是精神和物質層面的領袖。他直視他們的眼睛，透過他們所具備的種種知識，他看到了真實。現在他來到十字路口，他必須決定是要留在他們所建構的有限框架裡，或者切斷連結，透過自己的眼界和第一手經驗去看待這個世界。我認為「戀人」牌是一個沒有回頭路的界限，一個我們決定跨出舒適圈，義無反顧走向自我的門檻。

上左

「愛」，這幅愛的寓意畫出自《維斯康提．迪．莫德隆塔羅》，也稱作《卡瑞－耶魯塔羅》，收藏於美國康乃迪克州紐哈芬市耶魯大學，班內基善本與手抄本圖書館。

上右

浪漫的行列，這張獨特的牌出自所謂的《查理六世塔羅》，確定年代為十五世紀，創製於義大利北部。親密關係程度不等的三對情侶連袂行進，中間那對位於邱比特的正下方，正在親吻彼此。

《月亮皇后與太陽國王》（*The Lunar Queen and the Solar King*），描繪水銀與硫磺結合的煉金術寓意畫，哲學家利用它們達成「偉大的成果」。這幅插畫出自《太陽的光輝》（*Splendor Solis*）這部壯觀的煉金術專著，據稱作者為薩洛蒙．特立斯蒙辛（Salomon Trismosin）。這本書多次被複製，以色彩鮮艷的煉金術插畫而聞名。該插畫版本的年代為 1582 年，出自《大英圖書館》（British Library）的 Harley 3469 手抄本，為現今最美觀的手抄本之一。

《雅克．維耶維爾塔羅》中身分不明的第六張牌，由於編號和相似的構圖，可知與「戀人」有關，儘管沒有名稱。然而圖中人物都留短髮，而且邱比特的弓和箭似乎不見了。我們猜測這張牌在描繪爭執而非戀愛難題，推定為 1650 年代的版本。

有傷風化的「戀人」，出自《不具名巴黎塔羅》，顯示一對情侶淫猥地相擁，女子的雙手伸進男子兩腿間，十七世紀。

出自馬賽式塔羅的「戀人」，讓．多達爾發行，約 1710 年代。

讓．馮斯華．杜卡提《馬賽塔羅》的「戀人」牌，上面有手寫的法文字。雖然第一行字無法辨識，但第二行提到「年輕女子」、「婚姻」和「懷孕」等字。該副牌約在 1740 年發行。

「戀人」，出自奧斯瓦爾德．維爾特的 1899 年《中世紀畫家塔羅》。這張「戀人」牌類似馬賽塔羅原型，但在畫面中央，準備做出最終決定的戀人正在沉思。就像那身紅藍交錯的服裝，他的心也在兩個對象之間搖擺不定。

《夫人神諭大遊戲》中，名為「祭司長」的第十三張牌，事實上是在描繪婚禮以及結合與婚姻的概念。這副埃特拉式占卜牌由雷加米繪圖，將近 1890 年代時在法國發行。

「婚姻－結合」，出自《小神諭牌》（*Le Petit Oracle*），十九世紀晚期發行的占卜牌組。

喬凡・莫里內利（Giovan Molinelli）的佛羅倫斯明奇亞特牌的第五張牌，1710 年代發行，顯示一名女子為她的愛慕者加冕，而邱比特正瞄準他的頭射出愛情之箭。

「婚姻」牌，出自 1830 年代在法國發行的占卜牌。

「錢幣五」，出自阿魯埃特牌，1880 年由勒夸爾（Lequart）發行。

「錢幣五」，出自阿魯埃特（Aluette）牌，1810 至 1860 年。

「錢幣五」，出自阿魯埃特牌，1840 至 1850 年。阿魯埃特牌的靈感來自西班牙的遊戲牌，阿魯埃特牌是一種用來玩「母牛遊戲」（*Jeu de La Vache*）的法國遊戲牌卡，同隊的隊友要謹慎運用編成密語的暗號和手勢，將手裡的訊息傳達給隊友。阿魯埃特牌的圖像稍稍不同於西班牙遊戲牌，當中某些花色點數牌（pip cards，在本書中指除宮廷人物牌之外，以花色圖案表明數值的牌，例如「黑桃二」、「紅心十、寶劍五等）具備精心描繪的圖像。因此，「錢幣五」也稱作「深吻」，通常描繪一對情侶（往往是君王）在親吻、擁抱，甚至裸體躺在床上。

戰車

「名望，你喜歡的是豪華禮車，你得到的是沒有明天。」大衛·鮑伊（David Bowie）在他一九七五年的歌中唱道。名望也是在佩脫拉克的詩作〈勝利〉（*I Trionfi*）中遊行的六輛馬車之一，這組詩作寫於一三五一至一三七四年，獻給他一生的摯愛蘿拉（Laura）。出身托斯卡尼的佩脫拉克，以他的史詩眼光喚起一種沉思，這種沉思超越他的浪漫情懷，並借用靈感來自羅馬凱旋儀式（triumphus）的寓意遊行，將之化為永恆的祝福。在古代，這種慶祝勝利的遊行半為軍容展示，半為宗教儀式，在軍事將領在外國打勝仗歸來時，用以表揚他的英勇。勝利者在部隊的簇擁下，高坐在由馬匹牽引的戰車上，穿行於城市大街，接受民眾的熱烈歡迎。佩脫拉克從這種輝煌的盛況中獲得靈感，想像出同樣意氣風發的遊行，當中坐在花車上的擬人化美德將一一取代彼此。首先，「愛」敗給了「貞潔」、「時間」、「死亡」、「名望」和最終的「永恆」。

坐在車上的寓意人物一個接著一個展現原型。有一個細節引起葛楚德·莫克利（Getrude Moakley）的注意，她是紐約公共圖書館（New York City Public Library）館員，在一九五〇年代曾嘗試徹底破解大阿爾克納的起源之謎。這些塔羅大牌源自何處？莫克利提出看法：這套寓意人物牌，是否可能不像神祕主義者所說的是來自古埃及，而是在反映義大利文藝復興的實況，另外，這種儀式性隊伍的風尚及它們的象徵性盛會，其實是呼應佩脫拉克詩作中所反映的現實。莫克利所奠定下的基礎日後將為塔羅學做出重大貢獻，她排除秘傳起源的偏見，將大阿爾克納想像成嘉年華的花車，使「戰車」如實地讓人想起這種象徵性的盛會。

就牌意來說，「戰車」涉及了前進、自詡的驕傲和展示勝利。在卡瑞－耶魯「戰車」牌中，一名女子坐在有頂篷的馬車上遊行，可能使人想起鋪張的遊行隊伍，以及家族舉辦用以慶祝重大事件的公開活動，例如結婚典禮。來到「戰車」牌，我們的旅程在勝利的激情中推進，好似要宣布一個新方向；但這次是出於我們自己的意願。有某種看不見的力量驅使百夫長跨進未知，然而他不知道什麼叫作恐懼。這是個好徵兆嗎？可以說是，也可以說不是。如我們所知，我們的主角在「戀人」牌宣告他的獨立自主，而他的冒險行動所獲得的獎賞是自信心大增，以及獨立狀態所帶來的短暫幸福感。然而，就像《孟特尼那塔羅》「太陽」牌和上述大衛·鮑伊的歌曲中所示，「戰車」也能表達你自命不凡的態度、自滿的危險，還有你可能面臨的、誤以為贏了一場戰役就贏了整場戰爭的嚴重後果。

左頁

「名望的勝利」，出自佩脫拉克的詩作〈勝利〉，西蒙·布爾古安（Simon Bourgouin）翻譯，十六世紀。法國國家圖書館館藏。

上

「戰車」牌，出自維斯康提·迪·莫德隆／卡瑞－耶魯牌組，據稱作者為博尼法喬·班波，繪製於1428至1447年間，班內基圖書館館藏。

右頁

出自所謂的《孟特尼那塔羅》E系列的「太陽」牌，1465年在義大利費拉拉（Ferrara）發行。這張牌顯示希臘太陽神赫利奧斯駕駛他的四輪馬車奔馳在弧形的天空，促使太陽上升和落下。圖中描繪了赫利奧斯神話的一段插曲，故事說到他那任性的兒子法厄同（Phaethon）想要駕駛他的戰車，儘管赫利奧斯勸阻並警告他這輛戰車難以操控，十分危險，然而這個年輕氣盛又傲慢的青少年依舊偷走了老爸的酷車。結果，最後因為無法駕馭馬匹發狂似的強大力量而墜地喪命。法國國家圖書館館藏。

A
·SOL·XXXXIIII·
44

「戰車」牌，出自所謂的《查理六世塔羅》，十五世紀時在義大利北部創製，法國國家圖書館館藏。

出自《馬賽塔羅》的「戰車」牌，作者為馮斯華·布利翁，1760年代。法國國家圖書館館藏。

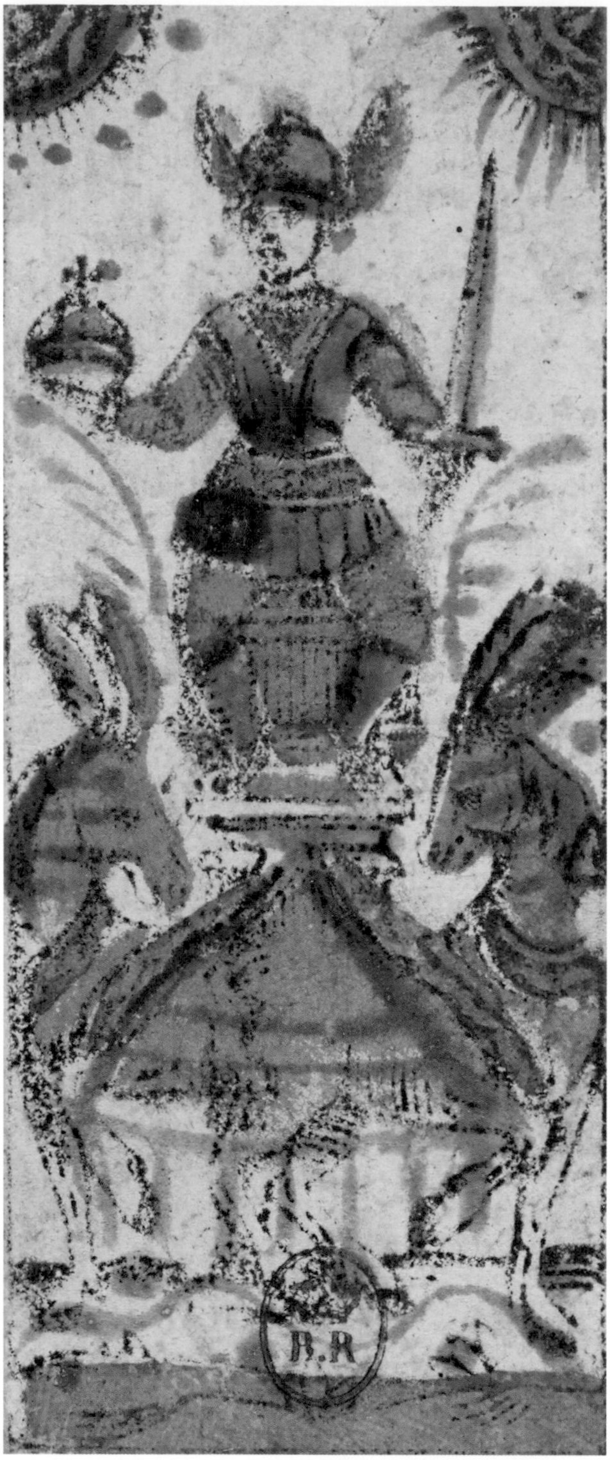

上

出自《塔端塔羅》的「戰車」牌，十七世紀。法國國家圖書館館藏。

右頁

《馬克西米利安一世的凱旋戰車》（*The Triumphal Chariot of Maximilian I*），作者為阿爾布雷希特·杜勒，1522年，華盛頓特區國家藝術館（National Gallery of Art）館藏。

QVOD·IN·CELIS·SOL·
HOC·IN·TERRA,
CAESAR·EST·
IVSTICIA
CLEMENTIA
VERITAS
TEMPERANTIA
LIBERALITAS
AEQVITAS
VICTORIA
GALLIS
VNGARIS
BOHEMIS
GERMANIS
VENETIS
SECVRITAS
MAGNIFICENTIA
HONOR
GRAVITAS
PERSEVERAN

右頁

「戰車」及其頂篷，出自奧斯瓦爾德·維爾特的《中世紀畫家塔羅》，1899年。

由鵝曳引的戰車，描繪在《不具名巴黎塔羅》第七張牌，創作於十七世紀初期。牌中的勝利者戴著桂冠。

作為「戰車」的天國車輛，這回是由兩隻鴿子牽拉，而非由馬牽拉。出自《米泰利塔羅》，十七世紀。

「戰車」牌，顯示一名裸體女子和拉車的兩匹白馬。出自某副佛羅倫斯明奇亞特牌，作者為喬凡·莫里內利，1712至1716年。

描繪馬車的「方塊九」，出自某副占卜牌，十九世紀初維奧莉（Violet）在巴黎發行。這是占卜牌中常見的比喻，「戰車」牌或其他類似車輛意味著旅行、離開；活動或改變的能力。

7 LE CHARIOT ז

Jörg Müller
Jörg Bachofen
Jacob Müller
Jacob Wolf

正義

到了「正義」牌，我們進入第二組七張為一群的大阿爾克納，開啟它們包羅萬象的敘事中的新動能。從「魔術師」到「戰車」，我們依循著裝扮成「愚者」的古老人物的啟蒙旅程，他是個沒有章法的演員，從一張牌跳到下一張牌，像個枯乾的靈魂，從噴泉裡大口喝水，讓秘傳的財富變得完整。漸漸的，我們的主角開始成形，他將最初的關注投向「魔術師」。接下來他將一一遇見四個身負世俗和精神力量的人物——「女教皇」、「女皇」、「皇帝」和「教皇」，他們將做為他的架構，幫助他瞭解物質與精神之間的界限，並形塑他，讓他透過他們的眼睛去理解關於這個世界的真實，從可觸知的物件到最縹緲無蹤的概念。

透過「戀人」牌，我們的主角首度在他的冒險故事中遭受戲劇化的挑戰，經歷一個危機。在這個困境中，他必須選擇是要在這些權威人物的庇護停下腳步，或者改變方向，繼續前往未知的地方。他會選擇停留在「母親」給予安慰但緊抱不放的懷中，或者跟著性感的「少女」逃走，在歷險中甘冒起起伏伏的風險，前往可能有意外發現的新世界？透過「戰車」牌，如我們所知，他選擇了離開，在放下自己的個性和力量時改頭換面。犧牲使他振奮起來，變得獨立，可以說我們的主角現在獲得了解放，並在自由意志的驅使下，準備處理經過他選擇的觀點。

從「正義」到「節制」，這一連串新的七張牌中，我們的主角必須發展出他自己的道德羅盤，定義自己的內在價值觀，認清和說明在他內心發揮作用的、物質與精神之間的緊張關係。在第二個序列中，以「女皇」和她的三個侍從的形象出現的統治者四人組，換成了另一組人：基本美德——正義、審慎、堅毅和節制。柏拉圖《共和國》中提及的這四種美德，日後將成為十三世紀阿奎那道德哲學的基石。基督教神學中經常出現的主題基本美德，將變成中世紀和文藝復興時期的道德主軸之一，作為後世遵循的正直規範的四根基本支柱。

「正義」牌圖像歷經了許多個世紀卻鮮有改變，呈現出我們所熟悉的寓意畫，讓人聯想到法律機構。我們發現她矗立在法院大樓和律師辦公室：右手持劍、左手持天平的女性人物。她是古代女神西彌斯（Themis），希臘神話的女泰坦，也是負責解讀最古老神諭的女預言者，包括德爾菲（Delphi）神諭。她的青銅劍據說能砍斷謊言，讓真相浮現，因此使她成為真理追求者。在古代世界，她與神的律法和正義有關，能分析對錯、從混亂中理出秩序以及規範倫理，這些都是她體現的事物。

左頁

擬人化的「正義」登上一朵雲，雲團中裹著「教皇」、「皇帝」」和三個戴王冠的人物。這件圓盾形彩繪玻璃的年代為1586年，在瑞士蘇黎世製作，倫敦維多利亞與艾伯特博物館（Victoria and Albert Museum）館藏。

在塔羅裡，我們發現「正義」牌與基本美德有直接的關聯，連同節制和力量，在大阿爾克納序列中被明白地描繪出來。「正義女士」的劍最常呈現垂直高舉的姿態，以證明她不偏不袒，是在全然公正下用來防禦和破除的工具。她的天平拿在代表接納的左手，可以解釋成她維持平衡的能力。最重要的是，天平也告訴我們，我們應該隨時評估我們的行動可能造成的影響，並試著去預見結果會如何影響世界。要小心你的蝴蝶翅膀，以及你可能在未來引發的龍捲風。準備好去承擔你的行為所造成的後果，並為你所做的改變負責。

隨著馬賽牌原型的逐漸常態化，呈現神聖風格、正面直視的「正義」出現了。她坐在寶座上，以質疑的目光穿透我們的眼睛，試圖打破第四面牆。這種典型圖像持續存在於許多秘傳塔羅中，堅忍的「正義」用雷射般的雙眼鎖定我們的注意力，逼近到讓人不太舒服的程度。「正義」被描繪得無比鮮活，迫使我們去思考自己是否有能力遵守法律和自我管理。我們對自己和別人是否能做到不偏不倚，是否公正無私？我們是憑藉錯誤的道德觀或自己的真理來為事情下決定？「正義」牌逼使我們去找到內在的西彌斯，並與她的神聖秩序達成一致的振動。

上

正義的寓意畫，出自《精選寓意畫》（*Emblemata Selectoria*），馮斯華・范德・普拉茨（François van der Plaats）於 1704 年在阿姆斯特丹發行的寓意畫書本，法國國家圖書館館藏。

上左

「正義」牌，出自所謂的《格蘭高尼／查理六世塔羅》，十五世紀創製於義大利北部。

上右

「正義」，所謂的《孟特尼那塔羅》E系列第三十七張牌，可能在義大利費拉拉雕版和發行，1465 年。

擁有兩張臉、蒙住眼睛的「正義」，出自通常被稱作《不具名巴黎塔羅》的法國塔羅牌，十七世紀。

「正義」牌，出自「馬賽式」牌組《讓．多達爾塔羅》，於 1701 至 1715 年間在里昂發行。

「正義」，《貝桑松塔羅》第八張牌，於 1845 至 1860 年間發行。

「正義」牌，出自馮斯華．普瓦伊的明奇亞特牌，1658 至 1693 年間在法國發行。

出自《米泰利塔羅》的「正義」牌，於 1660 至 1670 年間在義大利羅馬發行。

「作為正義的西彌斯」，出自《夫人小神論》，寡婦蓋菲耶（La Veuve Gueffier）於 1807 年在巴黎發行。

「正義」，《大埃特拉／埃及塔羅》的第九張牌，十九世紀後期在法國發行。

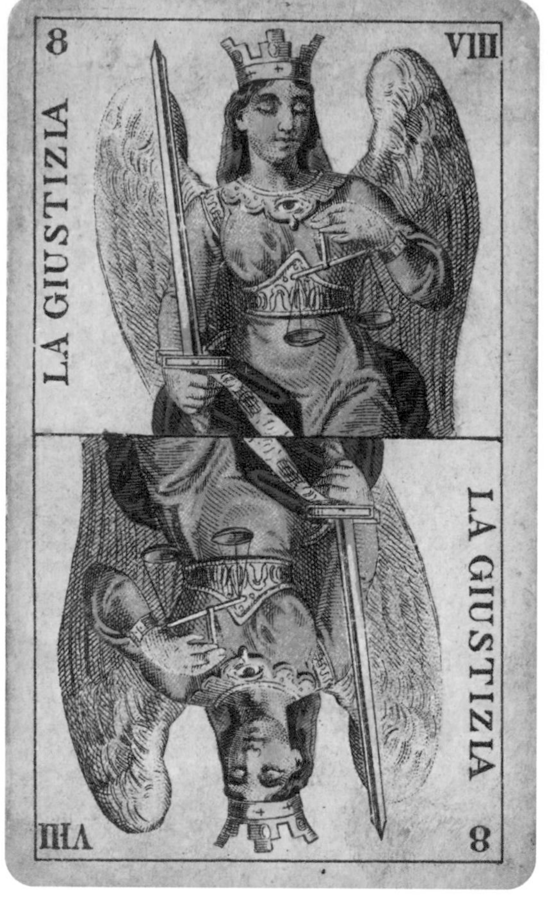

上左

「方塊 A」，顯示手持劍和天平的西彌斯，出自《四大洲豪華遊戲牌》(*Luxus-Spielkarte Vier-Erdteile*)，登多夫(B. Dondorf)於 1875 至 1899 年間在德國法蘭克福發行。

上右

出自「德拉．羅卡」雙頭皮埃蒙特塔羅的「正義」牌，由阿瑪尼諾兄弟在義大利熱內亞發行，1887 年。

右頁

「正義」，《克蘇魯暗黑藝術塔羅》(Cthulhu Dark Arts Tarot)，福提芬(Førtifem)繪圖，2020 年。

VIII. Justice

In Chymicis versanti Natura, Ratio, Experientia & lectio, sint Dux, scipio, perspicilia & lampas.

EPIGRAMMA XLII.

DUx Natura tibi, túque arte pedissequus illi
Esto lubens, erras, ni comes ipsa viæ est.
Det ratio scipionis opem, Experientia firmet
Lumina, quò possit cernere posta procul.
Lectio sit lampas tenebris dilucida, rerum
Verborúmque strues providus ut caveas.

隱士

在斷裂的溪流環繞下，
我據此為家。
我不需要食物，
可以單靠空氣維生。

鳥兒為我帶來花朵，
布置在我身旁，
我生活在另一個世界，
那正是我隱居的原因。

我是「隱士」
但我的心並非如此。
是的，我是「隱士」，神遊物外是我的拿手好戲。

肯尼思・安格（Kenneth Anger，美國地下實驗影片製作人、演員和作家）的六分鐘短片《紫褐色時刻》（*Puce Moment*）描繪一名女子慢慢變成「好萊塢異教徒」的女神，展現欣喜若狂的穿衣儀式。首先，她從眾多閃閃發亮的長袍中挑選了一件禮服，像聖甲般閃耀著綠色虹光。接著，她在皮膚上塗抹香水，令人暈眩的氣味使她陶醉不已。她閃動著一雙誘人的大眼睛，躺進長沙發椅後，開始神奇地閃現在不同的空間，芬芳的香味激發出如夢如實的波德萊爾式狂喜。如同安格的許多影片，片中配樂是用來強調影像所傳達的神秘訊息。強納森・哈爾普（Jonathan Halper）的歌曲〈我是隱士〉（" I Am a Hermit"）的歌詞出現在畫面上方，表示這個女人的穿衣打扮，其實是一種帶有啟蒙意味的驚人表演。如同「隱士」，她登上神聖之巔。神遊物外是她的拿手好戲，但是她利用的是香水和催眠的連衣裙擺，而不是燈籠和朝聖者的手杖。

左頁

「對他而言，自然、理性、經驗和閱讀，必定如同從事化學工作時所使用的指南、手杖、眼鏡和燈籠。」一名手持燈籠、手杖和戴眼鏡的男子在追尋象徵**知識**的女性人物蘇菲亞（Sophia）。儘管他看不見她，但他的工具讓他得以追循她的腳步。米夏埃爾・邁爾的著作《亞特蘭妲奔逃》，由馬蒂亞斯・馬利安繪製插圖，約翰・特奧多爾・德布里發行，1618 年，德國奧本海姆。法國國家圖書館館藏。

這首迷幻民謠和哈爾普讓我著迷了許多年，他為人所知的只有這首歌曲，加上同樣有遁世意味的〈拋開我的老年〉（"Leaving My Old Life Behind"），兩首曲子構成《紫褐色時刻》的全部配樂。這兩首空靈的歌曲是哈爾普讓人留念的僅有記憶，他就像現實生活裡的隱士，此後便永遠消失於搖滾界，封存在影片的兩首歌曲之中，如謎般講述心靈的孤獨，成為他唯一的遺產：同樣的，昇華、孤獨、啟蒙之旅和違反本性，正是「隱士」牌之所以迷人的要素。

就圖像研究而言，「隱士」並非一直都像早期塔羅的「隱士」那樣。別被義大利的早期範例給愚弄了，這些牌卡將類似的人物描繪成遊方僧侶——緊裹著衣服的蓄鬍老者，彷彿表示他準備踏進寒冷的荒野，遊歷遠方，有時還帶著一根木杖，好幫助他前進。事實上，與朝聖者有關的傳統燈籠在文藝復興初期的塔羅中，原本是一只沙漏。我們從中看見的不是一個男人，而是異教神祇。的確，這些圖像描繪的是希臘神話中最初的時間之神克羅諾斯（Kronos），他被視為吞噬一切的毀滅力量。沙漏是他理所當然的象徵物，拐杖和刀子也是，提醒人們他閹割掉自己的父親烏拉諾斯（Ouranos）並取而代之。所謂的《孟特尼那塔羅》顯示克羅諾斯吞食了自己的子女，他這麼做是因為害怕被他的後裔給取代。這些早期描繪的時間之神被賦予跛腿族長的形象，提醒我們葛楚・莫克利的大阿爾克納理論的靈感，是來自義大利詩人佩脫拉克（Petrach）的詩作《勝利》（*Triumph*），以及詩中的象徵性行列。當然，作為明顯的特色，「時間」是行列中倒數第三的戰車，後面跟隨著「永恆」。如同佩脫拉克所描述的景象，這輛由幾頭雄鹿牽引的遊行車輛被描繪在手抄本和蝕刻畫中，上面載著以克羅諾斯為雛型，手持沙漏、枯槁衰老的時間化身。

並沒有明顯的道理或理由導致隱士取代了克羅諾斯，但隨著馬賽牌組的發展，僧侶似的人物在牌卡中變得普遍。在維耶維爾牌組中，朝聖者用一根手指指向天空，暗示靈性提升途徑的方向。在一七七五年的《桶匠談話》（Hooper's Conversation）牌卡遊戲中，「沉思」牌描繪一個上了年紀的苦行者在思索自己不可避免的死亡，他獨居洞穴，一手拿著人類頭骨，一手拿著鞭子。這張牌的圖像漸漸從選擇遁世隱居的苦行者，轉變成尋求與神聖事物連結的追尋者。從塔羅被視為一種秘傳工具的那一刻起，「隱士」原型變成踏上玄妙之旅以探究神秘的追尋者，而燈籠的光則成為通往超越境界的指引，同時照亮前方道路和心靈。

「隱士」牌是否與塔羅大阿爾克納中付之闕如的基本美德「審慎」有關？神祕主義者艾里法・李維是這麼認為的，而其他的許多神祕主義者，例如帕普斯或奧斯瓦爾德・維爾特，後來都為了令「隱士」牌連結到這個道德觀，而調整了它的意義。神學家阿奎那描述「審慎」為一種聰明睿智的態度，能讓人在求善的過程中預見所需採取的最佳行動。代表「審慎」的寓意畫往往描繪一個雙面女子，她看向鏡子，「預見」每一個方向，並依據她的所知所覺來做決定。許多人視燈籠為這種實用智慧的象徵，燈籠照亮了前路，好讓我們覺察潛在的危險，在突如其來的黑暗中為自己找到正確的方向。

右頁

在《格蘭高尼／查理六世塔羅》，老男人是「時間」的象徵。他手持沙漏，站在山腳下，岩體延伸到牌面右側和上方。

上左

羅馬神話的薩杜恩（Saturn），相當於希臘神話的克羅諾斯，正在吞食他的子女。薩杜恩被描繪成年長男性，右手握著手杖站立，杖頭是一條吞食自己尾巴的龍。《孟特尼那塔羅》E 系列第四十七張牌，約翰．拉登斯佩德雕版。

上右

年老的「時間」撐著拐杖跳行，出自佛羅倫斯的明奇亞特牌，喬凡．莫里內利發行，1712 至 1716 年。

左頁

「時間」，出自《維斯康提－斯福扎塔羅》，據稱作者為博尼法喬．班波，約 1450 至 1480 年創作於義大利米蘭，摩根圖書館館藏。

右

「時間」，踐踏著「名聲」及其破碎的號角，他坐在戰車上，手持沙漏。出自佩脫拉克的《勝利》插畫，夏爾．勒．維古勒（Charles le Vigoureux）在巴黎發行，1579 至 1605 年。

「隱士」，出自法國里昂發行的塔羅牌，1475 至 1500 年。

皮埃蒙特式《索萊西奧塔羅》（Solesio Tarot）微笑的「隱士」平和且滿足地行走著，他的燈籠散發出金光，反映在他的斗篷之中，1865 年。

《維耶維爾塔羅》的「隱士」尚未擁有燈籠，但用左手指向在他在天上的目的地，1650 年。

出自《大埃特拉／埃及塔羅》的「叛徒」牌，1875 至 1899 年創作於巴黎。埃特拉牌組缺少「吊人」，此外，具備了與「吊人」人物有關的某些舊有象徵屬性，例如背叛。

「審慎」，義大利藝術家安德雷亞·德拉·羅比亞（Andrea della Robbia）製作的陶圓盤，1475 年。

「隱士」，出自《不具名巴黎塔羅》，於 1600 至 1650 年間發行，圖中心靈旅人的旅程剛剛展開，他方才跨出城門，手持標燈和念珠。十七世紀。

上左和右

出自《夫人神諭大遊戲》和《埃及埃特拉》（Egyptian Etteilla）的兩張「審慎」牌，兩者皆出自十九世紀晚期。在埃特拉系統中，重新描繪的四大基本美德與經典圖像的詮釋方式稍有不同。纏繞在鏡子或蛇杖上的蛇召喚著奧秘的智慧。在地板上爬行的蛇，讓我們留意那些可能需要靠**審慎**來避免的危險。

命運之輪

噢，福圖納，
你如同月亮般
變化無常，
時而滿盈，
時而虧缺；
可憎的生活
先是壓迫著人，
然後帶給人安慰，
玩弄清明的心智；
貧窮
與權勢
像冰一樣被它融化。

1937 年，作曲家卡爾·奧福（Carl Orlf）將十三世紀詩作《噢，福圖納》（“O Fortuna”）改寫成誇大的清唱劇《布蘭詩歌》（*Carmina Burana*）的唱詞，結果引發爭議。一如焦慮的古希臘合唱隊，這些唱詞警告我們命運女神的反覆無常，「時而滿盈，時而虧缺」，她利用月亮及其運行作為一種比喻，表示福圖納對於我們的人生發揮了勢不可擋的力量，以及她如何任意使用這種力量。福圖納有她自己的節奏，行星的運行和我們的生活也是如此，對此中世紀思維往往藉由輪子概念的主題，來表達時間流逝和人生起伏完整週期的抽象過程。

在羅伯特·里耳（Robert de Lisle）的詩歌集《人生十個時期之輪》（*Wheel of the Ten Ages of Man*）中，我們見證了人類的生命期限。每個圓形小圖按時間先後順序顯示著人生的進程，從蹣跚學步的幼兒到孩童，到渾身是勁、兇狠好鬥的騎馬少年。接著來到理想中的成年期，此時他戴著王冠，登上自己故事迴圈的頂端——到達巔峰和最高點。一點鐘位置的老人，現在拿著手杖走路並舉起一隻手，從他的身體語言看來，他正悲苦地回頭望向曾經的自己。故事從這裡開始走下坡——圓圈的另一半將帶領他踏入墳墓，墳墓正好位於他的全盛時期的對立點，頗有預言的意味。在圓圈中心，獎章代表上帝是這個輪子的軸心，呼應天主教徒想像中的事實，那便是這位神聖的鐘錶匠是人類命運的締造者，決定了我們的人生道路。

在中世紀的宇宙論中，輪子以類似的方式將「無限」予以概念化——天體領域和它們有節奏的運

左頁
羅伯特·里耳詩歌集中的《人生十個時期之輪》，1310 年在英格蘭繪製。

行。在《愛的簡論》（*Breviari d'Amour*）中，有兩名天使奮力地用曲柄轉動天空，啟動群星的運轉，這是我們身處其中且無力控制的大宇宙動能。最終，我們終將瞭解到我們的生命之輪、天球的運行，以及其間許多象徵性的圓，都是由同一個神聖的能量所驅動。塔羅的「命運之輪」也是如此，面對這個宏大的能量流，我們全然無力以對。

塔羅的「命運之輪」主題，靈感來自羅馬女神福圖納，她是擬人化的機會和運氣，通常具備兩種屬性——其一以豐饒角作為她的豐富象徵。她也負責掌控「命運之輪」，任意決定將恩惠賜予何人。儘管福圖納的形象有古老的起源，但在整個中世紀一直到文藝復興初期，仍是受到歡迎的命運寓意圖，從文藝復興初期之後，福圖納遂成塔羅牌的特色圖像。在《維斯康提－斯福扎塔羅》，蒙住眼睛的福圖納站在輪子中心操作這個圓形裝置，雙臂置於輪輻上。當中的四個人物拚命想留在原處，卻不得不在這個圓形結構中上升或下降。掌控這個輪子的是一位身著王袍的金髮男孩，他古怪地長出一對驢耳。如同阿爾布雷希特·杜勒的《萬愚節》裡那位反覆無常的獸形弄臣，他無疑也像驢一樣沒頭沒腦的，視自己優越的地位為理所當然。很快的，從天國操縱著輪子、如幽靈般的上帝之手將把他逐出這個暫時的掌權位置。無論我們怎麼做，主控權都不在我們手上，所以當最好的機會來臨，我們必須把握住，因為機會快速變化，稍縱即逝。

在馬賽塔羅原型，人類從輪中消失，取而代之的是長得像猴子的生物，就如同命運本身那樣善變和反覆無常。到了十八世紀，輪子頂端的人物被詮釋為斯芬克斯（Sphinx），當時人們堅信塔羅展現了古埃及的神聖智慧。就像不朽的吉薩金字塔，塔羅的斯芬克斯被視為這個輪子的守護者，守護其神秘的動能和掌控我們的命運。

「什麼東西在早晨用四條腿走路，中午用兩條腿走路，傍晚用三條腿走路？」斯芬克斯問伊迪帕斯（Oedipus），伊迪帕斯回答是人，因為嬰兒處於人生時期的早晨，成人處於中午，而在生命的日落期則拄著手杖。斯芬克斯掌控一切輪形物，從掌管人生時期的小宇宙之輪到廣大無垠的天球，就像一位熟練的管弦樂團指揮。當我們的人生如同三角鐵被敲響，所發出不引人注意的聲音儘管聲調高亢，但在來世的雜音中卻幾乎聽不見。

解讀塔羅時，「命運之輪」是在質問我們的宿命與自由意志之間的緊張關係，讓我們說出是誰在掌控改變，還有是什麼創造出我們藉以建立人生的機會。如同賽璐珞電影膠片，這張牌也告訴我們，唯一存在的真實，就夾在兩個連續鏡頭之間。雖然我們可能無法改變人生故事的情節，但我們需要瞭解造成悲傷的那個無形概念，或者讓我們能夠把握機會，使我們的故事擺脫多餘的迴圈，以免身陷其中。我們全都可以成為電影《今天暫時停止》（*Groundhog Day*）中的比爾·莫瑞（Bill Murray）。最終，「命運之輪」預示我們對週期循環產生的覺察，知曉開始和結束，以及要如何駕馭這些節奏以尋求更新或終止。

右頁
天使在轉動天球，出自貝濟耶的馬特佛瑞·埃曼高（Matfre Ermengau of Béziers）的《愛的簡論》，十四世紀後半期在西班牙創製。

ners lo tese de tolomeu en almogiest e misael e alfragans diet que aisso es una cosa e to prouen plur art e plur sciencia testimoniança. E a mostrar les cantitats dels espays q damunt uos se dir els an este labri e quadran. E aisso son alcuns esturmens ab que els prouen e mostren clarament q la cantitat el espay quuy es del fermament entro a la tira ne qui una luna ni a ha. E aquesta sciencia cart segats q es uer-ees fta e aprouada. E empero aquestes mesures q hom fa de luna e de sentura los uns los conte p estadis q dié q es axi co hom diria estadis pas los altres los conte an milers los altres los conte a colees. Mas tot es .i. cantitat: Taula dels espays dell mon:

左頁

《維斯康提－斯福扎塔羅》的「命運之輪」，據稱作者為博尼法喬・班波，約 1450 至 1480 年創作於義大利米蘭。

上

蒙上眼睛的「雙重命運女神」，她具備的彩色面和陰影面顯示出她的雙重性，既能給予、也能收回她的恩賜。出自《高尚男女的命運之書》（*Livres des Cas des Nobles Hommes et Femmes*），作者為艾蒂安・科洛德（Étienne Colaud），1530 年於法國。

「命運之輪」，《不具名巴黎塔羅》，法國，1600–50 年。

三個長得像驢子的弄臣拼命抓著輪子。在左上方，從雲裡伸出的神之手正轉動輪子的曲柄。這幅蝕刻畫的繪製者是阿爾布雷希特．杜勒，出自賽巴斯蒂安．布蘭特（Sebastian Brandt）的《愚人船》（*Stultifera Navis*），1498 年。

出自《塔端塔羅》的「命運之輪」，十七世紀在義大利波隆那發行。

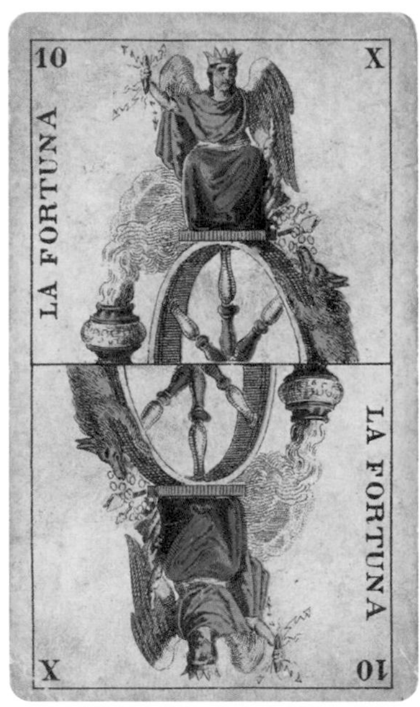

狡猾奸詐的狐狸逆著輪子轉動的方向，設法向上爬。從冒煙的甕和灑出的金銀財寶可以看出輪子正朝順時針方向轉動。出自雙頭的德拉．羅卡／索普拉菲諾式塔羅牌，阿瑪尼諾兄弟在義大利熱內亞發行。

「秩序」－「命運之輪」，上面有占卜的手寫銘文，出自以尼古拉・康威塔羅為本的馬賽牌，1890 至 1900 年於梅松・卡穆安發行。

福圖納和她的輪子在散播財富。出自《米泰利塔羅》，1660 至 1670 年於義大利羅馬發行。

盤踞「命運之輪」頂端的斯芬克斯，出自奧斯瓦爾德・維爾特的《中世紀畫家塔羅》，1889 年。

「萬物的主宰」（Omnium Dominatrix），出自十六世紀義大利《萊伯－盧昂塔羅》（Leber-Rouen Tarot）的一張牌。盧昂圖書館（Bibliotheque de Rouen）提供。

15

力量

我們先來看看這張古怪的塔羅大牌，作為本章力量篇的開場。這張寓意牌編號十五，屬於某副雙頭德國塔羅遊戲牌。這張牌之所以引起我的興趣，也許純屬巧合，但它總結了許多我所認為切中大阿爾克納力量牌核心的想法。進一步細看，會發現牌面上相互對映的兩個圖像：其一是聖布蘭迪娜（Saint Blandina），她展現虔誠的態度，身旁是一頭顯得格格不入的溫順獅子。在對映邊，是一幅令人不安的畫面：鬥牛場上的鬥牛士給予無助的公牛致命的一擊。鬥敗的公牛倒在劍下。

這兩幅插畫的焦點集中在人與猛獸的關係。對照下產生了兩極對立，其中一邊和睦相處，另一邊則是致命的對抗，這正是一體兩面的事。如果第一幅畫使人想起聖布蘭迪娜的傳說，那麼最重要的或許是要提醒我們，這張牌跟這位天主教殉道者有關的故事。聖布蘭迪娜在第二世紀時遭受羅馬人的迫害，她連同一群早期的基督徒被丟進了鬥獸場，等著活生生被獅子吃掉。如同故事所述，她的信念、貞潔和正直是如此的強大，這些食肉的大貓竟然溫順地趴在她跟前，不願吃掉她。不知怎的，這些內在特質以看不見的方式，有效馴服了兇猛的野獸。

在塔羅中，力量牌與大阿爾克納所召喚的第二基本美德「堅毅」有關。力量牌的圖像多樣性令人吃驚，值得我們花時間去解鎖這張牌的可觀之處和豐富變化，以及它所講述的驚人故事。無所不包的「堅毅」概念分裂成兩個平行的圖像比喻，在十五世紀同時存在。少女握住斷裂的柱子，或用雙臂環抱完全垂直的圓柱，又或者剛猛的英雄徒手或手持棍棒擊殺獅子。如同「正義」牌，「堅毅」主題與中世紀時早已流行的許多寓意畫重疊。少女和圓柱的比喻提醒我們，阿奎那是如何描述「堅毅」這種特質：一種基於理性的考量，勇於承擔或拒絕苦難的道德勇氣。堅毅喚起我們為了追求善而像柱子一樣直挺挺屹立不搖的能力，即便遭受到粗暴的對待。我們可以推想，圓柱是這種道德正直、堅定不移和始終如一的視覺詮釋，即便恐懼逼近，我們也不會因此感到害怕。

在所謂的《孟特尼那塔羅》，「力量」牌上的寓意人物披戴豪奢的獅皮頭巾，而活生生的獅子就躲藏在她的背後。她是保持冷靜的女王，只憑單手就能握住斷掉的柱子。破碎的柱子和兇猛的大貓——這幅景象和「力量」牌中出現的其他許多範例，加上《舊約聖經》裡的超人始祖參孫（Samson）的故事，我們得以將之連結到「堅毅」這個概念。參孫的故事把看起來不相干的驚天力量與對上帝的虔誠交織在一起。根據某個史詩故事，參孫在前往亭拿（Timnah）迎娶一位非利士女子時突然遭到獅子攻擊，結果事情發生了不可思議的轉折，上帝賜予參孫非凡的體力，讓他不僅殺死獅子，還徒手撕裂了牠。

左頁
某副德國塔羅牌的第十五張牌，約
1840年在法蘭克福發行。

這個暴力的記述在藝術作品中大量被描繪，在老盧卡斯・克拉納赫（Lucas Cranach the Elder）的版本達到殘暴的頂點。參孫一腳踩住因痛苦而扭曲的獅子背部，同時徒手撐開牠的上、下頷。在最後一次決定命運的事件中，參孫也懲罰了非利士人，因為他們崇拜偶像，膜拜大袞（Dagon），他抱住非利士神廟的柱子，直到柱子倒塌摧毀了神廟，而這位英雄也迎向自己的死亡。在這個例子中，堅毅這個美德透過參孫對上帝信仰的轉化而表現出來，昇華成為肉體的力量。一種內在的精神體驗變成他行動能力的燃料。

另一個圖像上的細微差異，也存在於《維斯康提－斯福扎塔羅》和其他幾種塔羅。《維斯康提－斯福扎塔羅》描繪一名男子手持木棍擊打獅子。這個人非海克力斯（Heracles）莫屬，他是古希臘出類拔萃的人物，勇敢的化身，曾擊敗尼米亞之獅，成就了他十二大功績的第一件事蹟。在這個例子中，堅毅是對真正的英勇行徑和剛強之力的注解，並未呼應到內在經驗。

具有象徵意義的「少女與獅子」是最為人熟知的主題。這個主題在十八世紀的《馬賽塔羅》中被固定下來，並在十九和二十世紀廣泛出現，使得象徵性的力量原型被具體化了。這個形象最早見於十五世紀的《維斯康提・迪・莫德隆塔羅》。乍看之下，該形象縱使與參孫相似，但人獅對抗的殘暴場面已經被抹除。如果更仔細地看，我們會發現圖中女子坐在獅背上，獅子的尾巴小心地蜷繞在她的腳邊。態度從容的女子顯得平靜和莊嚴，她柔和的身體語言傳達出全然的放鬆，絕無一絲緊張。她將雙手放進獅嘴裡，獅子露出的尖牙凸顯該舉動的危險性，但我們可以察覺這種親密接觸的和善意味。為了挨在獅子身旁，以及做出打開獅嘴這種相當具有侵略性的動作，我們可以推斷她已經與這頭猛獸建立了信任的關係。少女並非透過侵犯的行為和致命的戰鬥來展現她對獅子的掌控，從而得到支配權。圖中有更微妙的事物在發揮作用，讓獅子得以順從，從而保全自己，這可謂一場藉由協商而非衝突來產生能量的交手。

我們可以推測「少女與獅子」的寓意隨著時間而流行起來，因為它透露出更深刻的含意，更勝於不動搖的柱子所傳達的道德正直比喻，或者儀式性的痛擊和削弱敵人勢力。堅毅，如阿奎那所言，是一種內在的力量，有了這股力量，我們便能勇敢地面對令我們恐懼和可能傷害我們的東西，以維護美好的事物。這股力量不同於有形的能力，它來自於無窮無盡的源頭，因此許多塔羅學者將馬賽牌中的少女帽子詮釋為形成**雙紐線**，亦即無限能量的象徵。我們可以利用這個沒有竭盡之時的力量源泉。事實上，獅子往往代表我們自己的某個層面，亦即被宣洩出來的獸性，既高貴又貪婪，具有猛烈的毀滅性。「力量」牌表明我們需要評估獅子自相矛盾的本質，方能加以處置。想要擁有強大的支配力，意味著得建立連結，而不是為了獲取力量而進行壓制。

上左

一名女性寓意人物用手臂扶著斷裂的柱子，試圖保持柱子的完整。堅毅牌，出自所謂的《格蘭高尼／查理六世塔羅》，義大利北部，1475–1500 年。

上右

我最喜歡的「力量」牌之一，出自馮斯華・普瓦伊的明奇亞特牌，牌中人物有如亞馬遜女戰士般，若無其事地將圓柱扛在肩上。1658 至 1693 年在法國發行。

上左

「堅毅」，出自《維斯康提－斯福扎塔羅》，據稱作者為安東尼奧·奇科尼亞拉（Antonio Cicognara），1480 至 1500 年，義大利米蘭。

上右

看起來溫和的女性人物坐在獅背上，她扳開獅子的上、下頜，讓牠露出尖銳的牙齒。「堅毅」，出自維斯康提·迪·莫德隆／卡瑞－耶魯塔羅，據稱作者為博尼法喬·班波，1428 至 1447 年，義大利米蘭。

「堅毅」（Forteza），所謂的《孟特尼那塔羅》的第三十六張牌，出自E系列，約翰·拉登斯佩德雕版，1540到1560年。

少女與完整的圓柱，作為「堅毅」的寓意畫，出自某副雙頭塔羅牌，1850年發行。

「堅毅」的寓意畫，上方顯示參孫消滅亭拿的獅子，對比下方堅毅美德的典型呈現方式，描繪一名穿著盔甲的女子抱著柱子的碎塊。

「力量／倦怠－憎惡」。《夫人小神諭》第八張牌，1807年由寡婦蓋菲耶在巴黎發行。

披著獅皮、顯露陽剛之氣的「力量」，出自《象形文字塔羅》（*Tarot Hieroglyphique*），作者為杜羅拉．德拉．阿耶夫人（Madame Dulora de la Haye），1897 年在巴黎發行。

出自《讓．諾貝雷塔羅》的「力量」牌，1659 年在巴黎發行。

出自《雅克．維耶維爾塔羅》的「力量」牌，1650 年在巴黎發行。

出自《阿爾努與安普霍克斯塔羅》（Arnoux and Amphoux Tarot）的「力量」牌，1801 年在馬賽發行。

右頁

《參孫鬥獅》（*Samson's Fight with the Lion*），作者為老盧卡斯．克拉納赫，1525 年，德國。

吊人

多年前的冬天，我在紐約市的榮格學會（C.G. Jung Institute）瀏覽圖書館的書架，企圖僥倖發掘可以探索的新兔子洞，在這樣的機構裡確實有機會。我瞇著眼睛掃視塞滿書籍的水平線，最終目光停留在一本書——《吊人》——的藍色書脊上，不禁喜出望外！這是浮現在精神分析專著汪洋中一個熟悉的名字。我立刻抽出這本書，書封上印著顏色黯澹的潘蜜拉．柯爾曼．史密斯的「吊人」。這本意外發現的書是著名精神治療師謝爾頓．考普（Sheldon Kopp）的作品，其標題如同邪惡的魔法書般挑起我的好奇心——吊人：精神療法與黑暗力量。肯定是一本大有看頭的書！一回到家，我立刻花了些時間在網路上搜尋待售的同一本書，令我困惑的是，我還發現以下這則相當離奇的顧客評語。「胡謅之下令人信以為真的說法：在二〇〇二年電影《紅龍》（*Red Dragon*）裡，這本書出現在漢尼拔．萊克特（Hannibal Lecter）醫師的牢房，電影劇本改編自湯瑪斯．哈里斯（Thomas Harris）的同名小說。我沒讀過，所以無法置評。」

雖然我看過這套驚悚片三部曲好幾次，但從未發現那個說法是真的，然而我真希望是我錯了。當我們在思索「吊人」圖像可能代表的意義時，漢尼拔．萊克特——頂尖的精神分析學家、心性殘忍的鑑賞家、義大利文藝復興熱中者，他自認是維斯康提家族的後裔——是位古怪但機敏的候選者，適合陪伴我們去理解這張大阿爾克納牌所呈現令人不安的景象。其中一個值得提出來的理由是，萊克特醫師在二〇〇一年的電影《人魔》（*Hannibal*）中，曾對這個主題發表看法。《人魔》在義大利佛羅倫斯拍攝，在這裡，故事中那位虛構的食人魔選擇隱姓埋名，自我放逐。萊克特最近剛「除掉」卡珀尼圖書館（Capponi Library）的某位圖書館員並且冒名頂替他，開始過起他長久以來夢寐以求的文藝復興人生活，完全沉浸在十四和十五世紀的義大利藝術、詩作，以及描述政治權力遊戲和戲劇性死刑判決的信件中。在電影中的某個場景，漢尼拔以圖像研究為題，針對「吊人」牌的形象描繪發表了高度浪漫化的藝術史講演。他解釋說，吊人與背叛的罪行有關。為了支撐他的論點，萊克特醫師向著迷的聽眾出示但丁〈地獄篇〉裡的插畫，當中詩人在「自殺者」的森林發現遭貶謫的法學家彼得．德拉．維格納（Pietro della Vigna），以及出賣耶穌給羅馬人的猶大，他們之前都是上吊自殺的。[1]

在冗長的介紹和離題很遠之後，我們回歸正傳：「吊人」牌及其圖像歷史反常地難以消化，卻是最迷人的塔羅牌之一。「吊人」完美體現了一個已知歷經極少修改的形象，但它所代表的意義卻一直隨著時間而改變。我們詮釋「吊人」的方式，無論從文化或祕傳的觀點，都受到社會發展的

左頁

「吊人」，被他手裡拿著的兩個袋子給束縛住。出自所謂的《格蘭高尼／查理六世塔羅》，十五世紀，義大利北部。

影響，由此我們可以推定，當作為道德奇觀的死刑慢慢從十九世紀的歐洲廢除時，「吊人」與叛徒的關聯也跟著逐漸消退。

從十五世紀到近來的版本，「吊人」牌幾乎都描繪相同的圖像元素。一部木製的絞刑架，由兩根樹幹和一根水平橫跨樹幹的木頭構成；一名單腿懸掛於絞刑架的男子，視版本而定，他的另一條腿以較自然的角度彎曲。圖中的主角有時拿著袋子，袋子的重量將他往下拉，用意是增加他的痛苦。在不同的牌卡上，「吊人」的臉部表情從痛苦猙獰，到我所說的「如如不動的殉道者表情」，平靜地不帶一絲情緒。如今我們往往將「吊人」視為對極大苦難逆來順受、平靜以對的典範，因此格蘭高尼牌組「吊人」的手勢，或者索普拉菲諾牌組「吊人」的掙扎，會帶給我們一種近乎不適的感覺。我要明白地提醒各位，「吊人」牌的圖像起初隸屬於死刑的領域。在十五紀世紀的義大利和歐洲各地，公開行刑作為一種嚴厲的懲罰，依照罪行輕重和罪犯的社會地位高低，會有不同的殘忍程度。在召集民眾見證下，拷打折磨犯人的場面負有道德教化的功能，這種殘暴的行為足以警誡觀刑者。值得注意的是，在天主教的想像中，肉體受苦也提供了救贖的效果。忍受痛苦被視為與釘在十字架上受苦的基督產生連結的一種方式。

死於絞刑會令人蒙羞，因為那是專屬於下層階級的刑罰。被單腳吊起來是更痛苦、更丟臉的事，這種屈辱通常保留給叛徒和涉及貪污和詐騙者，尤其是受貪念驅使的人。在法國孔克村（Conques）聖斐德斯教堂（Abbey of Sainte-Foy）的山牆三角面上，「貪婪」被擬人化為一名倒吊的男子，脖子上還掛著一袋沉重的金子，他的物質欲望變成他遭受譴責的一部分原因，體現出「使他向下沉淪」的事物。這幅圖畫或許道出了這個頭下腳上的受苦者所持袋子的象徵性解釋之一，就是對於罪孽深重的行為的一種諧仿。

這個主題也讓人想起義大利的羞辱畫現象——這類受城邦政府委託而繪製的圖畫，被用來象徵性地懲罰那些做出醜事的市民。這些圖畫刻意放在街上，好讓大家都能看見，受罰者被描繪成單腳倒吊，藉由玷污名聲來懲罰他們。在依舊受封建禮法規範的義大利文藝復興時期，丟失臉面和人格謀殺意味著社會性死亡。同樣的，透過被視為兩次背叛的叛徒猶大的例子，可以看出背叛和絞刑的概念。這位腐敗的門徒收下一筆錢，便將基督交給羅馬人，後來出於內疚而自殺。按天主教教義，自殺是對信仰的背叛。

十八世紀時，安東萬・庫爾・德熱伯蘭寫下了他一貫認知不足的塔羅結論。他錯將「吊人」上下顛倒，於是看見了一個用單腿站立的男人，他的另一隻腳被繩子綁在地上，這位博學的新教牧師將這張牌與「審慎」聯想在一起，用這個錯誤解讀解決了關於基本美德的難題。某些遊戲牌卡確實畫出了站立的「吊人」，至少稱得上是一種超現實畫面。

右頁

安德雷亞・薩托（Andrea del Sarto）為羞辱畫所做的打底素描，這幅羞辱畫打算張貼於義大利佛羅倫斯的市政廳，1529 到 1530 年。

十九世紀時詮釋的方式開始改變，這時也是神秘塔羅的尖鋒時期。此時，《馬賽塔羅》的圖像已經充分確立，「吊人」懸在空中擺盪。但這不是唯一的改變。舉例來說，在法國，法國大革命後，死刑的行刑方式歷經了改革，使用斷頭臺成為標準措施，在當時被認為是更為人道的手段，而折磨犯人則被視為是一種病態的作法。行刑場面也逐漸不再公開展示，回復到在監獄的天井執行。「吊人」及其所受的羞辱失去了原本的意義，而且叛徒消失，變成了我們應予以同情的殉道者。神祕主義者艾里法·李維知道熱伯蘭做了錯誤解讀，在一八五六年曾描述「吊人」象徵獻祭達到高潮，他在肉體上的超越是一大成就[2]。對奧斯瓦爾德·維爾特而言，或者在韋特－史密斯塔羅，「吊人」的頭部發散屬於聖徒所有的光環。「吊人」用一條腿指向天球，彷彿指出他所關切的重點，他已經超越了肉體的疼痛，擺脫肉體存在的形式，向上獲得啟蒙。所以，別將他的面無表情錯認為漠不關心，我們看到的是一個平心靜氣、處於放棄狀態的人。他的信仰正在接受考驗，但他的良知位於別處，已經昇華交付給心靈。形成角度的身體姿勢呼應了萬能鑰匙的形狀，進入高維境界。「吊人」無視於有關自己目的地的一切，但接受自己正處於一種無法控制的狀態，他懸盪在交界之處，很快便要與「死神」會合。

12 XII 12
L'APPESO

左頁

「吊人」，出自義大利的索普拉菲諾牌，十九世紀晚期，麥克洛斯基古書籍與牌卡館藏。

右

《猶大的自殺》（*The Suicide of Judas*），喬凡尼・卡納維西奧（Giovanni Canavesio）繪製的壁畫局部內容，法國拉布里格（La Brigue）楓丹聖母教堂（Chapelle Notre-Dame des Fontaines），1492 年。畫中的猶大吊死在一株莓果樹下，他被開膛破肚，內臟流淌出來。在右邊，一個人形惡魔正在收取猶大的靈魂。

左

《伯納都．班迪尼．巴隆切利素描圖》（Drawing of Bernardo di Bandini Baroncelli），描繪巴隆切利被吊死的模樣，作者為達文西，繪於 1479 年。巴隆切利煽動同謀對付梅第奇（Medici）家族，之後在君士坦丁堡被捕，押送回佛羅倫斯，因背叛罪而被處以極刑，吊死在巴傑羅宮（Palazzo del Bargello）。當中手寫的文字是達文西出名的鏡像字，以相當簡潔的方式進行說明，列出巴隆切利的衣服顏色。

嘴上一大滴墨水意外地使這個表情豐富的「吊人」顯得近乎滑稽，失去了他傳統上的平靜態度。出自《尚．諾貝雷塔羅》，十七世紀後期在巴黎發行的一種馬賽式塔羅。

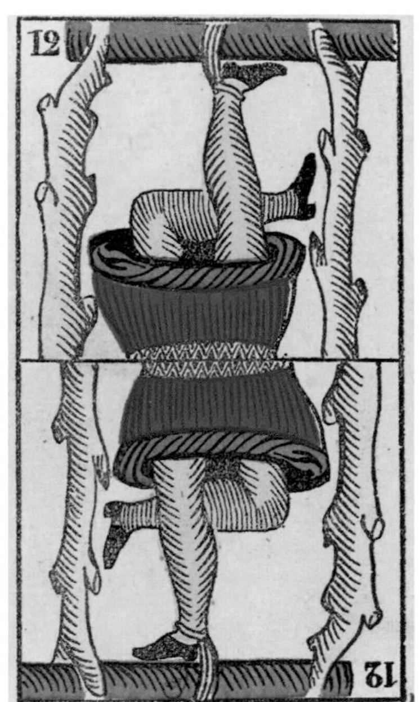

這副雙頭馬賽牌的「吊人」命運悲慘，在吊死的過程中也掉了腦袋。巴普蒂斯特－保羅．格里莫（Baptiste-Paul Grimaud）於 1860 至 1899 年間發行。

這個上下顛倒的「吊人」違反了地心引力，看起來好像在跳舞。出自《維耶維爾塔羅》，1650 年。

出自《不具名巴黎塔羅》的「吊人」，1600 到 1650 年。

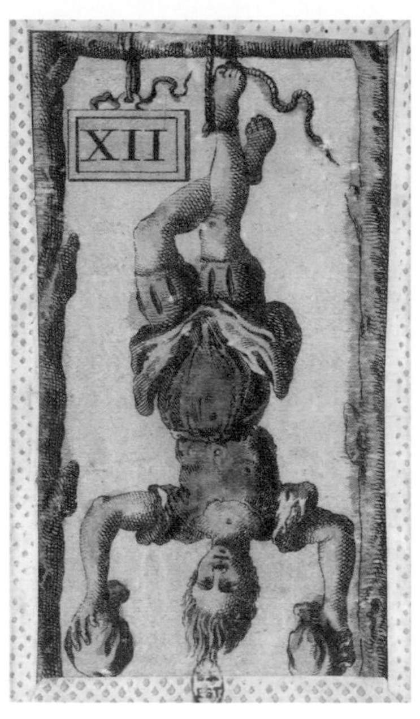

出自某副明奇亞特牌的「吊人」，印製在絲綢上，作者為喬凡．莫里內利，佛羅倫斯，1712 到 1716 年。

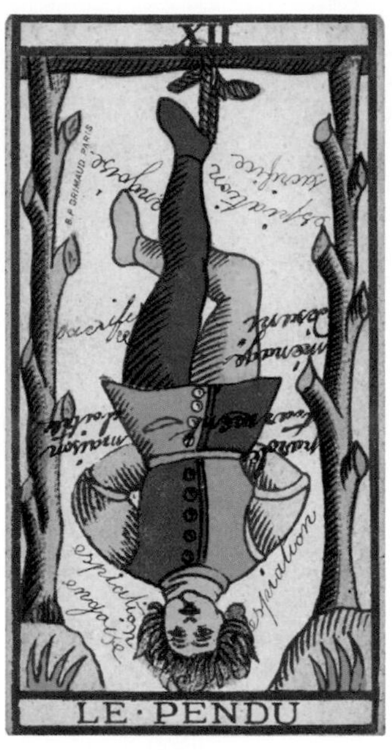

出自《馬賽塔羅》的「吊人」，上面有一些手寫的占卜題詞：「贖罪」、「痛苦」、「言語」、「憂慮」，以阿爾諾（Arnoult）的牌組為範本，格里莫發行，1891 年，巴黎。

「酷刑」，靈感得自聖賽巴斯蒂安（Saint Sebastian）的「吊人」，圖中殉道者的胸膛像天主教聖徒賽巴斯蒂安那樣中箭。出自杜羅拉．德拉．阿耶夫人的《象形文字塔羅》。

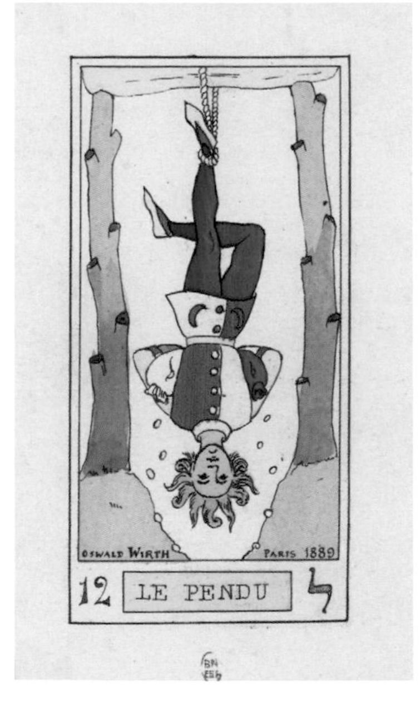

在奧斯瓦爾德．維爾特的 1899 年《中世紀畫家塔羅》中，可以看見金塊從塞在「吊人」手臂的袋子裡掉出來，在他臉部四周形成了金色光暈。

XIII

死神

在COVID-19 封鎖隔離期間，我策劃了一個名為「如繆思般死亡與復活」（Death and Resurrection as Muse）的塔羅課程。我與學員從藝術、歷史和創意發想的觀點，來探討大阿爾克納的敘事序列。這個研討會的目的是為了邀請大家仔細思索塔羅所傳達的生、死和復活的隱喻，並探究如何利用這些發現，在危機發生時再次點燃他們的創造力。為期四週的課程結束時，學員必須創造一張自己發明的塔羅牌，或重新設計一張他們不由自主受到吸引的塔羅牌。手藝高超的女裁縫維琪．塞斯克（Vickie Scescke），創造出左頁這件美麗的刺繡作品，作為最後的作業。她的靈感來自十九世紀勒夸爾《馬賽塔羅》中的無名稱牌卡。她的作品附帶以下一小段文字：

> 身為裁縫師，我有時候會翻製祖母或曾祖母所製作的被子圖案，最重要的目的是為了向她們致敬。除此之外，在這個過程中，我的手指也會重覆她們幾十年前做過的動作，這麼一來，生者與已故者之間便產生了連結。我在製作「死神」牌時想到這個過程，見證了十九世紀的一個藝術家和圖像。我選擇使用刺繡手法，對我來說這是一種慢功夫，能延長學習和記住圖像的活動。我採用明亮的粉紅色和裙子的紫色，讓人物顯得女性化。她腰間的花和地面的植物代表重生的希望，即便她揮舞著長柄大鐮刀。

維琪的作品特別打動我，因為它寓意深刻且不矯揉造作，清楚地傳達了關於我們有限生命的複雜概念、我們如何與祖先的舊習慣產生連結，還有像刺繡或縫紉這類庶民的工藝，如何能變成一種冥想方式，賦予我們面對悲傷的力量、紀念和頌揚過往的事物。這件「死神」刺繡，如同維琪富於詩意的描述，透過不受限於時間的手指、針和線的共舞，將過去、現在及未來的幾條故事線交織在一起。一旦完成敘事，打上結、修整絨花，這個圖像便成為紀念這些故事的載體，脫離我們而繼續存在，傳承給未來的世代。

到了「死神」牌，類似的事情會發生。隨著大阿爾克納包羅萬象的故事來到這張「死神」牌，我們會相信生命就像一條線。一個線性且緊湊的連續體，編織出故事，在開始與結束之間繃得緊緊的。然而，塔羅的「死神」牌是一旦跨過便沒有回頭路的界限，它並非結束，而是一種深刻的啟示，一種揭露。那是《我們所知道的世界末日》（“End of the World as We Know It”），就像這首在疫情期間重新走紅的 REM 樂團金曲。這條經驗的長繩一旦中斷，事情會以決定性的方式徹底改變，而我們將面對所有無法理解、說不清道不明的事態發展。這種變化可能讓人感到極不舒適和恐懼，但在塔羅圖像中，描繪死亡的寓意畫往往提倡一個經過修改、更樂觀的死亡概念，是一個轉捩點，而非收場白。在注視這個骨骼人形時，我們正跨越一個引領我們通往一長串神秘冒險的門檻。我們的壯闊之旅絕未結束，事實上可能才正要開始。

左頁
刺繡「死神」牌，維琪．塞斯克，
2020 年。

不管被稱作「死神」或者沒有標示名稱，這張塔羅大牌總是與數字十三有關——我們迷信地將之與惡運聯想在一起。這個數字本身富含意義，使人想起與一整個曆年有關的十三個陰曆月，暗示當我們到達這個點，我們就完成了一個完整的週期，在結束一個篇章後開始了另一個篇章。就圖像學的觀點，「死神」牌依循兩個主要的差異而演進，這兩種差異在十五世紀的塔羅牌中皆已顯現，受到當時的視覺文化影響：我們把第一種稱作「『入侵者』死神」（“Death the Invader”），第二種是「『另我』死神」（“Death the Alter Ego”）。

「入侵者」死神散發殘酷的氣息，他高高坐在馬背上，有時身披全套盔甲。在《查理六世塔羅》「死神」牌中，面目猙獰的死神摧毀、消滅其座騎行經之處的一切生靈，以相同的氣勢踐踏教皇和紅衣主教。這種好戰的態度和渴望任意肆虐，讓人想起十四世紀歐洲爆發瘟疫時出現的天啟式光景。「入侵者」死神與《啟示錄》（*Book of Revelation*）中的白馬騎士有關，這個殘暴的原型非常普遍，從畫家老布爾哲勒（Bruegel the Elder）的《死亡的勝利》（*Triumph of Death*）到《邪惡的黑暗大軍》（*Evil Dead's Army of Darkness*）——描繪既生氣蓬勃又恐怖的死神，他統領著骷髏軍團大舉圍攻活人。在這些圖像裡，時間軸的結束呼應著世界末日，我們從中看見從事侵略和破壞的大軍有系統地消滅腳下的萬物。死神和他的軍隊沒有敵手，因為他們早已死亡。他們毫不留情地劫掠生命，迫使我們屈服，在他們的集體威勢下無力可施。

另一方面，第二個或許也是最重要的寓意圖像，是作為「另我」的死神。從《維斯康提－斯福扎塔羅》到各種馬賽式塔羅，「死神」再一次被人格化，這回他只是手持長柄大鐮刀站立著，這是一個普遍化但有意義的細節。他和我們位居同樣的高度，站在與我們一同立足的地面上，顯得較不嚇人且更有人性，他那溶解的屍身展露無遺，反映出我們身體的樣子。這種死神形象雖然恐怖和異樣，卻是可以親近的，足以讓我們去思索，他彷彿在說，「現在的我就是日後的你。」

模樣陰險的「另一個我」使人想起「死亡之舞」，這是屬於中世紀後期的主題，也出現在瘟疫蔓延期間。在這些圖像中，一具快活的屍骸會搭配一個套路人物——教皇、騎士、流浪漢、修女、隱士……以及其他許多我們在塔羅中會發現的類似人物。擔任靈魂嚮導的屍骸牽起他們的手，邀請他們加入這個著了魔的不祥行列，跳起通往來世的最後一支舞。各個社會階層的代表都會出現在死亡之舞中，彷彿暗示經歷死亡是不分貴賤的事。無論你是貧窮或富有、顯貴或卑微，在今生積累或失去的東西再也不重要，因為我們很快就會被迫放下一切。不同於第一個例子，死亡之舞呈現了與死神的人際關係，當我們見到那些護送我們走進墳墓的人，我們會思考自己在身後留下了什麼。

大阿爾克納序列的高潮之一「死神」牌，標示出故事的轉折點，以及通過儀式的起點。在這張阿爾克納中，我們從處理時間的短暫本質，進展到首次瞥見壯闊恢宏的無限。往往令人害怕的「死神」牌，事實上是在描述我們欣然接受改變，或者將之體驗為一種入侵的能力，這種入侵就像死亡本身，是普世的經歷。從我們的所在之處，我們緊抓著所知的事物不放，過了這張牌之後，我們感覺一切都超出了我們的舒適圈，難以企及或令人害怕。這位面目猙獰的收割者帶著溫合的冷笑和令人生畏的鐮刀，在生者與亡者的領域之間劈砍出一道入口，謹慎地引導我們脆弱的靈魂前往彼岸。

出自所謂的《格蘭高尼／查理六世塔羅》的「死神」牌，義大利北部，十五世紀。

騎馬的死神，出自《塔端塔羅》，十七世紀於義大利波隆那發行。

出自某副明奇亞特牌的「死神」，印製在絲綢上，作者為喬凡．莫里內利，1712 到 1716 年，義大利佛羅倫斯。

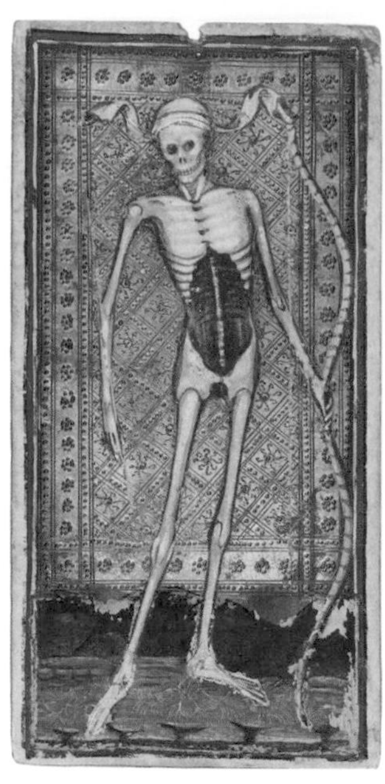

出自《維斯康提－斯福扎塔羅》的「死神」牌，據稱作者為博尼法喬・班波，十五世紀義大利米蘭。

右

《死亡的勝利》，不知名藝術家，出自巴勒莫的《阿巴特利斯宮》（Palazzo Abatellis），1446 年。

喬裝成紅衣主教的死神說「我即是結束。」，據稱作者為安東尼奧・奇科尼亞拉，1490 年代，義大利。倫敦維多利亞與艾伯特博物館館藏。

「死神與女修道院院長」（"Death and the Abbess"），《死亡之舞》系列的一部分，據稱作者為雅克－安東尼·肖萬（Jacques-Antony Chovin），創作於十八世紀。我特別喜歡出自肖萬的《死亡之舞》的這幅畫。畫中半腐的骸骨彎下身，用枯槁的手指撫摸女修道院院長的道袍，用一小片皮膚感受布料的柔軟質地。這具骸骨狀的身體成功傳達出此次碰觸所產生的愉悅和驚奇。這種感覺喚起活生生的記憶，就像普魯斯特的瑪德蓮（法國作家普魯斯特在《追憶似水年華》中仔細描述瑪德蓮帶給他的舊時回憶）——彷彿他正在想：「我記得這個，我記得它摸起來的感覺。」骸骨沉浸在回憶中，忘記了他在死亡之舞中引導女修道院院長的職責。他陷入一種感覺，想起他一度曾經是我們。

「死神」牌，《馬賽塔羅》，史帝法諾·維格納諾（Stefano Vergnano），1827年，義大利北部。

「死神」牌，《馬賽塔羅》，格里莫發行，1890年。

出自《維耶維爾塔羅》的「死神」牌，約1650年發行。

「梅花四」，出自夏洛特·馮·雅尼森－沃爾沃特（Charlotte von Jennison-Walworth）設計的牌組，1808 年發行。

死神從墳墓中現身，手持長柄大鐮刀和一個有翼的沙漏，指涉「時光飛逝」這句拉丁文格言。出自埃及式《大埃特拉》，1850 至 1875 年在法國發行。

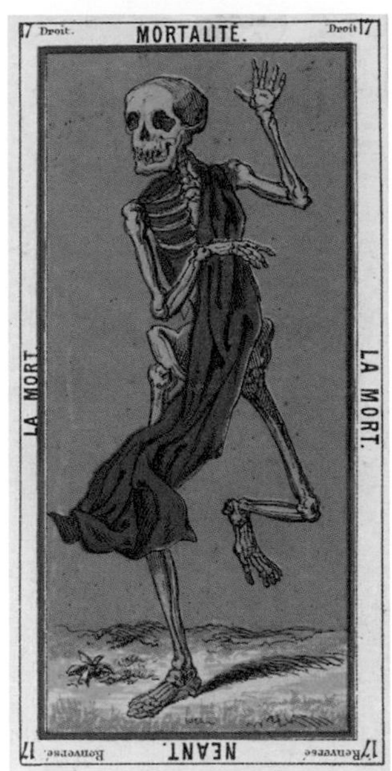

擺弄手勢的死神之舞近乎滑稽。圖中的死神包裹著滑順的血紅色紗巾，與「結束」的概念相去甚遠，這張牌是與生命力對立的象徵。出自《夫人神諭大遊戲》，由雷加米設計，十九世紀晚期在巴黎發行。

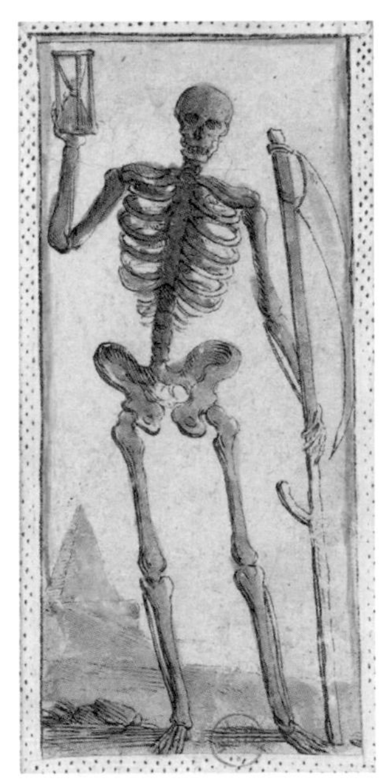

出自《米泰利塔羅》的「死神」牌，1660 至 1670 年在義大利羅馬發行。

「凡人必死」和「悲傷」。死神埋伏於墳地，在牌面另一邊，一位寡婦為心愛的人哭泣，握著墳上的骨灰甕。出自《夫人小神諭》，寡婦蓋菲耶在巴黎發行，1807 年。

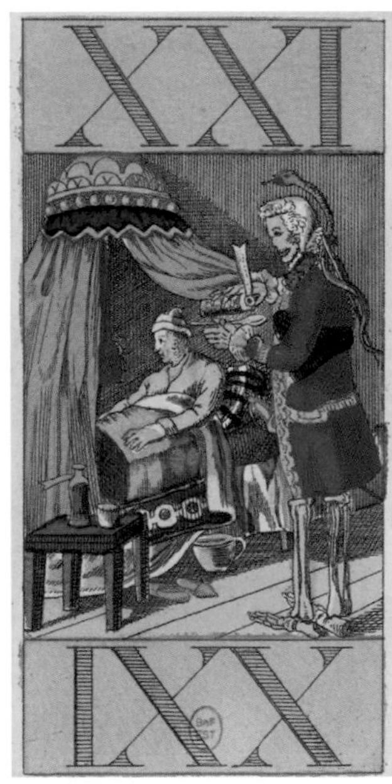

作為醫師的死神，正把藥倒進臥床病人的湯匙裡。死神的背後盤著一條蛇。出自 1840 年代的德國塔羅牌《顛倒世界》。

節制

「節制」牌讓人認清「過量」所帶來的危害，代表一種淨化過程和終極的恢復平衡。在左頁這件布里格斯（Brygos）紅色人物的陶器複製品上，我們看見一位正在嘔吐的病人，身旁的女子（常被描述為侍妾）輕輕扶著他的頭。男人站立著，從口中嘔出一長串液狀物體到地板上，由於侍妾扶著他的頭，所以他沒有弄髒自己。這幅令人莞爾的圖畫諷刺地被畫在赤陶酒杯裡，讓我們不禁將它看成是一幅以儆傚尤的插畫：「小心！放縱自己會讓你變成和他一樣！」

我們心目中的古希臘人形象，往往被好萊塢電影和希臘羅馬主題變裝派對給扭曲了。我們常想像他們縱情於聲色，頹廢墮落，並且喜愛縱酒狂歡。事實上，古希臘人對於放蕩的行為頗有警覺，平時會避免酩酊大醉，只有在出神忘我的宗教儀式中才會喝醉酒，例如科莫斯（Komos）醉酒遊行和酒神戴奧尼索斯儀式，這些儀式可能正是這件酒器插畫的主題。事實上，除了因宗教需求而醉酒，古希臘人對於過度攝取酒精尤其在意，他們會用水將酒稀釋（一份酒兌上三份水）。此外，他們也對那些飲酒不懂節制的人有負面的評價，認為飲酒過量是一種野蠻行為。

「節制」的概念源自古希臘，是最後一個出現在大阿爾克納中的基本美德。節制牌往往與適度和自制有關，因此將酒稀釋的比喻被選作「節制」牌的圖像象徵。牌中擬人化的女性人物看起來像一位神聖的調酒師，她使用名為九頭蛇（hydra）的盛水容器，往用來調和酒水的巨爵裡注水。有時也使用小水瓶、高腳淺杯或酒杯。

古希臘人在稀釋酒的過程中保持自我節制，我們可以想像得到，這些近乎透明的液體如何讓他們看見描繪在酒杯裡的那個嘔吐的男人。我們也不妨在酒杯裡想像這幅景象，藉以巧妙地告誡自己，再喝一小口就要過量了，最後可能會讓你嘔吐。

古代世界裡還存在另一個重要的特殊文化，那便是人們認為水具備了淨化的力量，能啟動神聖的衛生循環。許多現代的衛生習慣和系統都承襲自古希臘人和羅馬人，他們發明了污水系統、公共浴場、原始的淋浴器和公共噴泉。我們時常忘記現代「水療」文化其實是這些古人的遺產，例如二十世紀浴療觀光業和保健專家決定採用「spa」這個字，作為拉丁文格言「藉由水保持健康」（*sanis per aquam*）的首字母縮略語。

左頁
畫中女子扶著正在嘔吐的男子的頭，出自描繪該主題的雅典酒杯水粉畫複製品，作者署名為布里格斯。創作於西元前第五世紀初期，德國符茲堡（Würzburg）收藏。這件水粉畫屬於倫敦的惠爾康收藏品。

我們如何在大阿爾克納的脈絡中解讀這張牌？「節制」繼「死神」之後迎接我們，像一名使者、嚮導、但丁〈地獄篇〉的維吉爾（Virgil）那樣的歡迎著我們進入來世。她容光煥發的美麗與死神屍骸般的可怖外表形成了強烈的對比，我們可以猜想這是有意的安排。在若干塔羅牌中，包括大多數的馬賽牌和萊德－韋特－史密斯塔羅，「節制」呈現出天使的樣貌，這種超自然生物是一種令人感到安慰的存在，也傳達出我們離開舊世界、進入一個尚未完全瞭解的新次元的概念。在《托特塔羅》，相當於「節制」的牌名叫「藝術」，呈現一個在坩堝中混合水與火的雙頭人。在這個普遍存在的人物背後，一個橘色光圈顯露出著名的煉金術格言，這段文字出自巴齊爾．范倫廷（Basile Valentine）的十五世紀著作《哲學家的阿佐特》（*L'Azoth des Philosophes*）：「進入地球的核心，經過精煉後，你便會得到這種隱藏的石頭。」

的確，到了接下來的「惡魔」牌和「塔」牌，我們將造訪深淵，進入地球內部。節制「帶著」兩個溝通的容器，這個招牌姿勢可以理解成接受和淨化的能力。如同《聖經》裡的洗腳禮，這種洗禮儀式具備神聖的性質，說明我們不應該害怕這個陌生之地，並且幫助我們做好準備，洗淨我們先前的殘渣。如同畫在那件赤陶酒杯上的侍妾，「節制」以隱喻的方式扶著我們的頭，讓我們拋下不再適用於我們的東西，好讓我們有機會重新啟動。她用她的水滌淨我們，讓我們為即將發生的下降做好準備。

右頁
「節制」，皮耶羅．波萊歐羅（Piero del Pollaiolo），1470 年，義大利佛羅倫斯烏菲茲美術館。

左頁

出自《維斯康提－斯福扎塔羅》的「節制」牌，據稱作者為安東尼奧．奇科尼亞拉，1480至1500年，義大利米蘭。

「節制」，出自所謂的《格蘭高尼／查理六世塔羅》，十五世紀，義大利北部。

「節制」，出自某副明奇亞特牌，印製在絲綢上，作者為喬凡．莫里內利，佛羅倫斯，1712至1716年。

「節制」，出自某副明奇亞特牌，巴拉喬里（A. Baragioli）在義大利佛羅倫斯發行，1860至1890年。

「節制」，出自某副明奇亞特牌，葛塔諾（Gaetano）在義大利波隆那發行，1763年。

天使形態的「節制」，出自某副馬賽式塔羅，阿爾努與安普霍克斯在法國馬賽發行，1801年。

「結合－改變」，附有手寫占卜詞的「節制」牌，出自《馬賽塔羅》，格里莫在巴黎發行，1890 年。

「節制－夜晚」，出自《夫人小神諭》，由寡婦蓋菲耶在巴黎發行，1807 年。

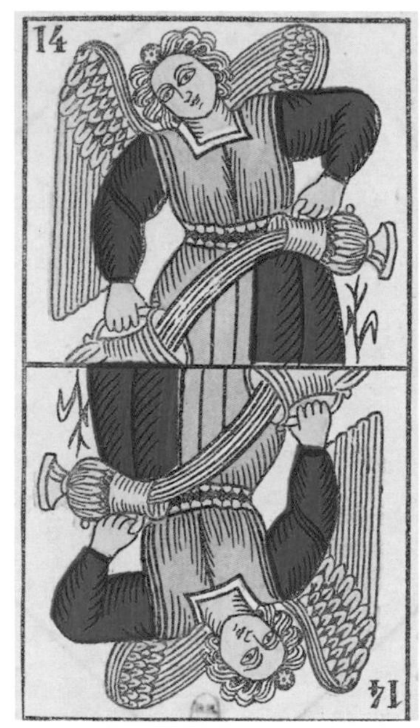

出自某副雙頭塔羅牌的「節制」，由格里莫在巴黎發行，1880 年。

出自奧斯瓦爾德．維爾特的《中世紀畫家塔羅》的「節制」，1889 年，巴黎。

右頁

「藝術」，《托特塔羅》的「節制」牌，阿萊斯特．克勞利和哈里斯女士，1944 年。

XIV
Rectif
cando
TRUMPS
ס Art ♐

machomet
gola

惡魔

我認為在喬凡尼・迪摩德納（Giovanni di Módena，中世紀後期義大利畫家）所描繪的地獄裡，那個形態噁心的惡魔是有史以來所創造最迷人的圖像之一，因為它具備了十足的表現張力。這幅畫雖然讓人難以直視，覺得反胃至極，卻不可能不被它吸引。他的臉上長著像生殖器開口的畸形模樣，在醜惡中顯得既猥褻又滑稽。被陰間之主吞食的這些人，將等待著何種難以形容的命運？辣醬瓶標籤上的惡魔與之相較之下，根本完全相形失色。

他那有點藍色的皮膚泛出腐朽的銅綠，就像腐敗的屍體顏色。捲曲的螺旋形毛髮表明了他的獸性行為。高大魁偉的身材配得上他吞食靈魂的旺盛食慾，他從軀體的兩端進行吞噬，其中包括第二張「嘴」，嚴格來說稱作「胃－頭孔」（gastrocephalic hole）。這個怪異的特徵出現在描繪惡魔的許多中世紀圖像，從視覺上傳達出他狼吞虎嚥的胃口，以及他的本能勝過智能的表現。在注視這幅可怕的圖像時，我們會明白他的身體就像地獄本身那樣錯綜複雜，扭曲且多重。惡魔既是折磨者，也是折磨的場所。當我們仔細思索惡魔的身體，不難相信他本身就是進入陰間的門戶，通往地球中心的地獄之嘴。這場下降之旅完全等同於一個消化的過程，是進入黑暗深處的逆向入會儀式。

此外，這個惡魔也饒富趣味，因為他是在十五世紀初期被構想出來，大約相當於塔羅牌卡的創製期。這是一個重要細節，因為文藝復興時期描繪這個惡魔的牌卡沒有任何一張留存至今。為什麼會這樣？我們不得而知。它們可能已經遺失，或者如某些人所認為的，它們遭到了毀壞，以免被運用於邪惡活動。塔羅學者瑪麗・格里爾在部落格文章中也提出相同的疑問，她推測這些早期牌卡可能被用於施咒。她引述安德雷亞・維塔利的文章，而後者則援引十六世紀威尼斯宗教裁判所的審訊謄本。文中描述在某個案件中，一名女子被法庭控以行使巫術，試圖對滌罪的靈魂施行祈禱儀式，藉以獲得某男子的愛意，她在祭壇上擺放了塔羅「惡魔」牌。

我樂於想像早期的「惡魔」牌就如同喬凡尼・迪摩德納所描繪的可怕生物。在十七世紀的法國，某些《馬賽塔羅》中的「惡魔」牌確實畫著胃－頭臉，彷彿為了方便讓這個吃人的妖魔在往後流傳下來。他那毛茸茸的外表自有道理，讓人想起中世紀歐洲喜歡描繪的野人（Wild Man）主題。野人擁有一身濃密的毛髮，這種原始的林地生物過著遠離文明的生活，隔代遺傳的本能需求使得他顯得生氣蓬勃。我們的大阿爾克納惡魔也算得上是他們的近親，與好色的羊男薩堤爾，還有希臘的自然生命力之神潘（Pan）系出同源。

左頁

惡魔，出自喬凡尼・迪摩德納的《地獄》壁畫，1410年完成於義大利波隆那的聖白托略聖殿（Basilica of San Petronio）。

塔羅中的「惡魔」向來是個模稜兩可、介於兩者之間的人物。他是一種嵌合體，半人、半羊，有時半鷹。在《馬賽塔羅》中，他往往同時具備男女兩性的性徵，對此我們可以透過基督教的觀點，將之解讀成象徵惡魔不可遏制的性慾。這位地獄之王高踞臺座上，是個誘惑者和縱容者，而被鎖在他跟前的兩個寵僕，則是模稜兩可的奴隸和護衛。將他們繫在柱子上的繩索，使人聯想到關於偶像崇拜的寓言。在喬托繪製於斯克羅威尼禮拜堂（Scrovegni Chapel）的《不信神寓言》（*Allegory of Infidelity*）中，畫中人物被繩子拴在他錯誤膜拜的塑像上。他閉著眼睛表示他的否認，因為他受制於他所崇拜的對象。如同「惡魔」那兩個順服的隨從，他是自願並盲目地受到限制。

到了十九世紀，惡魔的文化地位從不光彩的怪物變成浪漫的反英雄人物。在米爾頓（John Milton，十七世紀英國詩人及思想家）寫於十七世紀的史詩作品《失樂園》（*Paradise Lost*）中，撒旦是對抗造物主上帝的造反者。他的反抗將使他成為後世眼中不服從和解放的象徵，在理性覺醒以及懷疑天主教會和政治權威的普遍氛圍下，給予藝術家和神祕主義者創作的靈感。路西法（Lucifer），詞源學上意指「帶來光明者」，取代了「上帝之敵」撒旦，這種觀點的徹底改變致使惡魔擺脫了作為乖僻偶像的身分，進而成為不滿的啟蒙人物。

在塔羅中，惡魔的圖像和意義往往受到艾里法．李維的巴風特（Baphomet）研究的啟發，巴風特是羊頭惡魔，據說是聖殿騎士的膜拜對象。艾里法．李維也參與了這個復興運動，寫下名為「女巫安息日」（“The Sabbath of the Witches”）的篇章，文中描述這位有角的神祇是泛神論裡的維持平衡者，透過對立的兩極來找到合諧的復原[1]。值得注意的是，將李維作品翻譯成英語的不是別人，正是萊德－韋特－史密斯塔羅的倡始者和共同創造者亞瑟．愛德華．韋特。儘管韋特對巴風特的看法不同於法國神祕主義者李維，但他的「惡魔」牌是從李維本人繪製的原型中找到靈感，如同在他之後的許多人。

在當代塔羅實務中，「惡魔」不像以往那樣被視為一張窮兇極惡的牌。「惡魔」牌依舊代表我們落入自己造成的困境和模式，例如成癮行為和相互依賴，它往往被解讀為邀請我們去探索自身的黑暗面或被壓抑的欲望，以及對抗社會規範。惡魔常被比作「教皇」牌的陰影人物。除了簡單的構圖相似，教皇還創造出被惡魔逆轉和廢除的道德架構，要求我們注意自己的盲點和偽善，並透露出通往真實自我之道，就在光與影的交會處。

上左

《不具名巴黎塔羅》的「胃－頭惡魔」，具備蝙蝠翅、鷹腳和山羊頭的嵌合體怪物，1600至1650年。

上右

多彩的惡魔和他的隨從，《讓·諾貝雷塔羅》，十七世紀後期在巴黎發行的馬賽式塔羅。

出自《維耶維爾塔羅》的「惡魔」牌，約於1650年發行。

「偶像崇拜」。男子順從跪拜臺座上的「假神」塑像。出自《伊斯托里克明奇亞特》（*Minchiate Istoriche*），1725年在義大利佛羅倫斯發行。

毛茸茸的惡魔，出自《貝桑松塔羅》，皮耶·伊斯納爾雕版，1746至1760年。

「強奪靈魂者」（*Preditorum Raptor*），出自十六世紀在義大利創製的《萊伯－盧昂塔羅》。這張牌展現了明顯的獨創性，靈感得自希臘神話，描繪希臘冥王黑帝斯神話的一段插曲：他綁架了狄蜜特的女兒普西芬尼為妻，作為他在陰間的配偶。大阿爾克納所描繪進入深淵的旅程，在這張牌中呈現為令人印象深刻的下降過程，受害者往往是裸體的，而且無力抗拒強奪者。

手持靈猩圖案盾牌的野人，馬丁·紹恩高爾繪製，1435至1491年。

艾里法・李維著名的巴風特，作為他1856年版《高魔法教義與儀式》的卷頭插畫。

費迪南多·岡彭格伯（Ferdinando Gumppenberg）在義大利米蘭發行的義大利塔羅，1830 至 1845 年。

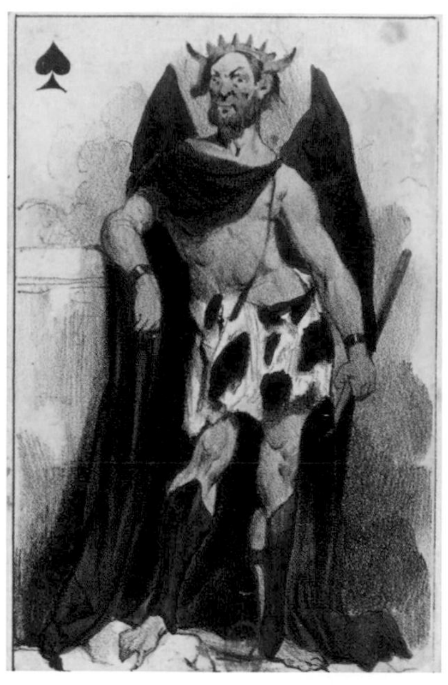

惡魔模樣的「黑桃國王」，出自賽雷斯汀·南特伊（Celestin Nanteuil）設計的遊戲牌，約 1838 年，法國。

右頁

「路西法與小惡魔」（*Lucifer und Kleine Teufel*），出自夏爾·弗雷杰（Charles Fréger）的「野人」（*Wilder Mann*）系列，2010 年，奧地利。

在《塔羅的神秘起源：從古代根源到現代運用》（*Mystical Origins of the Tarot: From Ancient Roots to Modern Usage*）一書中，塔羅學者保羅·赫森認為，中世紀神秘劇裡扮演惡魔的演員所穿的「蓬亂的狼毛皮和小牛皮褲」[2]，與某些「惡魔」牌的奇特描繪方式有關聯，例如《羅森沃爾德塔羅》（Rosenwald Tarot）的「惡魔」牌，似乎是披著毛皮而非全然為嵌合的結果。雖然我們現在無法目睹中世紀的神秘劇，但是那些在歐洲各地流傳至今，讚頌大自然狂野面的變裝傳統，可能還找得到回響，為此攝影師弗雷杰在他的「野人」計畫中進行了多年的記錄。

迷人的惡魔，他輕輕拍著手下的頭，出自戈代發行的雙頭塔羅，1860 到 1889 年。

阿斯摩太（Asmodeus），猶太－伊斯蘭傳說中的惡魔王子，經常與淫慾有關聯。在這副從猶太人獲得靈感的遊戲牌中，他成為石榴國王，澤夫·拉班（Ze’ev Raban）於 1920 年繪製。

Genesi am xix capitel
Da lies der herr schwefel vnnd feüer regnen von dem herren von hiemel herab auff Sodama Gomora vnnd keret die stet vmb die
ganzen gegent vnnd alle einwoner der stete vnnd was auff dem landt gewachsen war vnnd sein weib sahe hinder sich vnd
war zu einer salz seule

塔

「被閃電擊中的塔」、「上帝之屋」、「雷電」、「火」、「惡魔之屋」、「地獄」：我們有為數眾多且經常對立的名稱，用來指稱「塔」這張不受喜愛的牌，以上名稱僅列舉其中一小部分。自十五世紀起，這種設計見於幾種王牌遊戲，同時遍及歐洲，通常（但非一成不變）呈現一座堡壘般的高聳建物，因為被天火直接命中而毀壞。種種名稱和同等數量的描繪方式全都圍繞著一個共同的軸心：某種被視為堅固、難以穿透的事物，因為從天降下的衝擊而崩塌。

在天氣災變和實質的爆炸襯托下，「塔」相較於其他大多以靜態呈現的大阿爾克納牌，總是因其強大的動能而令人吃驚。那裡發生了驚天動地的事，但到底是什麼事？這是一座什麼樣的建築，它為什麼被摧毀？牌中常見到的，從這個混亂的現場墜落或逃離的人是誰？是誰造成這場毀滅之禍？我們知道，來到「塔」牌時，我們進入了交織著毀滅與解放的摩尼教概念領域。

「塔」牌描繪硫磺火雨和天啟式的地平線，這個主題讓人想起《舊約聖經》和轉喻的天譴神罰。本章的開篇圖出自《奧格斯堡奇蹟之書》（*Augsburg Book of Miracles*），這部精美的泥金裝飾手抄本處理了我最喜愛的兩個題目：怪物和天空異象，全都收錄在這本十六世紀的新教故事書裡，作為神明表達不滿的清楚預兆。這本書預言說，如果看見彗星，或者天空出現多個天體等異象，隨後就會發生災害、戰爭或饑荒。的確，許多這類美麗的水粉畫小插圖都強調，在關鍵時刻，我們頭上的那片天空是上帝表達憤怒的告示板。

根據《舊約聖經》的說法，當人類行為不端，全能的上帝就會對我們釋放硫磺火，就像左頁圖中描繪的索多瑪（Sodom）和蛾摩拉（Gomorrah）不幸事件，當時蔚藍的天空變成血紅色，火雨將城市燒成一片火海。在塔羅和其多許多牌卡中，這個概念以圖像重現——在某些馬賽牌或萊德－韋特－史密斯塔羅中，火矢和雷電摧毀建築物和人類以示懲罰，它們毀掉塔頂，彷彿為了懲罰人類的藐視上帝、缺乏人性或妄稱權威。

左頁

羅得（Lot）和他的女兒（右下角）逃離索多瑪和蛾摩拉廢墟，出自《奧格斯堡奇蹟之書》，1552年。

在明奇亞特牌中，我們看見一名驚恐的裸體女子衝出堡壘，火焰跟著竄出門外，追逐她那脆弱的身體。在《不具名巴黎塔羅》，一群惡魔熔化在渦形的黃色火焰裡。事實上，「塔」會不會就是地獄本身？它毗連「惡魔」牌，提供我們一個線索。這座懷有敵意的建築物使人想起中世紀期間，陰間被描繪成一座火燒的堡壘，這可能是另一個線索。既是如此，那麼神的介入便是從毀滅轉變成試圖拯救。若干學者指出，明奇亞特牌的這些裸體逃難者可能與《基督降臨地獄》（“Harrowing of Hell”）的圖像有關聯。按天主教傳統，該事件發生在基督於聖週六被釘死在十字架上，緊接著地獄降臨之後。在這個相當難以置信的故事中，耶穌得意洋洋地破開冥府大門，釋放無罪的受害者，包括被描繪成裸體的亞當和夏娃。

毀滅與解放之間的矛盾，使得「塔」牌成為大阿爾克納敘事序列的一大高潮，以及「惡魔－塔－星星」三聯牌的最高點，在歷經好幾個世紀後，即使牌卡順序變動頗大，但此事已然確立下來。來到「塔」牌時，事與願違，變故突生，導致某件事物被摧毀，看似基本和堅固的東西竟然分崩離析。

亞歷杭德羅．霍多羅夫斯基在《塔羅之道》裡談到，他把第十四張大阿爾克納想成「拔出瓶塞」。我一直很喜歡這個形象化的比喻，我開過不少瓶香檳酒，有時這會是件棘手的事。到了「塔」牌，累積的壓力終於被釋放。有時它冒出泡泡，滴得滿地都是。有時噴出的瓶塞意外打破了窗戶玻璃。來到「塔」牌時，你在最意想不到的時機點喪失自己的某些基本要素，可是一旦你度過這個意外，便能尋得莫大的智慧。

上左

雷電擊中堡壘，沿著破碎的石頭曲折而下。這是最古老的「塔」牌之一，出自所謂的《格蘭高尼／查理六世塔羅》，十五世紀，義大利北部。

上右

天空發生爆炸，如雨水般落下的火花點燃樹木，讓牧羊人大吃一驚，還驚嚇到他的羊。出自《維耶維爾塔羅》，約 1650 年發行。

箭矢狀的雷電毫無預警地擊中男人。出自《米泰利塔羅》，1660至1670年間在義大利羅馬發行。

兩個男人從著火的建築物墜落，出自《塔端塔羅》，十七世紀在義大利波隆那發行。

出自佛羅倫斯明奇亞特牌，作者為喬凡・莫里內利，1712–16年。

「閃電」——《不具名巴黎塔羅》的第十六張牌，顯示惡魔在與純黃色的光交戰，1600至1650年。

右頁

基督帶領元老們離開地獄，前往天堂。麥修撒拉、所羅門、示巴女王、亞當和夏娃領著義人的行列跟在基督身後。巴托洛梅奧・貝爾特霍（Bartolomeo Bertejo）繪製，木板蛋彩畫，1480年，收藏於西班牙巴塞隆納的西班牙藝術中心（Center for Hispanic Art）。

「天火」——出自奧斯瓦爾德・維爾特的《中世紀畫家塔羅》，1899 年。

「塔」——雙頭《索普拉菲諾塔羅》第十六張牌，阿瑪尼諾兄弟在義大利熱內亞發行，1887 年。

「塔」牌，出自保羅・沃格勒（Paul Vogeler）的《我頭頂上的星星塔羅》（Stars Over Me Tarot）。我認為這個當代觀點十分有趣：注視這座建築時，我們彷彿從建築物上掉落——如此極簡的風格卻令人感覺暈眩。保羅解釋，這副誕生自幫助他度過喪父之痛（愛德溫・比格斯・沃格勒〔Edwin Biggs Vogeler〕）的宣洩過程。

左頁

地獄之嘴和燃燒的地獄堡壘。出自《凱瑟琳・克萊沃的時光》手抄本（*Hours of Catherine of Cleves*），凱瑟琳・克萊沃的拉丁文泥金裝飾手抄本，1440 年荷蘭烏特勒支。

星星

在畫作《早晨》（*Der Morgen*）中，德國浪漫派畫家菲利普·奧托·龍格（Philipp Otto Runge）創造出一副描繪早晨的寓意畫，完美傳達了我們每天不經意體驗的、從黑暗轉為光明這個象徵性過渡所蘊含的深邃神秘感。晨星是圖畫頂端一個不起眼的白點，引導著太陽從地平線上升起，清晨的陽光漸漸驅散夜的陰暗。這個白色光點周圍有三顆小天使的頭，指揮全場的曙光跳起空靈的舞蹈，在畫中被描繪成最完美的典型，復活的象徵。

「星星」是塔羅中同樣可觀的牌，常被視為最重要的大阿爾克納敘事序列之一。「星星」接續在「惡魔」和「塔」牌所構成的混亂事件後，引領我們脫離遇見「死神」和「節制」時被丟入的深淵。歷經淨化的下降過程之後，我們被拉回了地表，再度迎向光明，帶著翻新的希望和觀點。

在《艾斯特塔羅》（*Tarot d'Este*），我們遇見兩個正在研究天象的男人，他們指著上方一顆金色的大星。同樣的，在《維耶維爾塔羅》和其他許多塔羅牌中，「星星」牌也出現了待在戶外或工作室裡的天文學家，身旁有書籍和圓規。他們抬頭望向天空，專心解讀星空的詩意語言。「星星」牌使人想起一直到十七世紀，天文學和占星學仍被視為同一個學術傳統。觀察星座有助於瞭解上帝如詩的計畫、時間與空間的神聖幾何學，以及星座如何具體影響人們的生活。按中世紀和文藝復興時期的看法，星辰隱藏著「偉大創造者」的藍圖，因此仔細審視星辰在天空中的運行，會使得人更接近神。直到現在，羅馬天主教世界的大本營梵蒂岡仍營運著一個天文學研究中心，那裡距離羅馬約一個小時的車程，並且在美國亞利桑那州也設置了一具望遠鏡。觀星是我們與造物主溝通的一種方式。

這顆獨特的星星比其他星星更明亮，出現在許多塔羅中，它是什麼星？當然，它是金星，以羅馬愛與美的女神命名的星體，連同月亮和太陽，是肉眼可見最明亮的天體。金星有許多名字，富於傳奇色彩的亮度經常使它成為一個導引者。例如「帶來光明者」路西法，羅馬傳統中的曙光女神奧羅拉（Aurora）之子。我們也稱它為牧羊人之星（Shepherd Star），在基督誕生的故事裡，它引領東方三博士前往朝拜聖嬰。如同我們常說的「隧道盡頭的光」，這個明亮燦爛的星體足以激發我們的信任，為我們指引方向並提供安全感，當我們在最深的夜裡，從最黑暗的旅程中歸來。

左頁
德國畫家菲利普·奧托·龍格繪製的
《早晨》，1808 年。

在各種版本的「星星」牌圖像中，最廣為流傳的圖像描繪了一個跪立於夜景中的寧芙（神話中的山林水澤女神），她倒空了兩個容器，一個倒在陸地上，另一個則倒進附近的水裡。這是否是維納斯本人正進行著生育力儀式以滋養土地，好讓大地準備迎接新的生長期？雖然我們不清楚畫中人物是誰，但可以將她解讀成促進新生和恢復和平的角色。

我認為「節制」與「星星」牌圖像有著密切的關聯，即便不是同一人，這點從她們神聖與褻瀆的形象可以看得出來，我稱之為「死亡與復活繆思」的謎樣人物。這個幽靈般令人感到安慰的存在，在「死神」牌之後以仁慈的天使樣貌出現，迎接我們前往彼處。她用瓶子裡的水執行淨化儀式，溶解掉我們前一世的痛苦，使我們準備好踏上「造訪地球核心」的啟蒙旅程。在這場折磨人的歷險過後，她會擔任嚮導，將我們從黑暗中拉出來，讓我們見到她最自然的形態。就像我們見到裸體的她，我們自身也是赤裸靈魂的變形。在我們下降的之前和之後，她教導我們，死亡是為了讓土地變得肥沃。

上左

占星師與天文學家，出自《艾斯特塔羅》，約創製於1450年的義大利，卡瑞－耶魯收藏品。

上右

舉起圓規的天文學家正在研究上方的天體，出自《維耶維爾塔羅》，1650年，法國。

追循伯利恆之星的東方三博士，出自《塔端塔羅》，十七世紀義大利波隆那發行。

「閃亮的星星」和「紅心八」，出自《夫人小神諭》，寡婦蓋菲耶在巴黎發行，1807 年。

右頁
東方三博士之一的梅爾丘（Melchior），指著引領他們找到聖嬰的牧羊人之星。《三博士來朝》（*The Adoration of the Magi*），喬治・特律貝爾（Georges Trubert），約 1480 至 1490 年創作於法國普羅旺斯，這件藝術品使用了蛋彩畫顏料、金葉、金色和銀色顏料，以及羊皮紙上的墨水。

「星星」，出自馮斯華・普瓦伊的明奇亞特牌，1658 至 1693 年在法國發行。

「顯著的星星」（Eminent Star），出自萊伯－盧昂塔羅，據信是創製於十六世紀的義大利牌組。在這張非常特別的牌卡上，星星再度成為指引者。明確地說，它與航海時用於導航的北極星有關。這幅圖畫也讓人想起與聖母瑪利亞有關的「海之星」，她被視為幫助迷路者找到方向的精神嚮導。法國盧昂圖書館（Bibliotheque de Rouen）館藏。

DEVS·IN·ADIVTORIV·MEV·INTENDE·DNE

「星星」，出自《貝桑松塔羅》，1845 至 1860 年。

在這張牌中，你數出了多少顆星星？八顆，就像大多數馬賽式牌組？請確定你將隱藏在圖中人物肚臍裡的星星也加進去了。出自《諾貝雷塔羅》，1659 年，法國。

「永生不死」，上面有手寫卦相含義的「星星」牌，出以《尼古拉·康威塔羅》為本的馬賽牌，梅松·卡穆安於馬賽發行，1890 至 1900 年。

「星星」牌，出自奧斯瓦爾德·維爾特的《中世紀畫家塔羅》，1899 年。「節制」牌（p.148）中的天使和寧芙與《中世紀畫家塔羅》中的「星星」是同一個人嗎？這兩張牌有許多相似之處：金髮、兩隻水瓶、以及這朵在「節制」牌中垂死的紅花，到了「星星」時重新復活且盛開。

出自《小勒諾曼》牌組的「星星」牌，與「紅心六」有關。達弗呂（Daveluy）在比利時布魯日發行，1875至1880年。

「星星」，與埃及風格的《大埃特拉》「和平」牌有關的一張牌，1850至1875年在法國發行。

《小勒諾曼》式牌組的「星星」牌，恩斯林與萊布林（Ensslin and Laiblin）在德國（Reutlingen）發行，1875至1899年。

「星星」，出自《倫巴底索普拉菲諾塔羅》（Soprafino Lombard），亞芳多兄弟（Fratelli Avondo）發行，1874至1879年。本圖由麥克洛斯基古籍與牌卡提供。

Mond.

月亮

在漢斯・湯瑪斯（Hans Thomas）的這幅畫裡，閉著眼睛的月亮夢見了什麼？被層層雲霧包裹的虧月漂浮於空中，迷失在睡神的懷抱。月亮是否知道，即便在沉睡中，它的銀光依舊照亮我們的夜晚，促使某些物種繁衍後代，讓狼群嗥叫，使人們發脾氣或者迷信地去理髮。這顆衛星是否明白，即便它陷入催眠狀態，也會讓大量的水移動，它的牽引力造成了潮汐變化？月亮是否瞭解，當它入睡時，它仍繞著地球起舞？

到了「月亮」牌，我們再度於黑暗中相會，然而這跟「惡魔」和「塔」所統治的反烏托邦、縞瑪瑙似的黑暗，兩者顏色大相逕庭。此刻，時間突然來到塔羅的午夜，我們進入神奇的夜之維度，雖讓人感到熟悉，卻也荒謬地顯得如此特殊而不同。在這裡，我們視為理所當然的要素已經翻轉並顛倒過來了。我們位於愛麗絲鏡子的另一邊，《怪奇物語》（*Stranger Things*，2016 年在 Netflix 首播的美國科幻恐影集）裡的「顛倒世界」，這地方使我想起法國哲學家傅柯（Michel Foucault）所說的「異托邦」（heterotopia）。在《詞與物》（*Les Mots et les Choses*）一書中，傅柯描述這種**另類**的地點或散漫之地，它們真實存在，但卻是矛盾的，因為它們位於我們世界中它們自己的世界。由夜和月亮所統治的這片含糊領域，也逼使我們服從此處原生的怪異指令，而這套法則顯然違反了理性。在這個環境下，潛意識裡難以言喻的景象得以孳生，就像馬賽塔羅裡爬出池塘的甲殼動物般浮出表面。它們在黑暗中向我們現身，並不是它們表面上的樣子。

呈現早期「星星」牌風格的《格蘭高尼／查理六世塔羅》，以及其他幾種塔羅所描繪的天文學家，抬頭望向了天空，觀察頭頂巨大的弦月。這次，他不是在探究上帝的宏偉設計或天球機械學，而是在鑽研造成潮汐漲退的月亮。月亮是謎一般的女主人，掌控著潮汐能量、週期力量，以及大自然最女性化的表現。月亮是天上的節拍器，向我們透露時間消逝的節奏。在肉眼觀察下，月相構成具體的里程碑，告知我們處於大宇宙的動能之中。在《莫里內利塔羅》，科學家一手拿著圓規，一手放在沒有指針的鐘盤上。月亮的變形是視覺化的節拍，讓觀看者捕捉到時間無限的抽象概念，引導我們發明了日曆和時鐘。

左頁

《月亮》，漢斯・湯瑪斯，1910 年。

月亮每晚改變形狀的傾向使得它顯得很神秘，而且往往與愚蠢和反覆無常產生關聯。因此，我們用例如「瘋狂的」（“lunatic”，該語彙源自拉丁文 luna，意思是「月亮」）這個用語，以貶抑的意味描述那些失去理智的人，以及我們也相信暴露在滿月的月光下，可能會影響心理健康。按照塔羅傳統，「月亮」牌往往與妄想行為、煙霧和鏡子、心理投射以及我們如何建立自己的幻覺有關。

若干塔羅牌將黛安娜（Diana）描繪成優雅的狩獵女神、荒野女神和月神，因為她在古羅馬時代被尊奉為與希臘黑卡蒂（Hekate）女神有關的三位一體女神。她涉及天空、陸地和陰間領域的三重表現，這符合她不斷改變、盈而復虧的存在狀態。她身旁的狗既是獵犬也是陰間領路者，這個細節反映在許多典型的牌卡上，這些描繪呈現了月光照射下的地景，有兩隻犬科動物，一隻狼和一隻狗；前者是野生動物，後者是家畜，兩隻都在嗥叫，服侍神聖的月亮。

在大阿爾克納敘事序列的脈絡下，我們應該從這張牌學到什麼功課？這個答案可能見於一段據稱作者為聖雄甘地（Mahatma Gandhi）的引文：「每晚上床睡覺時，我便死去。隔天早上醒過來，我又重生。」月亮的黑暗對我們而言，不像「惡魔」和「塔」那樣的戲劇化，因為故事說到這裡，我們理應瞭解死亡不只是結束，也是一種轉化。拋下對結束的恐懼，我們便能輕鬆過渡到夜之國度，因為我們確信會再度見到白晝的天光。「月亮」牌道出「命運之輪」所引介的事：當我們認為時間是一種線性的連續體，那其實是種錯覺，一個不存在於自然世界的抽象概念，因為自然世界中的一切都是循環往復的狀態。自從在第十三張大阿爾克納遇見死神後，在等待與宇宙整體重聚之前，我們的故事不停的循環，並且繼續發展中。我們在每晚入睡時失去意識，但並不感到恐懼，因為我們會醒來。「月亮」牌是我們輕鬆以對的短暫黑暗時刻，並明白從這裡開始，我們可以相信黎明會再度升起。

上左

「觀月者」，出自所謂的《格蘭高尼／查理六世塔羅》，十五世紀，義大利北部。

上右

《艾斯特塔羅》的天文學家，月光之下完美的圓，1450 年，義大利。

上左　佛羅倫斯明奇亞特牌的「月亮」牌，作者為喬凡・莫里內利，發行於 1710 年代，顯示一名男子用圓規指著月亮，他的另一隻手握住象徵時間循環推移的鐘盤。

上右　狩獵女神黛安娜和她的狗。出自波隆那式牌組《米泰利塔羅》的「月亮」牌，約 1670 年在義大利羅馬發行，朱塞佩・米泰利雕版。

下左　顯示拿著紡紗桿的女子的「月亮」牌。我們可以猜想這張牌代表命運三女神（Moiras）之一克洛若（Clotho），這是一張描繪時間流逝的獨特寓意畫，出自《維耶維爾塔羅》，1650 年代，法國。
下右　手持弓箭的羅馬月亮女神暨狩獵女神黛安娜。出自《馮斯華・德・普瓦伊明奇亞特牌組》，1658 至 1693 年間在法國發行。

右頁
附有日曆和顯示月相刻度盤的鐘錶，由鐘錶大師讓・瓦里耶（Jean Vallier）製作，1630 年於法國里昂。

SABBATO DOMINICA LVNEDI MARTEDI MERCORE GIOVEDI VENERE
VER

上
《夜的化身黛安娜》（*Diana as Personification of the Night*），安東·拉斐爾·門斯（Anton Raphael Mengs），約 1765 年。

「月亮」牌，出自蘇珊·博納汀發行的塔羅牌，1816 至 1868 年法國馬賽。

「月亮」，出自《讓·多達爾塔羅》，1701 至 1715 年在法國里昂發行。

「月亮」牌，描繪了伸出舌頭的狗，出自某副雙頭塔羅，1880 年代發行。

雙頭德拉羅卡式塔羅，阿瑪尼諾兄弟發行，義大利熱內亞，約 1887 年。

太陽

那裡，一切盡是秩序和美，
豐盈、平靜和歡愉。

——波特萊爾（Charles Baudelaire），
《惡之華》（*Les Fleurs du Mal*）之〈邀遊〉（“Invitation au Voyage”）

終於，我們上升回到地面！在深入昏暗迷宮的無盡歷程後，我們再度迎向耀眼的金色光芒，以及令人再感激不過的宜人土地。我一向認為「太陽」牌關係到從亡者之地返回的極點回歸，因為我讀出這張大阿爾克納與一五一五年格呂內瓦爾德（Mathias Grünewald）所繪製的《伊森海姆祭壇畫》（*Isenheim Altarpiece*）「復活」圖之間的關聯。在這個驚人的畫面中，容光煥發的基督從容納他屍身「三日三夜在地裡頭」的墳墓中現身。基督浮在空中，張開雙臂露出手上的釘痕，他的臉擴大並消散成一顆巨大的太陽光球。畫中的一切都使人想起一種超自然的勝利，一場神秘轉變的尾聲，當中一度為人子的耶穌被改造，重生成為神，可謂基督教版的阿波羅。當他的身體消融成一團如空氣般輕盈的火球，我們可以看見他輕輕地對我們微笑。憑藉這幅散發光芒的圖畫，不管我們是不是基督徒，都應該明白，「復活」作為一個似是而非的隱喻，代表了一種爆發式的恢復平靜，一種令人喜悅的消解，一種個人和集體對於光、敬畏和狂喜的體驗。

我們就像基督一樣，被埋入「惡魔」與「塔」的陰間勢力範圍。在「星星」的引導，以及「月亮」天鵝絨般的黑暗撫慰下，現在我們上升回到充滿情感溫度的巍峨之地。一個單純、遼闊和不具挑戰性的領域，距離我們剛剛留下的謎題數里之遙。來到「太陽」牌，理性的時鐘已經往回走。我們被投射回到一個黃金時期、如孩子般天真的年代，不受恐懼的牽累。這個主題被描繪在許多「太陽」牌裡，呈現一個無憂無慮的幼童，在所謂的《孟特尼那牌》中是少年赫利奧斯，或者，在《象形文字塔羅》中則是一名青年，在此僅列舉幾例。「太陽」牌激發了大量的恢復力，在圖像上經常藉由血的顏色紅色來傳達，讓生命力回流到我們身上。在典型的維耶維爾「太陽」牌，圖中孩童騎著一匹套上猩紅色胸帶的馬匹，他們馳騁的速度讓男孩手持的旗幟跟著在空中飄動。

左頁
「基督的復活」，《伊森海姆祭壇畫》局部，格呂內瓦爾德繪製，1515年，法國阿爾薩斯省科爾馬（Colmar）恩特林登博物館（Unterlinden Museum）

在馬賽塔羅和其他牌組的「太陽」牌中，那兩個面對面的人物是誰？對此似乎無人達成共識，而且我們發現在不同的牌卡上，會有不同的圖像學解釋，這不是沒有道理的。亞當和夏娃、亞伯和該隱、一對戀人，還有根據智利詩人亞歷杭德羅・霍多羅夫斯基的說法，他們甚至是惡魔般的人物。某些「太陽」牌上的兩個裸體嬰兒或男童，讓許多人認為他們事實上是卡斯托（Castor）與波路克斯（Pollux）。兩兄弟是朱比特的兒子，被納入黃道帶星座雙子座——某個有趣的詮釋是這麼闡釋的：據說這對天上的雙胞胎騎術絕佳，因此通常會跟馬一起出現，而馬也見於若干的「太陽」牌。

我最喜歡的大阿爾克納「太陽」牌或許出自《艾斯特塔羅》，這副十五世紀的牌組收藏於班內基圖書館，我特別欣賞它的獨特設計和它所述說的故事。圖中男子坐在圓形容器裡，高舉著一隻張開的手，伸向站在他面前的那個花花公子般、衣著高雅的人物。這名男子不是別人，正是希臘思想家錫諾帕的第歐根尼（Diogenes of Sinope），犬儒派哲學的創建者之一，他多姿多采的人生中不乏怪異的故事。據說他過著流浪漢的生活，遵循自然法則，極度鄙視世間財富。傳說講到他住在一個大土桶中，而且經常被描繪成坐在這個桶子裡，四周被狗包圍，分享他那受到本能驅使的奇怪習慣。第歐根尼是著名的哲學家，但也充滿了爭議，因為他的猥褻噱頭而惡名昭彰，例如在宴會上朝賓客撒尿，還有對榮譽和權力的漠視，以及運用機智去挑戰傳統的事蹟。

這張與太陽有關的牌描繪了關於第歐根尼最出名的故事：某次，亞歷山大大帝前來拜訪他，要提供他經濟上的協助。「你儘管開口向我要求任何恩惠。」亞洲之王亞歷山大說。故事說到當時第歐根尼正躺在地上享受晨光，他回答亞歷山大：「站到一旁去，別擋住我的太陽。」第歐根尼揮手趕走了亞歷山大，就像我們揮手驅趕法式糕餅上的蒼蠅，表明他壓根不在乎亞歷山大能給他什麼東西。對他來說，陽光才是大自然的真金。這張「太陽」牌引領我們充分沐浴在陽光裡，接受它所帶來的純粹喜悅和豐饒。

右頁

出自《維斯康提－斯福扎塔羅》的「太陽」牌，據稱作者為安東尼奧・奇科尼亞拉，1480 至 1500 年義大利米蘭。

太陽騎兵隊的幼童騎著一匹披戴著紅色挽具的馬，出自《維耶維爾塔羅》，十七世紀，法國。

「伊里亞科」（Iliaco）——年輕的太陽神赫利奧斯——手持太陽光球，出自所謂的《孟特尼那塔羅》B 系列第三十一張牌，約翰·拉登斯佩德發行，十六世紀。

羅馬太陽神「阿波羅」手持七弦豎琴，出自《米泰利塔羅》，1660 至 1670 年在義大利羅馬發行。

出自《貝桑松塔羅》的「太陽」牌，1845 至 1860 年。

仿傚《阿爾諾塔羅》的「太陽」牌，格里莫發行，1891 年，巴黎。

出自明奇亞特牌組的「太陽」牌，十七世紀在義大利佛羅倫斯創製。

佛羅倫斯的明奇亞特牌組的「太陽」牌，喬凡・莫里內利發行，1710 年代。

「太陽」牌，顯示一名身穿多彩服裝的男子和赤裸著上半身的女子，出自《諾貝雷塔羅》，1659 年。

盛裝打扮！出自某副馬賽式塔羅的「太陽」牌，由加斯曼（Gassmann）在瑞士日內瓦發行，1850 至 1870 年。

桶中的第歐根尼在嘲弄亞歷山大大帝，出自《艾斯特塔羅》，1450 年，義大利。

上

《第歐根尼》，讓－李奧·傑洛姆（Jean-Leon Gerome）繪製，1860 年，美國馬里蘭州巴爾的摩，現藏於華特斯美術館（Walters Art Museum）。

與凱撒有關的「太陽」牌，出自一種天文學和地理主題的教育遊戲牌。

烈日下伊甸園裡的亞當和夏娃，出自戈代設計的雙頭塔羅，1860 至 1889 年在巴黎發行。

星辰主題的占卜牌《十九世紀巴黎術士塔羅》（*Sorcier du xixe Siècle Tarot Parisien*）的「太陽 As」，由帕拉·赫密士（A. de Para d'Hermes）予以概念化，1867 年在巴黎發行。

「太陽」牌，出自奧斯瓦爾德·維爾特的《中世紀畫家塔羅》，1899 年。

LE JUGEMENT DERNIER.

Les 12 Apôtres.

St. Jean-Baptiste.

Les Patriarches et les Prop

Arc-en-ciel.

La Sainte Vierge.

St. Michel.

Allez, maudits, au feu éternel

Tombeau de Madame de Chantal.

St. Ignace.

St. Vincent de Paule.

Levez-vous, Morts, et

venez au Jugement.

A ÉPINAL, CHEZ PELLERIN, IMPRIMEUR-LIBRAIRE

審判

「死者，站起來，前來接受你的審判！」這張埃皮納勒（Epinal）塔羅底端的一小行印刷文字，說出這句帶有威脅意味的話，旁邊點綴著一個骷髏圖。上方呈現一幅令人不安的景象，我們看見上帝現身於天空中，手持著象徵全能權柄的神聖律法。這位留著鬍子的天主身旁有他的兒子耶穌基督、聖母瑪利亞、施洗者約翰，以及《聖經》中的眾多族長和其他班底成員，包括在這個天國法庭擔任大陪審團的使徒。色彩鮮艷的法庭座落在蓬鬆的雲層上，向下俯視我們——這場審判的確非常公開。地面上一片混亂，死者紛紛復活，被天使喧騰的號角聲喚醒。赤身裸體的人一臉茫然，狂衝出他們的墳墓，在原野上奔跑，直到被天使或惡魔逮住。這些奇怪的密使像牧羊人那樣，將無知無覺的羊聚攏成群，根據要前往的最終目的地把人群分成兩組，有時顯然不顧他們的意願。

畫面中央，大天使聖米迦勒（Saint Michael）同時在鎮壓邪惡大軍，保護脆弱的受審判者。米迦勒配備一柄劍和一具天平，這兩種屬性讓人想到象徵公平公正的「正義」牌。在這個充滿張力的壯觀場面中，他的任務是替靈魂秤重，計算善行和惡行的數量，並為那些獲准進入天國的候選者闢出一條安全通道。

在塔羅中，「審判」牌的創造靈感顯然來自「最後審判」的圖像，這個主題直接借用基督教的「末世論」，以及預示末日來臨時我們將會面臨的災難。「最後審判」的情景在中世紀和文藝復興期間被大量描繪，出現在許多教堂和祭壇，數量之多和陰沉的特性使它們獲得「毀滅畫作」（“Doom paintings”）這個不祥的稱號。如同任何藝術比喻，它們也遵循著一套視覺規則，而且最顯而易見的是，我們並非在見證一個快樂的結局。成群的靈魂要嘛得救，要嘛被打入地獄，他們懇求的手勢傳達出直觀的恐懼。斯特凡・洛赫納（Stefan Lochner，約 1415-1451 年，國際哥德式藝術時期後期的日耳曼畫家）繪製的《最後審判》中，我們看見天堂與地獄的寓意畫，分別呈現為完美的大教堂和著了火的堡壘。當我們注視這些嚇人的畫面，肯定會將違反神聖律法時必須冒的風險銘記在心。

話雖如此，我們在塔羅中遭遇的情景突然變得不同了，「毀滅畫作」的傳統視覺手法已經消退。「審判」牌重新架構出一條獨特的故事線，「審判」牌沒有「毀滅畫作」中狂亂的沉重感，也沒有太多令人不安的喻意，畫面裡不存在憤怒的上帝，而且焦點多半放在吹響號角喚醒死者的天使。大多數的「審判」牌呈現了從墳墓中現身的人們，但他們的身體語言傳達出對此事的平靜態度。有人雙手交十，肅穆地在祈禱，有人欣喜欲狂，對著天上的音樂家舉起雙臂。他們模樣平和，看似一直在等待這件事的到來，也有一些人貌似藏不住內心的激動。最重要的是，這些圖

左頁

「最後審判」，佩爾蘭（Pellerin）在法國埃皮納爾發行，1876 年。法國國家圖書館館藏。

像絕不會顯示地獄或惡魔，或許這能說明為何「審判」牌中的靈魂從來不令人感到害怕。說來奇怪，我們已經穿越過地獄之路，去了一趟地獄又回來。如我們所見，在大阿爾克納的敘事中，出現惡魔和相關的虐待場景是屬於「惡魔」和「塔」牌的領域，而我們已經去過這些地方，並且倖存下來。

「審判」牌作為寓意畫，以獨特的方式最後一次呼應塔羅中清楚表達的生、死和重生的議題。不同於我們的期待，「審判」牌展開一個快樂結局，預告了「世界」牌的高潮尾聲。隨著本章緩緩結束，現在我們明白，被稱作「死亡」這種令人害怕的東西，只不過是通往其他許多牌、許多故事的過道。「審判」牌是一張要你放下恐懼去體驗「死亡」的牌，在這當下，我們坦然面對轉變。我們鼓起勇氣欣然接受它，即使我們不知道在舒適圈之外等著我們的是什麼。

右頁

「最後審判」，斯特凡・洛赫納，
板面畫，1435 年。

起來！《格蘭高尼／查理六世塔羅》「審判」牌，在聽到天使的號角後，許多復活的死者跳出墳墓。

出自《不具名巴黎塔羅》的「審判」牌，1600 至 1650 年在巴黎發行。

出自《尼古拉．康威馬賽塔羅》的「審判」牌，1809 至 1833 年間發行。

獨特的手繪牌組，仿傚《阿爾諾塔羅》，1850 至 1900 年間創製。

左頁

這是一張罕見的「審判」牌，上帝高高在上俯視底下發生的事。出自《維斯康提－斯福扎塔羅》，據稱作者為博尼法喬．班波，創作於義大利米蘭，約 1480 至 1500 年。

出自某副雙頭牌的「審判」牌，戈代發行，1860 至 1889 年。

「審判」牌，出自史帝法諾・維格納諾的塔羅牌，1827 年義大利北部。

出自《貝桑松塔羅》的「審判」牌，1820 至 1845 年由耶爾格（J. Jerger）發行。

「最後審判」牌，出自《大埃特拉／埃及塔羅》，1876 至 1880 年在巴黎發行。

上左

出自《大埃特拉／埃及塔羅》的「最後審判」牌，1850–75 年在巴黎發行。

上右

木乃伊從石棺中復活，奧圖．韋格納繪製，作為《占卜塔羅的二十二張奧秘牌》（*Les XXII Lames Hermetiques du tarot Divinatoire*）的插圖。書的作者羅伯特（Robert Falconnier）試圖復原（或想像）《托特之書》圖像原本可能的模樣。

世界

我

跳著舞，跳出子宮外
我跳著舞，跳出子宮外
舞跳得這麼快，不會很奇怪嗎？
我跳著舞，跳進了墳墓。
然而接下來再一次
又一次
我跳著舞，跳出子宮外
——《宇宙舞者》，馬克・波倫，1971 年

在馬克・波倫（Marc Bolan）一九七一年的空靈民謠《宇宙舞者》（“Cosmic Dancer”）中，這位性向不明的頑童、傳奇樂團 T. Rex 光芒四射的主唱，給了塔羅師們樂於思索的東西，當我們試著解讀最後一張大阿爾克納牌「世界」。波倫在他那異想天開的寓言中運用第一人稱觀點，以迷幻的歌詞描述「存在」本身就像能量的流動之舞，來自宇宙，從天而降，透過和諧流暢的動作將生命注入我們的身體。這個不間斷的循環，波倫在他迷人的搖滾經典中輕聲低唱，漠然地帶領他從子宮走向墳墓，再回到子宮。當我試著取出「世界」牌——我們的圖像之旅的最終影像，或者看來如此——這首我打從年輕時就聽過的溫柔迷幻歌曲浮現在腦海中。

事實上，「世界」是塔羅的開始和結束。雖然第二十一張牌將大阿爾克納的敘事序列帶到終點，但這個尾聲卻隱含了新循環的伊始，是高潮的結局和孕育的休止。如同在各歷史時期的「世界」牌中所見，我們全都走在一條繃緊於兩根對立的柱子間的繩索上，在成熟與更新、男性與女性、一切與無有……等看似矛盾的狀態中優雅地行走。大阿爾克納的「宇宙舞者」就像波倫歌曲裡的人物，以最優雅的方式在兩個極端之間款款起舞。對他來說，沒有什麼事是不可能的，他調停和平衡一切。他天真單純且全知全能，輕輕鬆鬆就將不可能的現實結合在一起。

「世界」牌的主題十分有趣地隨著時代而改變，最終才以宇宙舞者為核心固定下來。在最早的塔羅牌中，「世界」牌描繪了城市，亦即世俗世界，像圓形獎章中的一顆寶石。在卡瑞－耶魯「世界」牌中，我們可以看到義大利北部某海港熙攘的生活，港灣裡的船隻說明了活躍的貿易活動和財富的流通。「世界」牌往往呈現這類世俗景象，由提供庇佑的神明或寓意人物護持著，或現身

左頁
羅馬浮雕，描繪法涅斯從蛋中現身，四周環繞著黃道帶，西元第二世紀。收藏於義大利摩德納的伊斯坦西美術館（Gallerie Estensi）。

於它們的上方。我們的世界看起來就像被容納在神的世界裡。如同在「命運之輪」中，我們的現實看起來像個小宇宙，而這個小宇宙含納於一個更大的神聖大宇宙，是某種精神力量和強大的神明所主宰的眾多同心圓裡的一個彈丸之地。

某些經常讓我們聯想到「世界」牌的圖像，似乎約於十七世紀才出現。圖中被桂冠環繞的中央人物手持一根權杖，有時是兩根，四周則是容身於壁龕裡的一頭獅子、一頭公牛、一隻鷹和一位天使。我們的現代眼睛已習慣了翠綠花圈中的女性人物，但早期「世界」牌裡的長髮舞者遠比二十世紀的「世界」牌舞者更加顯得雌雄同體。我們可以想像他們就像那首 T. Rex 樂團的歌，回復到一種宇宙性別不明確的化身。

在《維耶維爾塔羅》的「世界」牌，站在花圈裡的人物頭上出現金色的光環，那是一種在基督教脈絡下重構了的聖徒屬性。這人可不可能是基督？在由四個部分組成的構圖中，這個形象援引了描繪基督坐在寶座上的「莊嚴基督」，此設計正出現在基督教草創時期。圖中被杏仁形光環包圍的神子舉起手賜福，周圍環繞著「以西結四活物」，他們是福音傳播者的象徵性替代物：聖馬可是獅子、聖約翰是鷹、聖路加是公牛，聖馬太是天使。

許多人相信「莊嚴基督」的視覺結構，事實上借用了較早期描繪羅馬神祇法涅斯（Phanes）的藝術手法，在基督教的草創期，法涅斯仍然在奧菲斯秘教（Orphic，相傳為奧菲斯所創的古希臘神秘宗教）的傳統下受人膜拜。法涅斯從一顆銀蛋中孵化，是太古的創造和生育力之神，通常被描繪成從破裂的殼中跳出來，身上纏繞著蜷曲的蛇，一手持雷電，一手持權杖。他的身體包含在另一個蛋的世界裡，風神的四張臉吹拂著這個蛋形黃道帶，因此產生了無止境的運動。雖然被畫成帶有男性屬性，但生有金翅的法涅斯在奧菲斯讚美詩中被描述成雌雄同體，既是男性也是女性，含有「所有神明的種子」，能將靈魂注入無生命的物體中。

由於命運的奇怪轉折，法涅斯似乎陰錯陽差地與雌雄同體的「宇宙舞者」產生了關聯，後者同樣也將結束與開始密切結合，使相反的力量達到一個完美平衡。「世界」牌裡這位女性人物的出現，我們不妨推測，可能是為了從牌卡遊戲中抹除對基督形象的參照。她的女性特質被一條環繞著身體的飄揚披巾適度地遮蓋住，如同法涅斯，她被包含在由月桂枝葉編成的花環中，花環象徵勝利，同時也象徵子宮似的神聖領域。這是大阿爾克納的勝利結局，對比出結束與開始的自相矛盾，喻示完整、孕育和永恆，也是高潮來臨的時刻。經由這段旅程，我們達到一種優雅的狀態，銜著自己的尾巴並結束這個迴圈，漂浮在充滿喜樂願景的羊膜液中。

右頁
騎士和水手，塔和渡海的船。這張牌將義大利北部忙碌的大都市描繪成「世界」，出自《維斯康提．迪．莫德隆／卡瑞－耶魯》牌組，據稱是博尼法喬．班波於 1428 至 1447 年間繪製，班內基圖書館館藏。

由堡壘城市和起伏的山巒所構成的世俗世界，懸浮在天國的藍色雲層中。出自所謂的《查理六世／格蘭高尼塔羅》牌組，十五世紀義大利北部。

失落在無窮無盡的「時間」——以小天使手中的沙漏作為象徵——中的「世界」。出自《普瓦伊明奇亞特牌》，由馮斯華．普瓦伊創作，1712 至 1741 年在巴黎發行。

出自《艾爾．利昂塔羅》（Al Leone Tarot）的「世界」牌，十七世紀後期發行，作者為法蘭西斯科．伯蒂（Francesco Berti），在倫敦大英博物館被裝訂成一本小書。

《維耶維爾塔羅》中形似基督的人物，約於 1650 年代在法國發行。

赫密士／墨丘利站在桂冠獎章上，透過舷窗，我們好像看見了四元素。水與風在上，火和土（以城市的兩座塔為象徵）在下。出自《塔端塔羅》，十七世紀。

「世界」，出自《讓·多達爾塔羅》，1701 至 1715 年在法國里昂發行。

「世界」，《讓·帕揚塔羅》（Jean Payen Tarot），1743 年在法國亞維農發行。

旋轉的球體上有四個正在吹氣的小天使，充當臺座的球體頂端站著看起來像邱比特的天使。這張「世界」牌出自某副佛羅倫斯明奇亞特牌，喬凡．莫里內利於 1712 至 1716 年間發行。

「莊嚴基督」，被以西結四活物構成的杏仁形光環所環繞。出自中世紀泥金裝飾手抄本《布魯赫薩爾抄本》（*Codex Bruchsal*），1220 年。

出自《貝桑松塔羅》的「世界」牌，1793 至 1799 年。

自《阿爾努與安普霍克斯塔羅》的「世界」牌，1801 年。

類似阿特彌斯（Artemis，希臘神話中的月神和狩獵女神）的女神戴著新月王冠，出自雙頭皮埃蒙特塔羅，由瓦卡．吉昆托（Vacca Giacunto）於 1875 至 1880 年間發行。

「旅程－地球」：《小神諭牌》的第一張牌，從埃特拉牌獲得靈感的占卜牌，1890 年發行。

下左

「人與四足獸－旅程－地球」：《夫人神諭大遊戲》的第五張牌，埃特拉牌的另一個衍生物，由雷加米設計，十九世紀末在巴黎發行。

下右

「世界」牌，出自《路徑重要象徵畫集；致聖玫瑰紅與金色十字教團儀式插圖》（*Album of the Great Symbols of the Paths; Illustrations to the Ritual of the Most Holy Order of the Rosy and Golden Cross*），亞瑟．愛德華．韋特委託藝術家威爾弗里德．皮佩特（Wilfried Pippet）和約翰．特里尼克（John B. Trinick）製作，常被視為韋特的第二副塔羅牌。

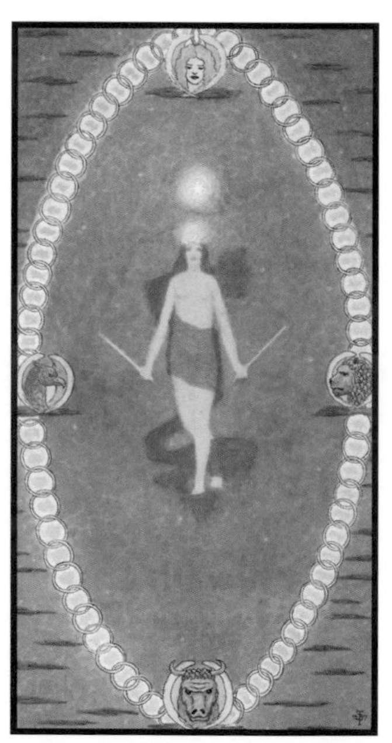

小阿爾克納

ROI·DE BATON
VALET·DE·BATON

如果說，大阿爾克納是奧秘塔羅頭頂上的珠寶，那麼五十六張小阿爾克納的重要性也不遑多讓，它們透過聖杯、權杖、錢幣和寶劍花色中包羅萬象的四倍敘事，構成了一個象徵性的堅實網絡。這些日常生活事物的四重奏，每一部分都由十張稱作「花色牌」的數字牌構成，加上四個不同階段的宮廷人物——侍從、騎士、皇后和國王。從歷史角度來看，上述數字牌和宮廷牌的出現早於塔羅大牌，構成了許多牌卡遊戲的核心，這些牌卡形成於十四世紀的地中海歐洲，並迅速傳播到其他地區。這些富含比喻意涵的人工製品出自何處？其中一個最可靠的假設是由麥可·達米特等學者所發展，而他們認為這些牌卡的起源可能是埃及馬木路克王朝統治期間的某種阿拉伯牌卡遊戲，時間最早可追溯到十三世紀。根據這個理論，這個摩爾人的遊戲已隨著蘇丹國與義大利和伊斯蘭西班牙的貿易活動而進入西方世界。雖然這些早期牌卡並沒有留存下來，但有一套不齊全的十五世紀牌組在四〇年代被考古物家利奧·麥爾（Leo Mayer）從伊斯坦堡托普卡帕宮博物館（Topkapi Palace Museum）的檔案館發掘出來。這套裝飾極盡華麗的馬木路克牌組，以鈷藍、金、紅和綠色顏料手繪而成，同樣具備四種花色——聖杯、錢幣、馬球杆，以及中世紀伊斯蘭世界所使用的短彎刀。看見這些牌卡，我們容易理解為什麼人們相信它們是原型圖樣，可以衍生出諸如西班牙遊戲牌或馬賽式塔羅花色牌這類產品。

卡普蘭在他的《塔羅百科全書》中提到，二十世紀初期的藝術家暨充滿詩意的開拓者潘蜜拉·柯爾曼·史密斯——受神祕主義者亞瑟·愛德華·韋特的委託，繪製出一套神秘難解的塔羅牌——她當時已經能看得到保存於大英博物館的索拉·布斯卡牌組的複製品。這個早於一九〇九年萊德－韋特－史密斯塔羅牌的十五世紀義大利牌卡遊戲，似乎是已知唯一一個全部運用寓意圖像來呈現的花色牌組，牌中描繪多采多姿的羅馬帝國人物，還有神聖萬神殿中的諸神，以費拉拉的風景為背景，展示了他們栩栩如生的日常活動。某些牌卡，例如「聖杯皇后」或「寶劍三」中被刺穿的心臟，在在說明這副牌的影響力。

亞瑟·愛德華·韋特一絲不苟地將大阿爾克納秘傳的內容予以概念化，但在他的《塔羅圖像之鑰》（*Pictorial Key to the Tarot*）中，對於小阿爾克納卻沒有太多著墨，而且表面上看來，他對牌面的設計也較不感興趣。有可能，他只給潘蜜拉下達了極少的指示，或者完全沒有指示，授意潘蜜拉自由發揮，將抽象的花色牌轉變成她屬意的前拉斐爾式圖像寓言。潘蜜拉憑藉著生氣蓬勃的優美造型和精湛的藝術造詣，成功為這套被忽視的花色牌系統注入了生命，用簡潔的線條傳達有力的故事。透過她的作品，無數窺得門徑者能夠全面瞭解這些牌，並理解它們深刻的象徵意義。如此一來，潘蜜拉為往後世代徹底改革了解讀塔羅牌的作法，她的作品做出了巨大的貢獻，使萊德－韋特－史密斯牌組成為暢銷百餘年的經典塔羅牌，並讓往後世代的許多塔羅藝術家獲准在小阿爾克納上進行視覺實驗。「潘蜜拉·史密斯大筆一揮，」瑞秋·波拉克說，「成就了一個新傳統。」[1]

前一頁

顯示未裁切的十二張花色牌的滿版印刷，包括寶劍花色牌、「寶劍一」、「寶劍侍從」、「權杖國王」和「聖杯一」，出自比利時的范登博雷牌組，1790 至 1850 年間創製。

下個跨頁，從左到右

「馬球杆第三代理人」、「聖杯七」、「短彎刀五」和「錢幣國王」，出自復原的馬木路克牌組，于爾里克·凱爾滕博恩（Ulrich Kaltenborn）／ Trzes-Art 創製，2019 年。

在占卜塔羅中，傳統上每個花色各自散發一種特定的能量，具備自己的象徵領域。如同羅盤上四分之一個圓周上的四個基本方位，這四種花色在擁有無限可能性的光譜中，各自指出一個清楚的方向。小阿爾克納從一到十的完整順序，捕捉住流動中的敘事的十個片刻，在升降和推拉之間的緊繃過程中，形塑或引導我們。它們好比人類學家坎伯（Joseph Campbell）予以理論化的單一神話樣板，用來訴說一個故事，利用出發、遭遇、通過閾限空間（liminal space），以及在主角回歸現狀之前，形成讓他一路上學到教訓的一連串障礙。在當代塔羅實務中，編上號碼的花色牌被認為反映出我們內在與外在的日常經驗。我們那世俗但極其實在的生活透過小阿爾克納逐一展開，當中存在著許多障礙和歡樂、希望和恐懼，以及種種偶然發生的事，然而，我們有能力採取行動來面對現實情況。

同樣的，侍從、騎士、皇后和國王也受到其花色、以及他們所具備的特定敏感性所支配。在當代塔羅實務中，他們往往（但並非絕對）與心理化的人物和人格類型有關，無論用來表示我們的人格片段，或社會群體、制度，以及受我們吸引的人。

下一頁，我們將探索這四種花色、受這些花色庇護的十四張牌，還有它們所代表的原型力量，並利用屬於遊戲和占卜領域的美麗牌卡——全都具備西班牙－義大利花色系統——來闡明這些觀點。許多世紀以來，我們有多種詮釋塔羅的方式，諸如占星學、命理學、煉金術、卡巴拉或基督教神秘主義等傳統，都曾被用來瞭解和解開塔羅的象徵意義。我們相信這世上有多少塔羅師，就有多少種解牌的方式，接下來的詮釋應該視為僅供個人思索的起點，絕非想要妄稱是決定性或教義式的詮釋。

DIES
RE IO½
OCTVBER

錢幣花色

在我的某堂課裡，我安排了自由聯想遊戲，邀請學生依據他們對牌卡的認識和直觀的感覺，將小阿爾克納「數字一」牌與四季中的某個季節配對。雖然他們提出許多想法，但常常不由自主地將「錢幣一」與秋天聯想在一起，那是因為「錢幣一」與土元素的關聯，以及對於收穫季節的聯想，從而產生了這種配對方式。傳統上，錢幣關乎勞動和對金錢的關切，錢幣也支配一切有形的、或講求實際的事物，例如作為一種官能領域的人體、我們與大自然及其週期循環的關係，還有更大規模的物質經驗。許多塔羅師想利用跟農業有關的比喻，來瞭解和傳達那些在錢幣花色中起作用的東西，某些塔羅牌，例如萊德－韋特－史密斯或《費奧多爾．巴甫洛夫塔羅》（Fyodor Pavlov Tarot），非常直接地利用農業寓意人物（好比耕作土地的人）來感激土地所創造的豐饒。在看完整個錢幣序列後，我們應該自問：你播種了什麼，還有你收穫了什麼？你如何照顧自己的田地？有多少計畫和念頭被你棄之不顧，現在正在枯萎？誰在享受你辛勤工作的成果？現在是否應該讓田地再度變成荒野，讓你自己古老的那一面接管以待復原？在仔細考慮牌中那些黃金圓盤時，我們深入思索事物顯化的過程，以及等待緩慢的成熟。我們耐心學習，瞭解到事物的實現需要時間和努力，方能在有形世界中產生價值。

錢幣花色也代表我們想要吸收、沉迷和消化的欲望，並幫助我們探索這個過程如何餵養自己的各個部分。當然，唯物論所引發的消化不良，或貪婪造成的胃酸過多等這類陰影，隱約籠罩著每一個人，但我們應當記住，事情會有兩種結果，照顧自己的需求是必要的。畢竟，我們是有形的血肉之軀，受制於對滋養、安全感和愉悅的統一需求，其餘的時候則靜靜地尋求如何去平衡消耗，而不被消耗掉。

最後，我樂於相信這些經過壓鑄、閃閃發亮的金屬片，道出了我們象徵性地依附於物體或物質的文化價值，還有這些金屬片如何用來表現身分地位。它們可以被解讀成我們生來想要歸屬於某個群體，而非另一個群體的需求。錢幣的另一面，當然了，使人想起我們害怕被流放，被逐出這些群體的恐懼，因為這麼一來，我們將無法完成或產生社會期待我們做到的事。就此而言，錢幣花色要求我們去定義繁榮興旺對於個人的意義，以及要產生如此深刻的想法，需要什麼能量和方法。

左頁

十月，一年中的第十個月份，圖中人物撒出大把種子，播種在他的土地上。圖為十二個赤陶圓盾的其中一個，大約在 1450 年由義大利陶瓷藝術家盧卡．德拉羅卡大師（Master Luca Della Rocca）創製，用以裝飾佛羅倫斯銀行家皮耶羅．迪．科西莫．德．梅第奇（Piero di Cosimo de' Medici）的工作室。收藏於倫敦維多利亞與艾伯特博物館。

錢幣一：像一個填滿大部分牌面空間的太陽圓盤，金色的錢幣球體以樂觀的光芒照亮整張牌。如同其他所有的數字一牌，「錢幣一」允諾一個新的開始，並向我們展示一片肥沃的土地，在那裡可能出現新的財富。就視覺和比喻的角度來看，錢幣一像一粒種子，一個緻密的物質微粒，不起眼地藏身於潮溼的土壤，慢慢飽吞四周的營養。某天，它的外殼會迸裂，分化出生命。觸手狀的根會將這個新生的、且不斷變得更複雜的生物扎進更深的土裡，而它的芽會突破地面，現身陽光下。「錢幣一」在相當大的程度上預示著意外且往往不可見的過程，在這個過程中，物質面的機會——新的職業跑道、獲利、新關係、價值千萬的點子——可能在任何時刻降臨在我們身上。然而，就像種子具備了強大的生殖力，偶發的事件也一樣，我們有責任餵養它們，幫助它們度過難關，並明確規劃我們的願景，這麼一來它們才能慢慢浮現，變成可觸知的現實。

錢幣二：一加一等於二，數字二代表兩個各自存在的實體之間，透過積累的過程而發展出一段新關係。就此意義而言，「錢幣二」在談這兩個對立的選項，以及底下流動的東西。一件接一件的事情，彼此之間有一種節奏式的間隔。萊德－韋特－史密斯塔羅，甚至更早的西班牙遊戲牌的「錢幣二」，都描繪了拋擲錢幣或鈴鼓的雜耍藝人，當中的不平衡和意外為這個節奏增添腎上腺素。有時這張牌似乎在談一個進退兩難的困境，兩者擇其一。有時它涉及一種必須進行的協商，其間兩股力量部分和諧地融合在一起，同時又保有各自的完整性。為了在跳舞時跟上這個不可預測的節拍，我們必須具備適應力，明白自己的優先順序，就像日本舞踏舞者優雅地與自己的僵硬動作奮戰。

錢幣三：在命理學中，數字三代表創造和最初的完成。隱匿懷孕的時刻已經結束，埋藏的種子此時扎根在土裡，朝天空伸出新芽！傳統上，「錢幣三」結束了第一個完成階段，顯現一個人努力、犧牲和工作所獲得的結果。從一個念頭和一幅藍圖中誕生的房子，現在開始拔地而起，向上佔據空間；為了不倒塌，它需要投注比以往更多的關注。「錢幣三」的能量感覺起來巨大和脆弱，需要不只一個人的專門知識才能加以鞏固，迫使我們得去仰賴別人的經驗，或者培養新的技巧。只要一陣風，幼苗就可能被連根拔起，一旦不敢開口求助或借重別人的長才，下場正是如此。「錢幣三」是協力合作的縮影，結合在一起的元素，會創造出大於部分之總和的成果。

錢幣四：穩定性與安全感是「錢幣四」表明的概念，牢固的平衡透過四方形的合理性展現出來。這張牌總是由緊湊的設計所支配，顯示事情按部就班時的完成狀態。當我們終於找到正確的圖塊來完成讓人傷透腦筋的拼圖，我們自然而然會獲得滿足感。這種感覺可能正是「錢幣四」的要義，也就是我們想追求終極完美的欲望，會使得我們感到無力，到頭來不利於行動。所以，只管去做，總比追求完美來得好。如果我們找不到遺失的那片拼圖，也許是因為它必須先找到我們。過度執著於我們所沒有的東西，可能會使我們無法解決問題。八〇年代頂著鯡魚髮型的超級天才馬蓋先（MacGyver），這位解決問題的大師也是個行動派，而不是純理論派。給他一把牙刷和一條橡皮筋，他就能找到一個將就但有效的辦法走出迷宮。

「錢幣四」的另一個意義，展現在每個錢幣都完美固定在自己的角落，遵循牌本身的幾何形狀，佔據各自的空間。就此而言，「錢幣四」往往在說明我們的寓居之處，以及在四周所創造出來的界限。在這種比喻性框架的四個角落，「錢幣四」要求我們去質疑我們用來包圍住自己、並宣稱為自己所擁有的東西，它們決定了這些界限被慷慨大方或佔有慾給滲透的程度，使我們像走在一條從過度保護到缺乏彈性的繃索上。

錢幣五：「錢幣五」迎來掙扎和逆境。如同歪曲的第五個輪子，這張牌宣告自然流動的能量的中斷，這個阻礙導致我們害怕匱乏和饑餓。酷寒的冬天突然襲擊農作物，凍結了地面，可能毀掉我們的一切努力。我們造了什麼孽，才會受這個罪？在先前的牌中，我們得知我們擁有整體的一部分，我們天生就有儲存和獲得安全感的迫切需求。「錢幣五」也教導我們，伊索寓言中螞蟻的個人饗宴雖然豐盛但並不開心，如果我們沒有培養出慷慨的態度，或在富有時意識到別人的需求，我們將獨自用餐，只有鏡中自己孤獨的映像陪伴我們。在「錢幣五」，一陣風吹走我們所擁有的一切，並粉碎了那面鏡子。透過這張牌，我們學會即便無法對抗大自然的不公平作風，我們也不會失去一切，只要我們擁有彼此。在悲慘的時刻，同情與關心起來比任何貂皮大衣都來得溫暖。

錢幣六：「給人一條魚，只能餵飽他一天。教人學會釣魚，能餵飽他一輩子。」傳統上，數字六與領悟有關，而「錢幣六」談到方法與知識的自然均等。如同連通器現象，各個容器的液面都保持在一樣的水平，沒有高低不同的餘地。「錢幣六」告訴我們，一如在有形的現實中，概念和想法也存在著可見的價值。將技術傳授給別人，並不會減損它本身的價值。

錢幣七：七是代表優秀傑出的煉金術數字，涉及了變形，就此意義而言，「錢幣七」使人想起辛苦的工作轉變成甜美多汁的果實。我們為了一個抽象目標所付出的努力和能量突然產生了成效，結果完全地顯現出來。在蘋果累累的重量下，樹枝被壓得彎垂，我們注視著已經達成的結果。就像聖經〈創世紀〉神話所說的，我們在第七天休息，思索著我們所創造出來那不可思議的財富，明白了如何憑藉著意志，從無形的事物中產生有形的事物。

錢幣八：「錢幣八」被安排成構成兩個四方形和兩個圓柱形，它談到讓傳統和技術得以建立的長期架構。百年功夫的累積，讓一家公司發展興盛並因此建立名聲，精心製作出美觀與耐用相得益彰的產品。透過這張牌的過程，學徒現在面面俱到，他瞭解從頭到尾的每項工序不僅能成功創造產品，還能傳授他的知識，以及這個行業中的秘密。他可能渴望獲得大師的頭銜。「錢幣八」定義了什麼叫真正樂於挑戰困難的工作，只為了追求紀律與熱情交融的顛峰境界。

錢幣九：我們來到物質花色牌的頂峰，「錢幣九」是代表成功和富饒的一張牌。在馬賽式牌組中，那枚奇數的錢幣位於由其他金幣所構成的兩個正方形之間，我喜歡稱之為「位於平衡之中的心」。如果這張牌道出豐足和財富，那麼它也談到為此付出努力的覺悟，包括眼淚、汗水還有所冒的風險。熱情的種子已經綻放美麗的花朵，回應我們身為創造者的信心。當我們與大自然攜手合作，獲得勝利時應心懷謙卑。

錢幣十：我們用這張最極致的牌來結束錢幣花色。現在十個光芒四射的球狀物塞滿了牌面空間，金色代表擺脫蒙昧的成就和喜悅的豐足。當代煉金術士派崔克．布倫史坦那斯（Patrick Burensteinas）常說，「想要找尋黃金的煉金術士找不到黃金，而知道如何煉製黃金的煉金術士則不需要黃金。」我認為這段話完美傳達了「錢幣十」的訊息。在沒有精神基礎下追求財富，絕對無法令人滿足。萊德－韋特－史密斯塔羅呈現一個微妙之處，在「錢幣十」我們看見一位年長男士在思索一生的建樹：一棟房子、頭頂上紋章飾板所代表的名聲，以及在他所創造的財富中熙攘往來的幾代人口。牌面上的十枚五角星錢幣再現了生命樹的形狀，可以解讀成象徵他一生中所經歷的、在社會地位和精神層面上的提升。

錢幣侍從：在宮廷牌的世界，侍從常被視為強大的能量來源，缺乏界限和成熟度，「錢幣侍從」也不例外。「錢幣侍從」野心勃勃，能看見無數條完成任務的途徑，他是熱烈的行動派，似乎不害怕（或未察覺）挑戰。一提到展開計畫，他總是說好！然而當事情開始變得吃力，需要紀律來推進時，他得用上所有最初的力氣並找到專注力。「錢幣侍從」也是個會暫時擱置舊計畫的大王，把手上的冒險活動拋到腦後，轉而追求刺激的新計畫。他是一個善於接納的人，在透過第一手經驗學習如何承擔和打理自己的需求時，會有最好的成效。

錢幣騎士：如果騎士老是忙個不停，那麼「錢幣騎士」就是為了錢幣的重量而專心致志。傳統上，「錢幣騎士」代表可靠的人格類型，在決定下一步行動之前，會先花時間評估情況，尤其事涉金錢時。他極有耐心，辦事有條不紊，喜歡按自己的方式制定計畫，容易被意外的事情弄得疲憊不堪。如果有人認為「錢幣騎士」的本性單調無趣，我會說他讓我想起拉威爾（Ravel，法國印象樂派作曲家）的《波麗露》（*Bolero*）樂曲，一段標準化但複雜的旋律無限次重複，越來越強烈。「錢幣騎士」為人忠誠且值得信任，他是絕不出錯的演算法，性格穩定的人能為手上的事全力以赴。

錢幣皇后：在現代塔羅書籍中，「錢幣皇后」照例與「職場老媽」有關，她有一份朝九晚五的工作，同時得確保家中的環境舒適怡人，孩子吃了午餐，貓也餵過藥。「錢幣皇后」是務實和慈愛的女性，溫柔且公平。她有神奇的力量，在你感覺心情低落時，會自動邀請你來過夜，還能用冰箱裡的剩餘食材做出五道菜的一頓飯。許多草藥師和治療師都找到一個像她這樣的庇護人。她知道物質能如何療癒靈魂的病痛。在機構和社區裡，「錢幣皇后」代表了那位核心人物，成為一塊肥沃的土地，讓離散的群眾聚集，再度彼此連結起來。

錢幣國王：「錢幣國王」深諳自己的財富和權力，還有他作為供應者及決策者的傳統角色。他心地仁慈、寬大為懷，有見識且務實，能預見計畫完成過程中的每一步，事先評估所有可能的挑戰，早一步找到解決之道。身為統治者，他是可靠和可預測的人，泰然接受他的職責，但不必然一身珠光寶氣。如果「錢幣國王」要買車，他會偏好設計精良、堅固耐用的車款，例如賓士或雪佛蘭科爾維特（Corvette）。

錢幣一

左

「錢幣一」，《貝桑松塔羅》，1878至1891年。

右

「圓盤一」（Ace of Disc），編號為七十七，出自《夫人神諭大遊戲》，屬於埃特拉風格的牌組，雷加米繪製，1865年由德拉呂．埃迪托（Delarue Editeur）發行。

錢幣二

左

繪有一個小丑將兩個鈴鼓拋擲到空中的「錢幣二」。這張牌出自《西班牙遊戲牌》，發行作為約瑟夫．巴杜父子公司（Joseph Bardou & Fils）煙卷紙的廣告，1880年，菲律賓馬尼拉。

右

「信件。難堪」（"Lettre. Embarras."）。「圓盤二」，《大埃特拉埃及塔羅》的第七張，1870年代由格里莫發行。

錢幣三

左

「錢幣三」，出自蘇珊・博納汀於1839年創製的馬賽牌組。作者真的是蘇珊・博納汀嗎？這張牌的繪製者性別不明，蘇珊是女性的名字，這讓許多學者感到不解。例如梅松・卡穆安等專家，都不認為這位牌卡製造者是一位女師傅：「女性是罕見的，因為幾乎所有的牌卡製造者都有一個男性名字。」快速鑽研了法國國家圖書館所建立的宗譜，讓他們確認這張牌的作者於1790年在歐巴涅（Aubagne）出生，是馮斯華・韋迪耶（Françoise Verdier）和讓－巴普蒂斯特・蘇珊（Jean-Baptiste Suzanne）的兒子，他本身是遊戲出版商。

右

出自阿魯埃特牌組的「錢幣三」，創製於十九世紀初期。

錢幣四

左

「錢幣四」與漂浮在平靜無波海面上的深紅、金色獨角獸。出自《精美遊戲牌》（Naipes Finos），約1850年在西班牙發行。

右

「錢幣四」，出自《不具名巴黎塔羅》，具備特有的棋盤格邊框，十七世紀初期發行。

錢幣五

左

《西班牙遊戲牌》，1810年由荷西．馬丁尼茲（Jose D. Martinez）在馬德里發行。

右

讓－馮斯華．杜卡提的十七世紀中期馬賽塔羅牌組，牌面上似乎是前一位擁有者留下的占卜意義。數字「78」可能錯誤地被等同到埃特拉系統（「錢幣五」的編號是七十三）。手寫的題詞是「別揮霍金錢」。

錢幣六

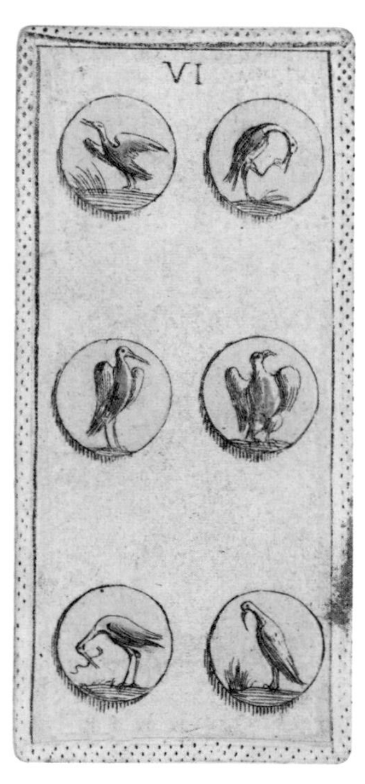

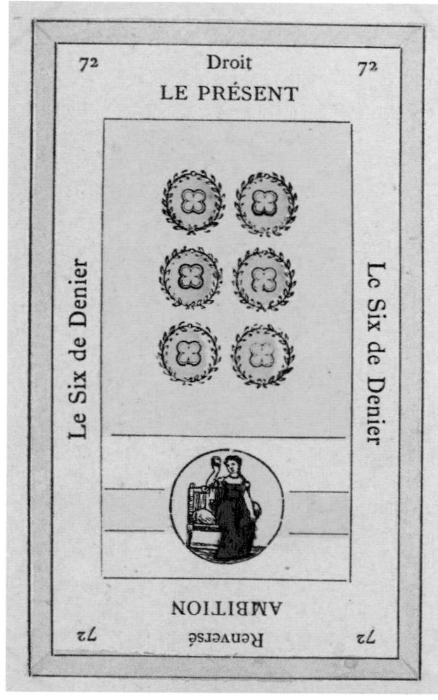

左

出自某副塔羅牌的「錢幣六」，朱塞佩．米泰利創製，約1860年，義大利羅馬。

右

「現在。野心」「圓盤六」，出自《大埃特拉埃及塔羅》的第七十三張牌，1850年代發行。

錢幣七

左

出自某副雙頭塔羅的「錢幣七」，1860至1899年由戈代發行。

右

出自某副明奇亞特牌的「錢幣七」，喬凡．莫里內利發行，1712至1716年創作於義大利佛羅倫斯。

錢幣八

左

出自某副西班牙遊戲牌的「錢幣八」，由菲利浦．奧賽霍（D. Felipe Ocejo）在馬德里發行，約1810年。這副牌由魯伊斯和阿塔利巴（J. Ruiz and J. Atarriba）設計，豐塞卡拉斯（J. Fonsecalas）雕版。

右

出自某副塔羅牌的「錢幣八」，讓．多達爾在法國里昂發行，十八世紀初期。

錢幣九

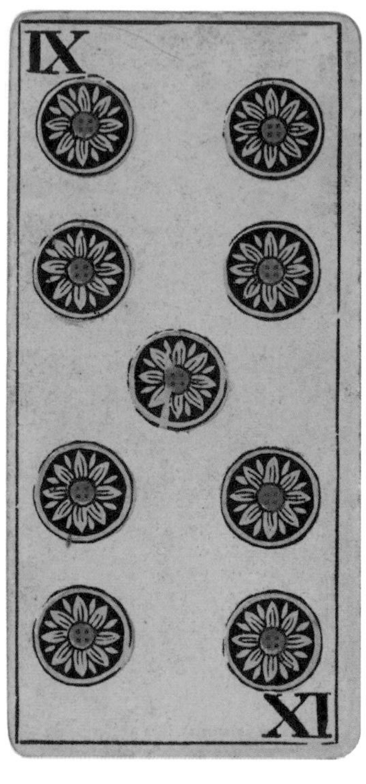

左

出自《威尼斯陷阱》（Viennese Trappola）遊戲牌的「錢幣九」，內耶德利（Joh. Nejedly）發行，十九世紀中期至後期。

右

出自《維斯康提／卡瑞－耶魯塔羅》的「錢幣九」，創製於十五世紀，此為最早的義大利塔羅牌之一，作者可能是博尼法喬．班波，他是任職於米蘭法庭的肖像畫家。

錢幣十

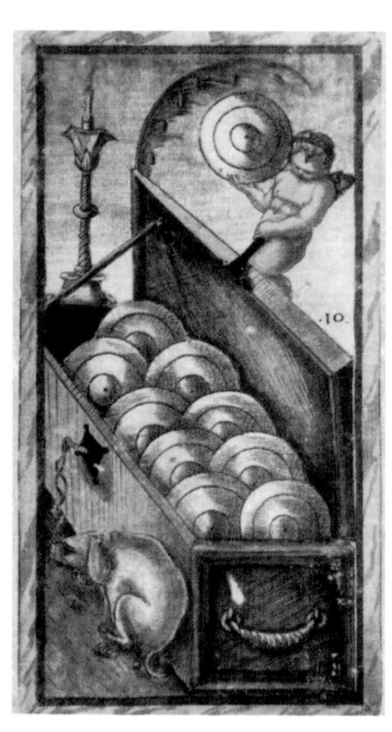
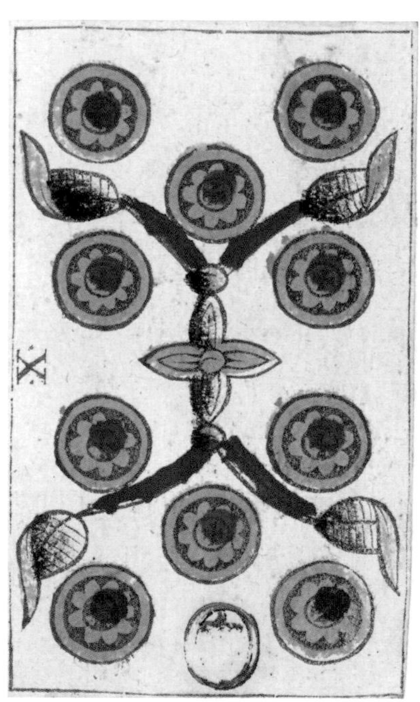

左

《索拉．布斯卡牌》的「錢幣十」，十五世紀後期。

右

出自《諾貝雷塔羅》的「錢幣十」，1650 年代發行。

錢幣侍從

左
出自《尼古拉·康威馬賽牌》的「錢幣侍從」，梅松·卡穆安發行，十九世紀後期。

右
出自某副塔羅牌的「錢幣侍從」，以往據稱作者為安東尼奧·奇科尼亞拉，1490年代。克羅夫特－里昂遺贈／倫敦維多利亞與艾伯特博物館提供。

錢幣騎士

左
半人半馬怪作為「錢幣騎士」，出自巴拉喬里在義大利佛羅倫斯發行的明奇亞特牌，約1860至1890年。

右
出自1830年代某副塔羅牌的「錢幣騎士」，費迪南多·岡彭格伯發行。

錢幣皇后

左

「錢幣皇后」，編號六十五，出自埃特拉式牌《夫人神諭大遊戲》，雷加米繪圖，德拉呂．埃迪托發行，1865年。

右

出自某副皮埃蒙特式塔羅的「錢幣皇后」，格里莫發行，二十世紀初期。

錢幣國王

左

出自《維耶維爾塔羅》的「錢幣國王」，約1650年代在法國創製。

右頁

「錢幣國王」作為辛努塞爾特．雷姆斯大帝（Sesostris Rhames the Great），出自《大埃特拉埃及塔羅》，十九世紀後期在法國發行。

64

HOMME DANGEREUX.

Homme brun.

Sésostris (Rhamsès Meïamoun le Grand). 64

VICTOIRE.

LE SEPTRE
DE MILICE.
L. Gaultier fecit.
Apres l'honneur des Martiaux Combats
Faire Iustice et trancher les Debats
Garder les bons et punir les Cautelles
Des Plaidereaux, Sont vertus immortelles.

寶劍花色

還

有什麼比希臘神話中的「戈爾迪之結」（Gordian Knot）更適合作為解析寶劍花色的開場白？這個傳說中的繩結是由絞扭成股的繩索構成，紮實地纏繞於戈爾迪的牛車的兩根木梁。根據古老的傳說，神諭預示佛里幾亞人（Phrygia，佛里幾亞是小亞細亞中西部的一個古國），他們的新指揮官將乘著貨車入城，結束該地區的政治紛亂。當時，出身卑微的農夫戈爾迪剛好應了預言，他駕著牛車來到城裡的公共廣場，最終被宣告為國王。為了表達對諸神的感激，他的兒子麥得斯（Midas，手指能點物成金的佛里幾亞國王）將預言中的這輛車獻給天空之神薩巴茲烏斯（Sabazios），作為誠心奉獻的供品。牛車的軛與梁被一個繩結緊緊捆綁在一起，這個結被描述成無始無終的概念。一圈套一圈的繩索交纏出另一個女預言家的故事：解開這個複雜的結的人，將統治全亞洲。

在這個受歡迎的想像故事中，亞歷山大大帝成功解開了結，並於後來將帝國拓展到遠至從巴基斯坦流入尼泊爾的印度河，讓預言成真。西元前第四世紀，當時年輕衝動的亞歷山大進到戈爾迪烏姆（Gordium），戈爾迪之結依舊留在衛城中，它的傳說活生生地存在於世。這位馬其頓征服者無法赤手解開梁上緊拴的繩結，於是另闢蹊徑。重點不是解開繩結本身，而是用另一種更實用的方法去解決問題？如果靈巧的手指派不上用場，那麼他的理智和劍——這是他所擁有最重要的兩項工具——斷然不會讓他失望。亞歷山大揮劍一舉將繩結砍成兩段。這是作弊行為或贏家的風範？然而這種運用跳脫框架的思考和策略，仍舊使得亞歷山大蒙受諸神的恩寵，祂們認可他是征途上的勝利者，並使他成為古代世界最重要的統治者之一。

我認為這正是寶劍花色的精神所在。傳統上，寶劍被認為是才智之士的積極原則，他們大膽無畏，擁有解決問題的強大能力，足智多謀，化抽象概念為實際的行動。我喜歡想像寶劍花色是我們的左半腦，掌管語言溝通、批判性思考、方法論和理性思維。如同亞歷山大大帝這個發人深省的故事，寶劍喻指他所產生的思考模式鋒利而敏銳，讓他得以重新架構問題，在不同的變數下重新想像局勢，以便解決問題。

透過比較悲觀的觀點，我們可以說，摧毀戈爾迪之結的力量，也正是創造它的力量。寶劍花色的情況也是如此，劍有雙面刃，這是它與生俱來的矛盾本質。寶劍牌的圖像是出了名的令人感到不安，一張小阿爾克納同時能引發高貴和腐敗、雄辯和操縱、內省和偏執的感覺。某個概念及其極端的反面，兩者共存。包括心智的虛構、（過度）分析和概念化的能力，一旦被濫用，可能反過來對付我們，有如繩索的結：死死捆綁在我們腦中，無始無終，讓人無從逃脫。風元素往往與寶劍花色有關，見證思考過程的迅速，以及一種生氣勃勃的心靈勇氣。正念冥想時所呼吸的空氣讓我們可以接通大地，然而在暴風季節，相同的空氣分子也能將樹木連根拔起並吹掀屋頂。

左頁

身穿盔甲的亨利四世切斷了「戈爾迪之結」。李奧納德．高緹耶（Leonard Gaultier）繪製（1561–1641 年），巴黎美術館，小皇宮，1598 至 1610 年。

寶劍一：很久很久以前，在西拉鳩斯（Syracuse）公共浴場的某處，一名男子脫掉衣服，慢慢坐進一個裝滿水的小浴缸。噢，愉快的沐浴讓人多麼滿足！當身體漸漸下沉，他注意到身旁的水位隨著他的下降而同步上升。突然間，他有了個想法。可以這麼說，這時他的大腦線路被接通，電流發出火花，照亮他的心。「我發現了！」他大喊，「我發現了！」他跳出浴缸，這個發現讓他欣喜欲狂，發瘋似地跑進他所在的希臘城鎮街道，沒有察覺自己忘記穿衣服，令路人莞爾。「任何物體，只要完全或部分浸泡在流體或液體中，就會被與所排出液體等重的力量向上浮推。」裸體的阿基米德說著；跑得上氣不接下氣的阿基米德剛剛釋述了後來以他的名字命名的物理學原理。「寶劍一」的能量非常類似於「我發現了！」的時刻，亦即漫畫書裡在頭頂亮起的燈泡。在這個片刻，我們心中的迷霧被驅散，得以望見清晰的地平線。它可能是一個尖銳的字眼、啟發靈感的一句話、在耳中迴響的一個重大突破，或者振聾發聵的全新觀點。傳統上，「寶劍一」也關係到追求真理和正義、捍衛價值觀的力量，以及創造未來，讓世界變得更好的能力。如同查理曼大帝的傳奇名劍「迪朗達爾」（Durendal），一個好點子是不死不滅的，能破除在進步和改變的路上如巨礫般的障礙。

寶劍二：注意！你沒聽見對決中的心靈，正發出叮叮噹噹的吵雜聲嗎？在「寶劍二」，兩個極端相互對抗，演變成一場無形的鬥爭。如果所觸發的情緒和混亂被內化了，那麼這張牌就是在說我們可能成為自己的勁敵，在與名為「猶豫不決」的這個幽靈戰鬥，射避著自我懷疑的劍。如同塔羅每種花色的第二張小阿爾克納，這是一張關於關係的牌，並且需要我們改變觀點，捨棄戰鬥而致力於外交工作。最終，「寶劍二」指出我們運用心智能量去促成敵意和建立停戰協議的傾向。

寶劍三：每當看到「寶劍三」，我便想起雅克－路易・大衛（Jacques-Louis David）在一七八四年所繪製的《荷拉斯兄弟的誓言》（*Oath of the Horatii*），這副畫收藏於羅浮宮，描繪了三兄弟的結盟，承諾為他們的家族復仇，摧毀敵對的庫里亞蒂（Curiatii）家族。如果你不熟悉這個羅馬傳說，可以把它類比為莎士比亞的《羅密歐與朱麗葉》兇殘版，只不過，它不是從這對戀人的觀點，而是透過想要復仇的提伯爾特（Tybalt，《羅密歐與朱麗葉》劇中的茱麗葉表兄弟）來看事情。這是一場被極有害的「同態復仇法」（lex talionis，即以眼還眼的復仇方式）所助長的悲劇。在路易・大衛的這幅傑作中，荷拉斯三兄弟正在發誓，他們伸直右臂，向父親手中握住的三柄劍致意。傳說說到，他們即將與庫里亞蒂家的三名成員決鬥，最後只有荷拉斯（Publius Horatius）會活下來，勝利復仇歸返。這幅畫以雙曲線構圖而聞名，視覺焦點集中在透視漏斗中的劍。但在畫面右邊的次要部分，我們看見兩名哭泣的女子——母親，眼看著兒子去決鬥，擔心他們的生命安危，還有三兄弟的姐妹卡蜜拉（Camilla），她已經與其中一名庫里亞蒂兄弟訂婚，也知道自己的兄弟無疑會殺死她所愛的男人。這幅畫的重點在於誓言，不過卻讓人想到卡蜜拉的悲傷，在未婚夫被普布利烏斯殺死後，她在傷痛中崩潰。在某個更悲慘的收場故事中，卡蜜拉被自己的親兄弟殺死，因為這個兄長無法忍受卡蜜拉悼念可惡仇敵的悲情。畫中的三柄劍被不同的張力給裂解，說明熱烈誓言的完成與違背、背叛的模稜兩可、失去我們所愛之人的恐懼和悲傷，以及痛苦的折磨如何使我們失去理智。

寶劍四：數字四在本質上象徵不讓步的穩定性，在寶劍花色中，我們首度發現自己處於相當平靜的境地。四柄劍現在靜止不動，彷彿植入地底，佔據四個基本方位。劍的兇性達到均等，輕輕將它們的熾烈消散到大地的陰冥層面。我們靜止下來，在冥想內省佔上風的神聖領域受到保護，心靈的話匣子終於變得沈寂。在寶劍花色中，我們第一次、可能也是唯一一次花時間反思、歇息和重新進入我們的內心，摒除不必要的思考過程。

寶劍五：塔羅的數字五經常宣告一個具有挑戰性的事件，導致故事發生不愉快的轉折，這往往起因於外在因素影響了內在的穩定性。主角、問卜者、解牌者或上演中的局勢，發現本身正遭受挑戰，承受意志的考驗。在寶劍花色中遇到這個數字時，我們得知心靈力量和穩定性會如何因為接觸其他事物而失去平衡——當個人或群體運用其領袖魅力來支配整個空間，脅迫我們並使我們靜默時，我們會如何退縮到內心深處。在我的想像中，「寶劍五」是一種強烈的不適感，在膽怯與深入內心的屈辱感之間擺盪，播種在所謂的權力遊戲裡，身處其中的我們於是失語，被剝奪了自尊。

寶劍六：在萊德－韋特－史密斯塔羅中，「寶劍六」描繪包裹在衣服裡的一名女子和她的孩子，兩人搭船航向一段傷心的旅程，這似乎更像離開，而不是回家。許多解牌者將這張牌論述為「遷徙牌」——它明顯在演示我們心知肚明的失落，這失落之物一度構成隱喻的家鄉。更傳統的解釋是，「寶劍六」表示一種過渡期，一個模稜兩可、充滿希望與未知的新方向。如同塔羅的其他數字六的牌，「寶劍六」談到暫時恢復平衡狀態的和諧，但沉重的情緒削弱了樂觀精神。

寶劍七：目的決定手段？這是傳統上「寶劍七」所提出的問題之一，它是奇數牌中最積極的牌。如同數字五，數字七也涉及衝突，但這一次，戰鬥對象不是具備領袖魅力的對手，而是存在於我們內心的敵人，一種根植於道德原則及其遭顛覆的不和。我們能否凌駕於法律之上？羅賓漢是罪犯或英雄？狡猾胡鬧的足智多謀，是在侮辱我們的智商嗎？碰上「寶劍七」，在找到自己的答案之前，我們的道德羅盤會指向各種可能的方向。

寶劍八：「寶劍八」使心理的套索又多勒出一個凹痕，在馬賽塔羅的「寶劍八」，大量武器被布置成幾何圖形，暗示幽閉恐懼的緊張和令人窒息的能量。太多的劍，稀薄的空氣。就數學角度而言，八等於二乘以四，比喻性地加倍了這張牌的原本意義。從孤獨的「寶劍四」的冥想性質中，我們慢慢退化到強加於己的與世隔絕，過著懲罰般的痛苦生活。我們被自己給疏離，無法游回水面，除非設法找到掙脫自我內心陷阱的意願。有時，從我們口中發出共鳴而傳到外界的一句話，就能讓我們重新取得連結。

寶劍九：尖刻的「寶劍九」插得如此之深，使我們只能感覺到精神上的極端痛苦。身體感官已全然麻木，即便視覺也已被焦慮和絕望的濃霧給取代。疼痛、內疚、苦惱讓我們盲目，我們的思維能力像被浮油沾黏住的海鷗。當這張牌出現，我們必須做一件不可能的任務：想像一個有希望的未來，運用創造力來開啟自我，重新創造發明，而非利用這股能量來對抗自己。

寶劍十：寶劍花色中漸漸增強的荒涼感，在第十張牌達到極點。隨著最後這張小阿爾克納的出現，我們被自己的陰影糾纏，感到麻痺、不知所措，被凍結在恐懼中，如同鬥牛場上的公牛。在「寶劍十」所觸發的感染力中，有某種如歌劇般的東西，那是像黑洞一樣吞噬周遭一切事物的過度痛苦。我對這張牌深感著迷，我發現它有浮士德的況味而且相當有趣，寓意我們的邪惡分身被揭露，成為我們的迫害者。它使我想起莫泊桑（Maupassant，十九世紀法國小說家）的短篇故事〈奧爾拉〉（“The Horla”）。故事中的男人是受鬼魂迫害的人？或者鬼魂就存在於他心中？他是否逐漸精神錯亂，而他那鬧鬼的房子已經變成他心智的迷宮？這張牌精確指出自我最黑暗的部分，當它掌控了局面，對我們玩弄起讓惡夢做得更久一點的把戲。

寶劍侍從：我打從心裡認為「寶劍侍從」讓人想起沙林傑（J.D. Salinger）小說《麥田捕手》的主角霍爾頓·考爾菲德（Holden Caulfield）——一個聰明但無經驗且笨拙的人，卡在兩個生命階段之間，更喜歡待在這個熙攘世界的外圍，不知道自己的歸屬，以及如何表現得「自然」。如同霍爾頓，「寶劍侍從」堅持己見，擁有敏銳的頭腦，不停地進行內心對話，隨時在分析和吸收周遭的能量，但不必然能夠好好消化。衝動的侍從常常忘記開口之前要三思，所以容易出口傷人。然而，個性笨拙和討人喜愛的他們是忠誠的朋友，我們每個人或多或少都認識和喜愛某個「寶劍侍從」，也許是兩個。他們不是真正能給你送上大禮的人，但總是陪在你的身旁，努力幫你解決問題、展開計畫，或者在別人面前說你的好話，即使他們往往不好意思當面誇讚你。

寶劍騎士：本質上，勇敢的騎士是代表行動和移動的宮廷牌，常被視為信使或密使，而「寶劍騎士」充滿速度和激情，毫無畏懼地勇往直前。在好日子裡，他的自信會讓我們大為驚奇；當事情不順利，他照樣滿不在乎，而且會與現實脫節。他隨時準備跟別人爭辯一番、採取防衛姿態，將抽象概念變成滔滔不絕的論述。「寶劍騎士」聰明的言論和快速產生的想法，就像他的馬一樣飛快地傳播。然而，他不是理想的團隊合作者，往往無法與人交流、傾聽，甚至無法採納別人的辦法。

寶劍皇后：善於接納、從容沉著的天性是她的本色，「寶劍皇后」經常被認為是嚴厲的權威人物，她待人公平，細心關照每個人的需求和說法。身為具有同理心的外交高手，她能「感知」每個人，準確判斷他們的性格，而且她不受自己的情緒影響，能做出不偏不倚的決定。「寶劍皇后」務實且嚴格，她能輕易區分她所察覺到的情勢，先處理應該做的事。她是高明的策略家，可厭的聰明人，像棋手那樣算計對手的棋局，預見別人接下來的幾步棋，事先考慮到阻礙和陷阱。「寶劍皇后」的誠實令人難以忍受，她認為說實話比禮貌或寬大更重要。她秉持桃樂絲·帕克（Dorothy Parker，以機智而聞名的美國詩人、作家）的風度和沉著，勇敢地擺盪在驚人的機智和傷人的言語之間。

寶劍國王：「寶劍國王」象徵清晰的心智能夠產生付諸行動的強大思維力量。在大眾眼裡，他往往被視為理性的保證人，他會為了自己，也為了眾人的利益，運用他的邏輯和修辭技巧。他強大的力量伴隨著巨大的責任、充滿激情的決策、清楚表達的華麗演說，以及如何保存過去、現在和未來的知識，使之得以存續和取用。

寶劍一

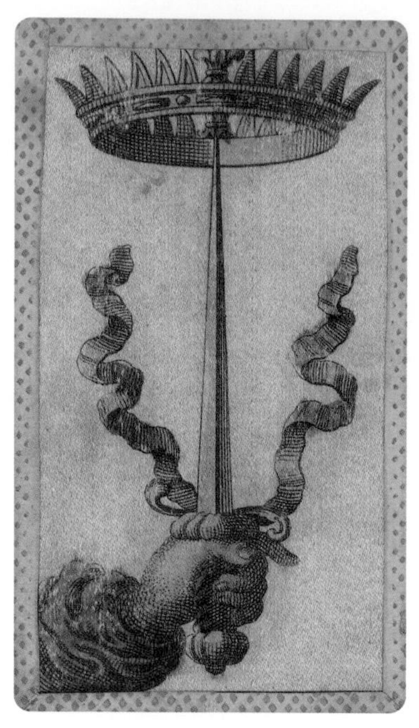

左

「寶劍一」，出自皇家工廠（Real Fabrica）發行的葡萄牙遊戲牌，約 1840 至 1860 年。

右

出自義大利明奇亞特牌的「寶劍一」，印刷於絲綢上，喬凡・莫里內利創製，約 1712 至 1716 年。

寶劍二

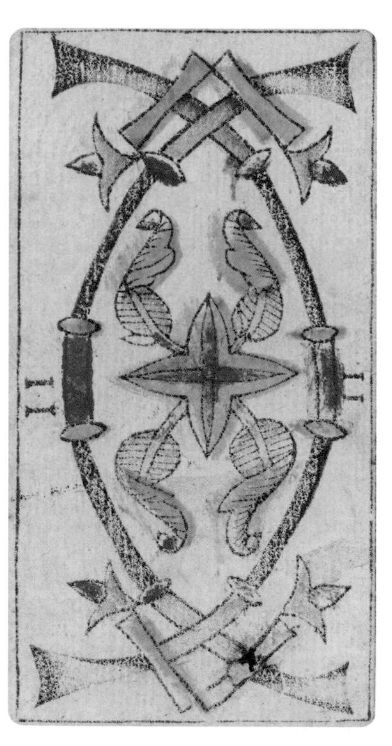

左

出自馬賽式牌組《讓・多達爾塔羅》的「寶劍二」，1710 年代在法國里昂發行。

右

出自義大利波隆那某副明奇亞特牌的「寶劍二」，1763 年由葛塔諾發行。

寶劍三

上左

具有特色的《索拉・布斯卡塔羅》「寶劍三」，十五世紀後期創製於義大利北部。連同例如「聖杯皇后」和「寶劍十」在內的幾張牌，在亞瑟・愛德華・韋特和潘蜜拉・柯爾曼・史密斯兩人將他們現已成為經典的塔羅牌組予以概念化時，可能參考了這張「寶劍三」。的確，如同卡普蘭的提示，他們可能看過七十八張《索拉・布斯卡塔羅》的一系列未上色照相板，這些牌卡由布斯卡・賽貝爾洛尼（Busca Serbelloni）家族於 1907 年捐贈給大英博物館，就在《萊德－韋特－史密斯塔羅》發行的前兩年。

上右

西班牙的遊戲牌組，豐塞卡拉斯雕版，仿傚魯伊斯和阿塔利巴的設計。這副牌由菲利浦・奧賽霍（D. Felipe Ocejo）在西班牙馬德里發行，1810至1820年。

下

《荷拉斯兄弟的誓言》，雅克－路易・大衛，1784 年，收藏於巴黎《羅浮博物館》（Louvres Museum）。

寶劍四

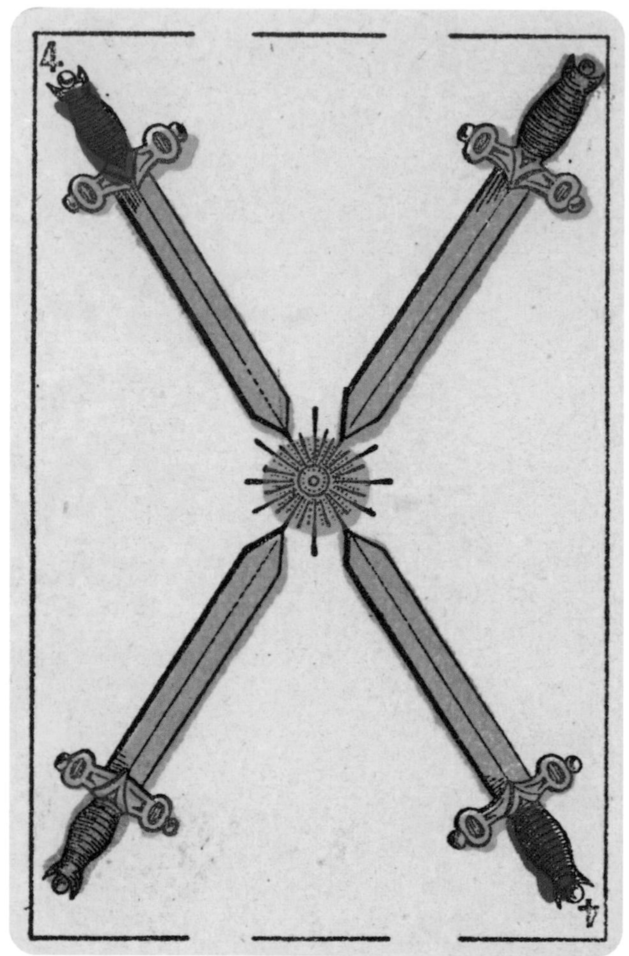

上左

法國牌卡製造商格里莫為了出口到義大利和西班牙而發行的遊戲牌，1858至1890年。

上右

出自皮埃蒙特塔羅牌的「寶劍四」，1830年在義大利創製。

寶劍五

左
使用西班牙花色系統的遊戲牌，1801年由皇家工廠在西班牙馬德里印製。

右
出自某副義大利明奇亞特牌的「寶劍五」，印製在絲綢上，顯示狐狸列那（Reynard the Fox，中世紀法國諷刺故事中的狐狸名字）在向臨時講臺後方的雞說教。這副牌由喬凡·莫里內利創製，約1712至1716年。

寶劍六

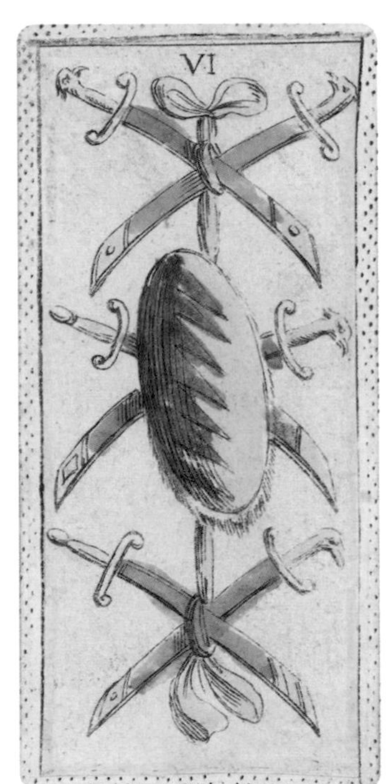

左
「寶劍六」，出自以《朱塞佩·米泰利塔羅》為範本的某副波隆那塔羅，1660至1670年發行。

右
「寶劍六」，描繪騎馬的唐吉訶德和另一個男人「狐狸列那」在進行長槍比武，出自從賽萬提斯（Cervantes）的經典小說得到靈感的西班牙遊戲牌，創製作為天使巧克力（Angelical Chocolates）的促銷禮物，派斯特（E. Pastor）設計，1900年。

寶劍七

左

《維耶維爾塔羅》的「寶劍七」，創作於十七世紀。

右

義大利遊戲牌，1840 至 1850 年。

寶劍八

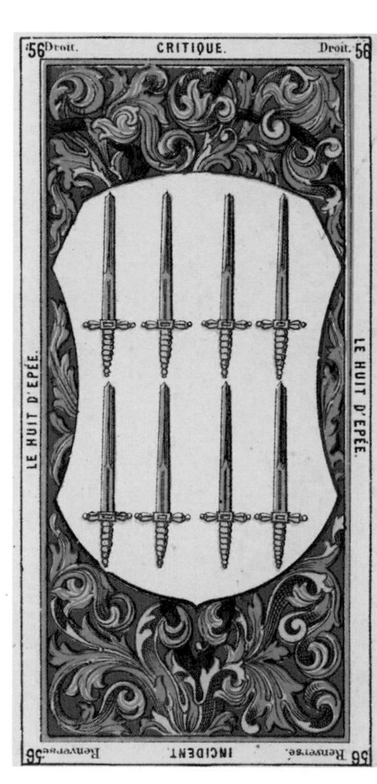

左

出自《不具名巴黎塔羅》的「寶劍八」，1600 至 1650 年間發行。

右

「批評－事件」。「寶劍八」，出自《夫人神諭大遊戲》，雷加米設計的埃特拉式牌組，十九世紀後期在巴黎發行。

寶劍九

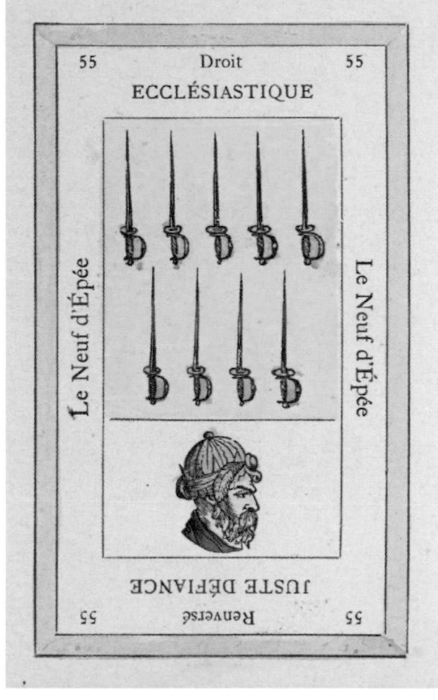

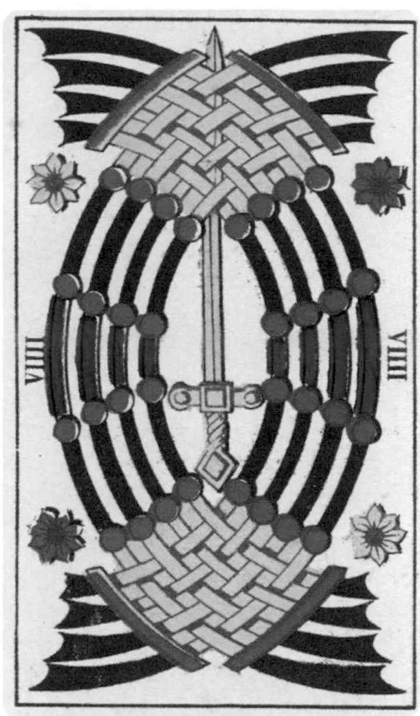

左

「折衷的法律－正當反抗」。出自埃特拉／埃及式塔羅牌的「寶劍九」，約於1890年發行。

右

法國的雙頭塔羅牌，戈代在巴黎發行，1860至1889年。

寶劍十

左

出自《維斯康提．迪．莫德隆／卡瑞－耶魯塔羅》的「寶劍十」，據稱作者為博尼法喬．班波，十五世紀中期至後期在義大利米蘭創製。

右

「寶劍十」，出自以《尼古拉．康威塔羅》為本的某副《馬賽塔羅》，1890年由梅松．卡穆安在法國馬賽發行。

寶劍侍從

左

「寶劍侍從」，出自所謂的《查理六世／格蘭高尼塔羅》，十五世紀末在義大利北部創製。

右

「寶劍侍從」，出自《塔端塔羅》，十七世紀在義大利發行。

寶劍騎士

左

「夫人騎士」，出自《維斯康提・迪・莫德隆／卡瑞－耶魯塔羅》，該副塔羅牌的特點是具備兩種性別的騎士和侍從，這可能表示是為了米蘭宮廷的女性成員而製作，據稱作者為博尼法喬・班波，於十五世紀中期至後期在義大利米蘭創製。

右

持短彎刀的騎兵，出自波斯的 As-Nas 遊戲紙牌，1750 至 1850 年間在伊朗發行。

寶劍皇后

左

朱迪思（Judith，朱迪思是古猶太寡婦，相傳斬殺了亞述大將荷羅孚尼而解救全城）手持荷羅孚尼（Holofernes）被砍斷的頭顱，作為「七燈燭臺皇后」，這副遊戲牌的設計靈感來自猶太人物。澤夫．拉班於 1920 年繪圖。

右

《貝桑松塔羅》的「寶劍皇后」，1878 至 1891 年間創製。（編注：此圖疑錯置為「權杖皇后」）

寶劍國王

左

強大的「寶劍國王」，出自《讓．諾貝雷塔羅》，1659 年在法國發行。

右

出自阿魯埃特遊戲牌的「寶劍國王」，1810 至 1860 年間在法國發行。

冨嶽三十六景
神奈川沖
浪裏

聖杯花色

不抵抗。水會流動。當你將手探進水裡，你只感覺到一種撫摸。水不是一道液體的牆，它不會阻擋你。但水總是流向它想去的地方，最終沒有任何東西能對抗它——滴水可穿石。「記得這句話，我的孩子，記得你有一半是水。如果你穿不過障礙，就繞過去。水就這麼做的。」這段話摘錄自瑪格麗特·愛特伍（Margaret Atwood，加拿大詩人兼小說家）的中篇小說《佩涅羅珀》（*Penelopiad*），讓我總是深刻地覺得「如杯子般」，因為它替我定義了聖杯花色所意味的動作，以及它與水的傳統關聯。這個步調緩慢的元素力量能用舒適的感覺令我們著迷，億萬年來滋養著我們，但也能平靜地摧毀擋在它路上的一切事物。這種流質不同於土、風和火，它是我們自身熟悉的一部分，形成我們柔軟的血肉，在我們血管中像潮汐的血漿波濤裡循環流動。

在塔羅中，聖杯傳統上涉及情感和想像力的領域、我們的創造力，去愛人、與人形成關係，以及累積情愛的能力，還有我們藉由它流動的能量，將一切變成沃土的神奇方式。水在順流和逆流中運行，因此許多聖杯牌都在處理我們如何等化這些內在的敘事，就像葛飾北齋（日本江戶時期的浮世繪大師）畫中的怒濤，它們的強度漸增，能變成巨大的威脅，將我們沖走。如同水一樣，我們透過聖杯花色學習如何具有適應性，並察覺出那些足以形塑我們的事物，這樣能幫助我們決定流向，以及我們想要變成的狀態——堅硬如冰山，或縹緲如雲霧。水有許多面具，我們的情感生活同樣也有千張面孔。

左頁

《神奈川沖浪裏》，作者為葛飾北齋，繪於 1831 年。

聖杯一：持續給予的贈禮——往往描繪成活水噴泉，源自基督教的洗禮圖像和聖餐神秘儀式，「聖杯一」是宣告情感重生的牌，在一個與愛產生連結的非凡、喜悅時刻，讓人突然感覺到內心的平靜與滿足。噴泉寓意畫完美描繪了這張牌的動能。我們需要伸出雙手、捧成杯狀，才能從它無限流瀉的瀑布中汲取新鮮的水來解渴。我們需要主動敞開自我來接納愛，並接受這股正向能量流的饋贈，以接觸它的療癒屬性和恢復力。逆位時，展現最負向層面的「聖杯一」可能道出我們難以接納強烈的情感，並拒絕別人給予的愛。

聖杯二：吸引力法則——這張向來被視為「戀人」牌的小阿爾克納姊妹牌，因為「聖杯二」象徵性地宣告了連結的過程，糾纏的情感形成兩個實體之間堅實的溝通管道。這張牌時常使我想起「乾杯」這項互碰酒杯和歡呼的傳統習俗的神話起源。傳說告訴我們，維京人為了預防被下毒，他們會互碰酒杯，這麼一來，受到震動而激起的酒滴便會噴濺到對方的杯子裡。事物的流通讓信任得以建立，這張牌顯示出形成夥伴關係的動能、異性相吸、元素被磁化，以及透過相互尊重而達成連結。

聖杯三：三角戀情——「聖杯三」以多采多姿的方式，揭開充滿活力、一起享受感官之樂和親密交流的時刻。與自己圈子裡的人一同盡情吃喝。女性聯誼會和女巫的集會。非比尋常的興旺。三個容器召喚來女預言家的集會，會中我們一起舉杯慶祝，看著月亮映照在杯中流動的深色葡萄酒上。除此之外，傳統上這張牌是在慶祝那些非傳統的事物：夾帶利益的友誼、不受約束的婚姻、不正當的戀愛關係和通姦，那些我們在不懷著罪惡感的情況下所度過的激情時刻，有時也代表犧牲了別人，來與我們自己所愛之人尋歡作樂。「聖杯三」讓人想起一班酒神女祭司，讚頌著任性的熱情、精神上的狂歡，以及在群體中經歷的、讓人欣喜欲狂的無節制活動。

聖杯四：頌缽——每當我想起「聖杯四」，便會感覺到西藏頌缽那令人陶醉的振動，一路傳遍全身。一種催眠的共鳴使我們專注於自省、轉而向內，注視著心鏡中的自身映像，同時保有觀照鏡框外事物的能力。冥想是否肯定對我們有用，如果它能切斷我們覺察現實的管道？這張牌指出，我們可能過度關注自己如何透過情感來體驗這個世界，而沒有設法抽離到自己的思緒之外。別讓感覺污染了你的洞察力，否則你會察覺不到送上門的改變和機會。

聖杯五：杯子是半空或者半滿？在「聖杯五」，我們得到機會去衡量所失去的東西、剩下的東西，以及我們一度以為理所當然的東西，並凸顯出某些事物一旦失去或遭受破壞後，我們才會認真重視其價值的心態。就像其他的數字五牌，「聖杯五」宣告帶來負面影響的分裂瓦解，這次是作用在情感領域。在最悲傷的時刻，治療過程中有一部分需要我們轉換思維，去相信悲傷是一種短暫的狀態。在「聖杯四」，我們見到情感上的自溺可能欺蒙我們看待生活的方式。而「聖杯五」在我們耳邊輕聲呢喃，告訴我們悲傷是一種疏離的經驗，並力勸我們回歸社交連結，對別人開放，重新架起溝通的管道。我們的脆弱，一經信任的夥伴證實，就能幫助我們度這個黑暗的週期，再度看見半滿的玻璃杯。

聖杯六：很久很久以前——「聖杯六」對我而言是時光旅行牌，塔羅中的迪羅倫（DeLorean，電影《回到未來》〔Back to the Future〕中的時光機器，便是以這款車型作為改造的基礎），將我們投射回到過去，調查我們如何透過理想化的記憶和創傷經驗，建立我們的情感身分。在「聖杯六」，黃金年代的幻想依舊鮮活，有時促使我們明白，我們將目光集中在時間軸錯誤的一邊。我們用月球漫步的方式穿越生活，向後退行，迷戀古老的回憶。此外，這張牌有時顯示從過去外溢到現在的時刻，有時是甜美的經驗，有時是酸澀的經驗。我們的過往歷史——家庭的或教養上的——形塑了我們，所以我們必須瞭解它如何形塑我們，才能抵銷或意識到其影響。

聖杯七：延遲與報償。在萊德－韋特－史密斯塔羅中，「聖杯七」描繪一個人面對若干高腳酒杯，當中顯化出如幽靈般的元素——勝利花環、發光的女子頭像、珠寶和珍珠、蒙面神秘人物的側影——全都排成兩列，從牌中人物困惑的身體語言看起來，我們正面臨一個抉擇，「聖杯七」暗示我們需要考慮什麼東西對我們有用，並在需求的前提下分析我們的欲望，以達成目標為前提，去分析我們的幻想。在各種情況下，我們都需要努力延遲滿足，因為在伸手可及的第一列杯子裡盛裝的東西可能反咬我們一口，而且它們所給的報償可能是短暫的。等到我們學會要有耐心，等到我們能運用想像力和情商來瞭解我們真正的滿足藏在何處，便能輕易指出可以為我們解渴的杯子。

聖杯八：繼續向前走——「聖杯八」是聖杯牌組中最積極的牌卡之一，證明我們總能將自己從沉重的情緒麻木中區分或抽離出來。如果說聖杯與水元素有關，那麼這張小阿爾克納喚起溺水的感覺，當中我們讓自己被情感給淹沒，並突然了解到我們需要浮出水面，或面對嚴肅的結果。「聖杯八」是讓人恢復身體活動能力，以便游回岸上的第一口新鮮空氣。在求生本能的刺激下，由這第一口氣所激發的無意識動作正是「聖杯八」所代表的意義。一種象徵性的破除行動，使我們脫離自身陷阱的實際動作，轉而追尋心靈的自由並更進一步地洞察自我。

聖杯九：情感上的慰藉。在「聖杯九」，我們坐享舒適的行程。這張牌卡的數字與完成和實現有關，回顧某一經驗，並學習欣賞那些我們已經學會或已經獲得和克服的事物。「聖杯九」以簡單、坦率的方式訴說快樂是什麼。我們知道何謂知足，不會無止境地追求更多。「聖杯八」的沉重被「聖杯九」的堅實給取代，那是一種恢復安定與平和的感覺，由靜止和滿足取代了對「更多東西」或「新事物」的渴望。

聖杯十：啊！多麼美好的一張牌！在「聖杯十」，我們全然沉浸於愛和所湧現的真正喜悅當中。在這張小阿爾克納，我們達到田園詩歌般的和諧狀態，沐浴在生命的恩典之中。處於這段和睦期，黑暗似乎與我們相距甚遠。與這張牌相關的完美能量，部分是來自於我們在當下充分體驗了這種令人喜悅的結合，使我們不費力地抱持著樂觀態度。

聖杯侍從：可愛的「聖杯侍從」言語靦腆且極富想像力，性情溫順和善，傾向於將情況理想化，最擅長透過意象和譬喻來進行溝通，而且會迷失在白日夢裡。「聖杯侍從」深具直覺力，就像一個擁有預言能力的幼童，尚未真正被身旁的成人塑造成形。他是野生詩人、寓言作家，偏愛一個好故事勝過真實的故事。他那顆浪漫的心和無窮的創造力，讓他得以運用巧妙的方式來表明流遍全身的情緒浪潮。「聖杯侍從」近似吟遊詩人的原型，擅於並渴望透過精心講述的詩篇，表達那些可以描述共通情感的詞彙。

聖杯騎士：英勇的「聖杯騎士」在出任務，追尋著不如說是幻想中的抽象事物。如同脫離現實、過著幻想中的騎士生活的唐吉訶德，他的心安於其所，但有時可能顯得不切實際。他的勇氣無窮無盡，有時被視為騎士精神的化身，結合了行動力和純精神的愛情，以及堅定不移的忠誠。

在比較非字面的意義上，「聖杯騎士」時常傳達一個訊息，說明以真心誠意、開誠布公的方式來表達的愛、友誼或和解。對於這種直率的表達，我們應該給予最大的敬意，並以同等的坦率來回應。

聖杯皇后：深具同理心的「聖杯皇后」不像她的年輕侍從，她坐鎮在她所掌管的兩個領域的界限。她擁有真正的同理心，能夠看透你的一切，在正確的時刻問出正確的問題，讓你敞開心扉，坦認你的煩惱。她能與全世界分享她的天賦，藉由無私地癒療和滋養身旁的人來表明她的看法。她的作法像是一種緩慢、性感的愛撫。她寓居於美，透過不同形式的表現來培養美感，並且知道藉由提升感受力，能提供多麼大的療癒力。

聖杯國王：「聖杯國王」的心清澈通透，一如他杯中透明的水。他小心翼翼，在不壓抑天性的情況下控制深邃的情感，從而精通此道。「聖杯國王」讓人想到握有統治權的貴族，這表現在他身兼維持秩序的角色，以及運用創意、想像力和同理心的領導者。好的點子能克服萬難，「聖杯國王」的發明能力與想像力讓他得以解決問題。解牌時如果出現「聖杯國王」，可能表示你將迎來成就和成功的時刻，這時你的衝勁和創造力相輔相成，將野心勃勃的想法顯化為真實。

聖杯一

左

傳教士「聖杯一」，出自某副英國遊戲牌，洛利公司（Rowley & Company）於 1772 年發行。

右

「聖杯一」作為流動的噴泉，兩側有兩名天使，過往據稱作者為安東尼奧．奇科尼亞拉，1490 年代。

聖杯二

左

「愛－欲望」，《大埃特拉／埃及塔羅》的第四十八張牌和「聖杯二」，1875 至 1899 年於巴黎發行。

右

鳥、藤蔓和聖杯，出自西班牙的遊戲牌，1800 至 1830 年發行。

聖杯三

左

這張「聖杯三」繪有三只金色的高腳酒杯，出自《維斯康提・迪・莫德隆／卡瑞－耶魯塔羅》，據稱作者為博尼法喬・班波，1428至1447年義大利米蘭。

右

某副阿魯埃特牌的女主人牌，當中「聖杯三」經常描繪從其中一個容器現身的性感女子，1810至1860年。

聖杯四

左

描繪皇家飾帶的「聖杯四」，出自某副阿魯埃特牌，1783至1803年在法國南特（NANTES）發行。

右

倚在豹皮上的宮女，身旁被藤蔓圍環。出自某西班牙遊戲牌的「聖杯四」，荷西・馬丁尼茲在馬德里發行，1810年。

聖杯五

左

出自《維耶維爾塔羅》的「聖杯五」，1650 年代。

右

一個男人沿著荒涼的小徑前行，搖來晃去地帶著五只雙耳細頸瓶。在被狗攻擊時，他設法抓住他的洋紅色褲子。看起來十分滑稽的「聖杯五」，出自《索拉．布斯卡塔羅》，據信是在義大利費拉拉創製，時間接近十五世紀末。

聖杯六

左

出自某副英國遊戲牌的「聖杯六」，1771 年洛利公司發行。

右

出自某馬賽式塔羅的「聖杯六」，格里莫在巴黎發行，1860 至 1899 年。

聖杯七

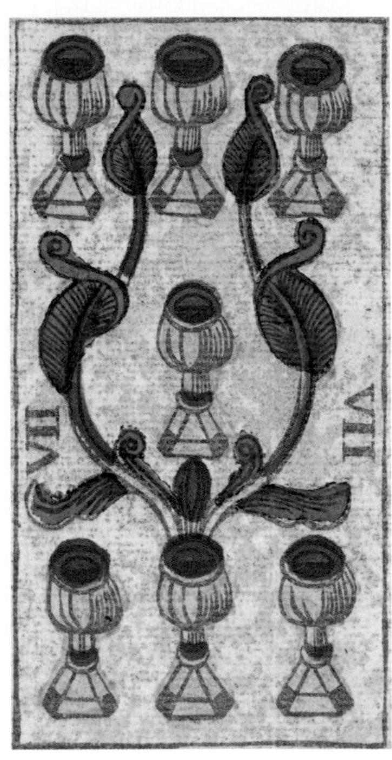

左
「聖杯七」，出自印在絲綢上的明奇亞特牌，喬凡·莫里內利在佛羅倫斯創製，1712 至 1716 年。

右
「聖杯七」，《貝桑松塔羅》，1878 至 1891 年。

聖杯八

左
「聖杯八」，出自《皮埃蒙特·德拉·羅卡塔羅》（Piedmontese Della Rocca Tarot），阿瑪尼諾兄弟在義大利熱內亞發行，1887 年。

右
第四十二張牌「金髮少婦」——滿足」，「聖杯八」，出自《大埃特拉／埃及塔羅》，格里莫與夏蒂埃（Chartier）發行，1890 年，巴黎。

聖杯九

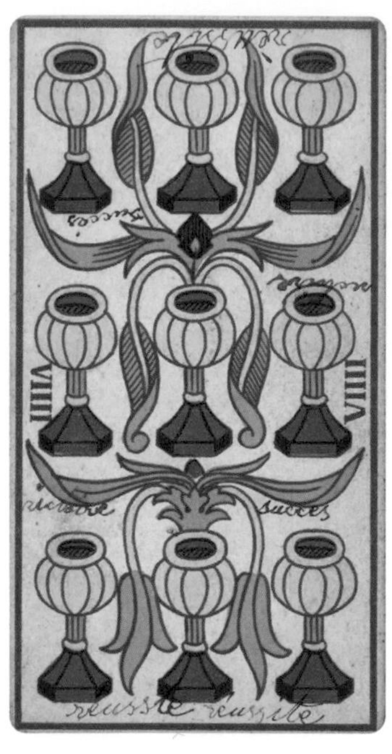

左

「勝利－成功」，附有手寫占卜注解的「聖杯九」，出自以阿爾諾牌組為本的某副馬賽塔羅，格里莫在巴黎發行，1891年。

右

某副西班牙遊戲牌的「聖杯九」，由魯伊斯和阿塔利巴設計，菲利浦．奧賽霍在西班牙馬德里發行，1810–20年。

聖杯十

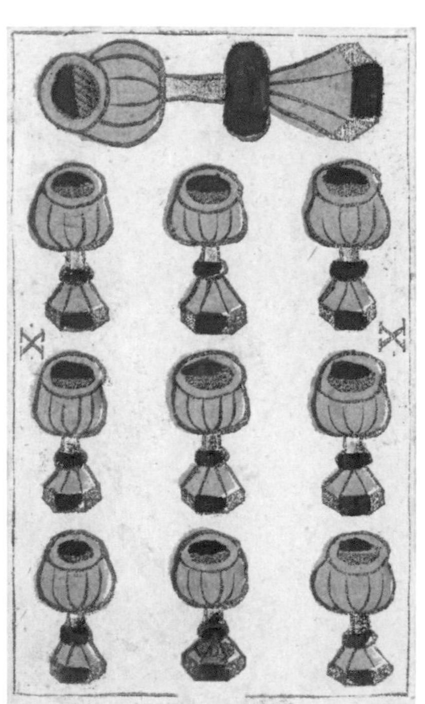

左

優美的「聖杯十」，出自《讓．諾貝雷塔羅》，1650年代在法國發行。

右

「城市－天罰」。第四十張牌，出自埃特拉式占卜牌《夫人神諭大遊戲》的「聖杯十」，雷加米設計，1890至1900年在巴黎發行。

聖杯侍從

上

「聖杯侍從」手持蒙上面紗的高腳酒杯，出自《讓・多達爾塔羅》，1701至1715年在法國里昂發行。

右

溫良的「聖杯侍從」，他的手輕輕伸向金色的杯子，出自《維斯康提・迪・莫德隆／卡瑞－耶魯塔羅》，十五世紀，義大利米蘭。

聖杯騎士

左

「到達－欺騙」。孟斐斯王子作為「聖杯騎士」，出自某副埃及大埃特拉牌，1850 至 1875 年在法國發行。

右

出自《西班牙遊戲牌》的「錢幣二」，發行作為約瑟夫．巴杜父子公司煙卷紙的廣告，1880 年菲律賓馬尼拉。（編按：此處圖說錯置）

聖杯皇后

左

特洛伊國王普賴姆（Priam of Troy）和皇后赫卡柏（Hecuba）的女兒波呂克塞娜（Polyxena）被描繪成「聖杯皇后」。她用一隻手輕輕握著酒杯，注視著從杯裡出現的蛇。這位皇后據信是韋特和史密斯用作他們的「聖杯皇后」的圖像範本。

右

「聖杯皇后」和她的毛皮披風，出自 1878 至 1891 年在法國發行的《貝桑松塔羅》。

聖杯國王

上

出自某副義大利塔羅牌的「聖杯國王」，費迪南多·岡彭格伯在米蘭發行，1830至1845年。

右

「金髮男子－適得其所的人」。天使臉蛋的「聖杯國王」，出自《夫人神諭大遊戲》，由雷加米設計的一種埃特拉式占卜牌，1890至1900年在巴黎發行。

權杖花色

「每個人生來體內都帶著一盒火柴，但我們無法靠自己將它們全部點燃。」
——蘿拉・埃斯基韋爾（Laura Esquivel），《巧克力情人》（*Like Water for Chocolate*）

快讓開！在權杖的領域，一切都熱騰騰且充滿了能量。小心，如果你握在手裡太久，這些牌會燙傷你的指尖。你可以稱它為「生命力」、「力比多」（Libido，或譯「欲力」）或「幹勁」，塔羅中的權杖描述了這股猛烈的能量，它賦予我們的靈魂生命力，使得我們這具骨肉皮囊神奇地擁有夢幻的經驗和詩意的思維能力。

連同寶劍，權杖構成了塔羅牌中的「主動花色」，它們的陰莖形狀非常的象形。木頭——我們敲打它以祈求好運，我們用它作為男性性慾的隱喻。在泰國，木製陰莖被放在店家門口，或被用作招引吉祥能量和繁榮興旺的護身符。塔羅牌中的棍棒也有相似的作用，因為它們天生具備揭穿變形的能力。神奇的權杖是創造力和發明的同義詞，它們道出我們創造、發明和顯露事物的能力。

權杖與火元素有關，它的能量可以詮釋為——如同蘿拉・埃斯基韋爾優美的描述——我們從體內燃燒的現象。在生活和塔羅中，我們都是一盒盒熱情的火柴，渴望著摩擦，準備被點燃和燒盡。就此意義而言，熱情的權杖常常讓人開始思索自身神聖的火、如何維持這把火、如何煽動靈感的火焰，以及如果感覺被那熾熱的光給吞噬，那時我們該怎麼辦。權杖本質上是關乎真實性的花色，它是每個人都具備的一部分，使我們閃耀出自身獨一無二的光芒。權杖代表本能與衝勁，熱情奔放，無法撲滅。

左頁
《火》（*Fire*），朱塞佩・阿爾欽博托（Giuseppe Arcimboldo，義大利文藝復興時期著名的肖像畫家），1566 年。

權杖一：火柴被點燃時，突然冒出火來的霹啪聲！「權杖一」是浪漫的迷戀、腎上腺素的飆升、突然點燃了靈魂的創造能量。從前，當我們處於一個陷入黑暗的環境，透過燃燒的「權杖一」，光便突然充斥整個空間。快點，在火焰被吹滅之前點燃那根蠟燭，這獨特的光來得迅速、強烈和脆弱。你得把握住機會，打鐵趁熱，利用這股能量塑造出心中想望的事物。

權杖二：在「權杖二」，欲望與野心交錯，創造出向前的第一步。憑藉它，專注於一個方向的能量，這張牌讓人想起古老的中國諺語：千里之行，始於足下。「權杖二」是塔羅的轉折點，這時，休眠、累積的能量不僅開始展現自我，還創造出客觀上可見的可計量改變。「權杖二」已經有了進展，釋放出火花，讓你將自己推出舒適圈外，用自己的腳踢著你的屁股，以某種荒謬但有效的特技方式移動。

權杖三：當我們在開車時，假使我們能產生供引擎運轉的燃料讓車子無止境地行駛，那會如何？「權杖三」暗示當我們經歷種種處境和處理過意料之外的事情後，我們的創造力、尋求解決之道和運用想像力的能力，就會隨著需求而增加。對我來說，這張牌體現了「紐約創造性」的人格類型，或者像俗話說的，「如果你想完成什麼事，就把它交給你所認識最忙碌的人。」如果將想像力當成一種肌肉，在定期的使用下，它的記憶力會持久且不停地成長。

權杖四：對我來說，「權杖四」是代表集體想像力的牌，是集眾人才能、想法和辛苦工作而形成的藝術實體。同度音共振的時間如果足夠長久，當這股抽象的力量顯現出來，產生的能量可以震碎窗戶和玻璃酒杯，或者點亮燈泡。在我的想像中，「權杖四」與音樂有極為相似之處，這是典型的搖滾樂團牌：吉他、貝斯、鼓、主唱人聲——絕妙搖滾四人組。你當然可以獨自演奏所有的樂器，但是當它們合奏時，我們可以一個享受跳舞、開趴和盡情揮霍生命的夜晚。

權杖五：「廚房裡有太多廚師！」這句流行的諺語如是說——不幸的是，對我們而言，這個廚房可以是許多地方，寓指工作場所、我們的愛情生活，有時是我們自己的腦袋。在「權杖五」，電線交叉造成短路，在可能導致火災的大量火花中，中斷了它們所傳送的能量流。賦予我們生命的那股衝勁是神聖、充沛的，也是危險的，如果沒有透過適當的容器加以提煉，它可能如實地放出逆火。意見、需求和優先順序，都必須被平等地表達和聆聽，才能和諧地找到它們的出路。

權杖六：一如其他的數字六牌，在第五張牌的衝突之後，我們找到一種和解與再度結盟的方式。傳統上，「權杖六」與勝利和成功有關，表達一種讓我們鶴立雞群的風采，一種使我們具備領袖魅力、吸引力，或者在別人眼中顯得出類拔萃、功成名就的光芒。這張牌是一面奇怪的鏡子，在奉承我們的同時，也質問我們是否對這種關注感到舒適自在，還有當簾幕閤上之後，會發生什麼事。

權杖七：塔羅中的數字七往往道出內在的衝突。就像我們藉由創造之火來做好準備，這張牌可以詮釋成我們自己發展出來的恐懼，用以對抗自己的創造力。有時，與其跟別人分享，不如把那道光私藏起來，這樣更加令人覺得舒服。膽怯、漠不關心、害怕別人的評斷⋯⋯這是一張難以隨便應付的牌，因為它逼使我們去面對自己的濫用想像力，以及為自己設置障礙的能力。這張牌質疑我們的藉口的正當性，並要求我們找出為什麼不讓計畫徹底完成的原因。

權杖八：到了「權杖八」，能量以彗星的步調快速行進。行動、事件、想法和機會，風風火火地從我們面前疾馳而過，讓我們目瞪口呆。基本上，這張牌叫我們要跟上環境改變的速度，它告訴我們，周遭的現實環境可能讓事情進一步發生變化，我們應該準備好加快腳步，否則會因手忙腳亂而錯失機會。就像開得恰到好處的玩笑，「權杖八」也涉及時機之妙處，還有我們有責任認清什麼時候最適合有計畫地往前走、做出決定，並說出未來會產生重大影響的主張。

權杖九：在黑夜中發光的餘燼，「權杖九」就像一簇沒有火焰的火，堅持將一切燒成灰燼。這張牌看起來低調，近乎死亡，描述這個無法撲滅的生命力，使我們即便在虛弱的時刻也能保持警覺，雖然受了傷，但沒有被擊敗。我認為「權杖九」在談入會儀式和神聖的考驗——火的洗禮（喻指嚴峻的考驗）——那些摧毀掉部分自我，好讓我們能復活的時刻，就像鳳凰浴火重生，超越那些曾經殘餘的自我。

權杖十：「權杖十」類似視覺暫留的現象。如果我們盯著一個閃爍的光源，它的影像會印在我們的視網膜，改變我們看待世界的方式，使我們目盲。在「權杖十」也有同樣的過度刺激，結果讓我們失去了掌控。就像壓垮駱駝的最後一根稻草，我們漸漸屈服於我們所願意揹負的無窮事物的重擔之下。這張牌背後可能存在著我們對於控制的不理性需求，以及否認自我的極限。在與自己交手的殘酷競賽中，當我們直視太陽，我們無法看清為什麼不應該犧牲自己的幸福，只因我們誤以為多即是豐盛。

權杖侍從：噢！「權杖侍從」，你是如此討人喜愛的怪咖。總是敢於進行最奇異的實驗，隨時準備從事自發性的冒險。你興奮、熱烈的發言和不知疲倦的幹勁，使你成為火熱的繆斯。透過你的雙眼，我們以不同的方式看世界，將它當成一個意外發現的國度，孕育出最荒謬點子的孵化器。

權杖騎士：「權杖騎士」如火一般的魅力教人難以抗拒！大膽且充滿活力，這張宮廷牌散發開拓者的能量，為追隨著開路，定義了勘測世界的新方法。他們的野心配得上他們勢不可擋的決心，當心中出現某個想法，他們絕不會打退堂鼓。身為團隊的一份子，他們是最佳的領導者，會讓每個人跟上他們的速度和提升強度。身為夥伴，他們精力充沛又熱情，而且我知道他們是絕佳的情人。

權杖皇后：生氣勃勃的「權杖皇后」總讓我想起史蒂薇·尼克斯（Stevie Nicks，美國歌手和詞曲作家）。一個讓人難以忘懷的人，渾身散發波希米亞氣質，流露非凡的領袖魅力——她是十足的藝術女巫。她總是在派對上迷倒眾生，活躍的風采吸引了大家的目光。她天生具有直覺力，有幾分像先知，會接著說完你想說的話，或者在你想起她的時候，正好打電話給你。

權杖國王：像太陽一樣耀眼的「權杖國王」是光芒四射的天才，以及有遠見卓識者。他獨特的創造能力，讓他發明出許多即將成為新常態的事物。我稱他為「自成一格的鉅子」（Sui Generis Prince），因為他具備從頭創造新事物的能力，以及作為煉金術寶庫的頭腦，能將平凡的東西變成無比神奇之物。「權杖國王」定義了何謂里程碑，在我們之前與之後的時代，用他們透過靈感產生的願景，來留下自身所處的標記。

權杖一

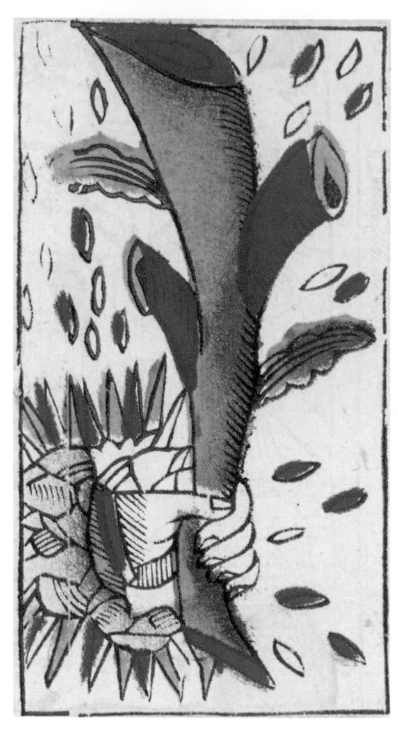

左

「權杖一」，出自某副雙頭塔羅，1850年發行。

右

出自《維耶維爾塔羅》的「權杖一」，1650年，法國。

權杖二

左

出自阿魯埃特遊戲的「權杖一」，傳統上也被稱作「橡樹二」（*Deux de Chenes*），牌中顯示一個孩童在兩棵樹之間保持平衡，底下一隻小狗開心地跳向他。戈代設計，安西安娜·梅松·泰斯杜（Ancienne Maison Testu）發行，1875年，巴黎。

右

「懊惱」、「惱怒」、「妒忌」。「權杖二」，出自以馮斯華·伊斯納爾的牌組為本的某副塔羅，1792至1799年發行。

權杖三

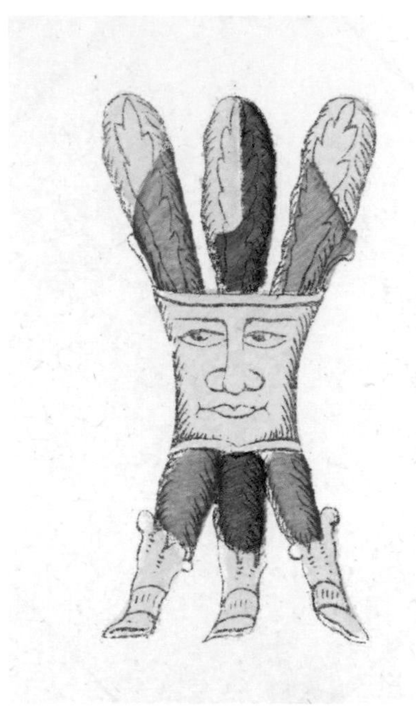

左

擬人的「權杖三」，出自義大利那不勒斯發行的某副塔羅，1902 年。

右

「權杖三」，出自十五世紀後期的《索拉・布斯卡塔羅》，義大利。

權杖四

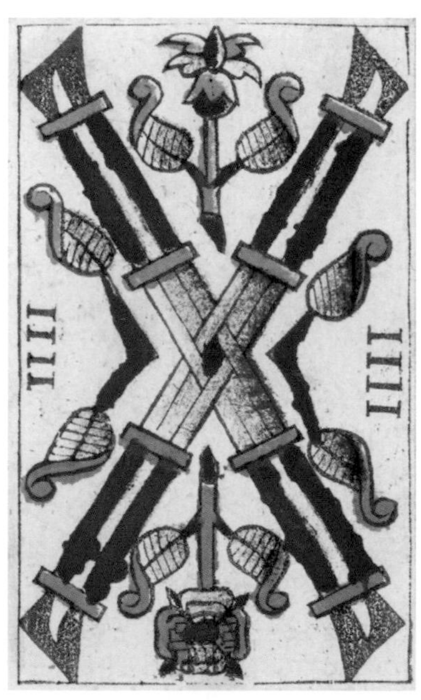

左

「箭四與權杖四」，出自《世界的四部分》（*Quatre Parties du Monde*）遊戲牌，達弗呂在比利時布魯日發行。

右

出自《讓・諾貝雷塔羅》的「權杖四」，1659 年，法國。

權杖五

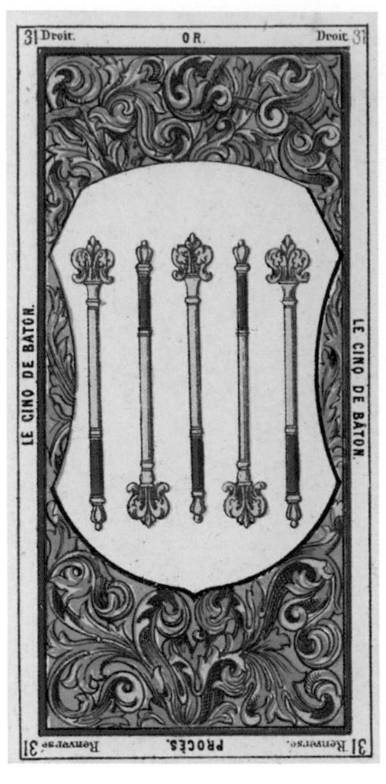

左

「黃金」，「訴訟」。「權杖五」，出自《夫人神諭大遊戲》，雷加米設計，1890至1900年，巴黎。

右

出自《西班牙遊戲牌》的「權杖五」，發行作為約瑟夫．巴杜父子公司煙卷紙的廣告，1880年，菲律賓馬尼拉。

權杖六

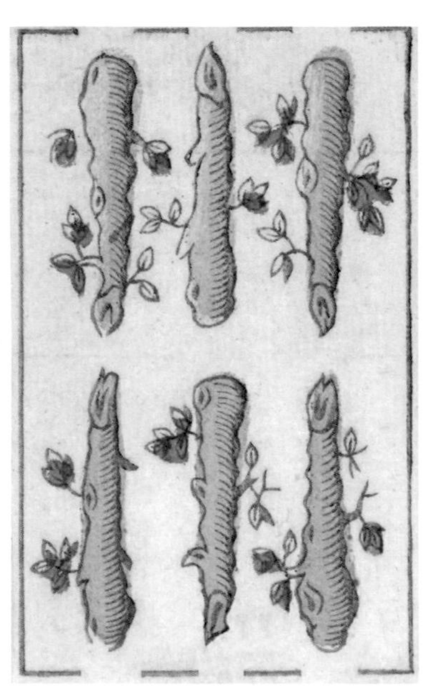

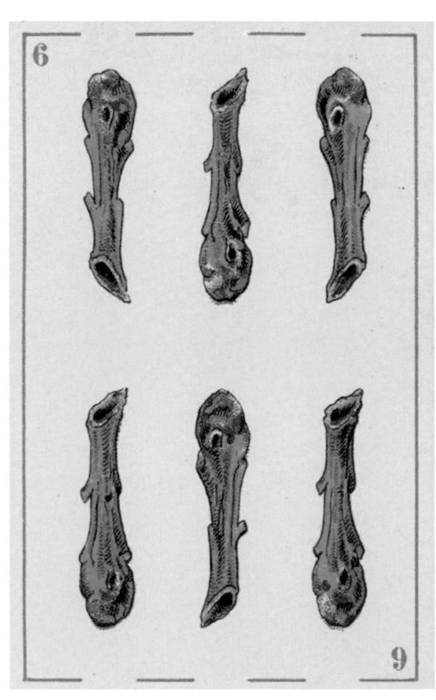

左

出自某副遊戲牌的「權杖六」，1800至1830年在法國發行。

右

用以宣傳天使巧克力的遊戲牌，1880年在西班牙巴塞隆納發行。

權杖七

左

以賽萬提斯為主題的遊戲牌組，發行用以宣傳天使巧克力，派斯特設計，1900 年在西班牙巴塞隆納發行。

右

出自《維斯康提·迪·莫德隆／卡瑞－耶魯塔羅》的「箭七」，據稱作者為博尼法喬·班波，1447 至 1478 年，義大利米蘭。

權杖八

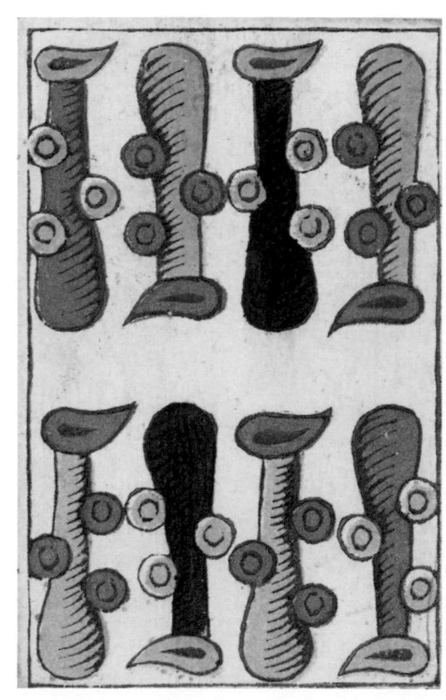

左

出自某副遊戲牌的「權杖八」，紀堯姆·格羅薩（Guillaume Grossard）在法國波爾多發行，1760 至 1780 年。

右

「權杖八」，出自以尼古拉·康威的牌組為本的馬賽塔羅，梅松·卡穆安發行，1890 至 1900 年。

權杖九

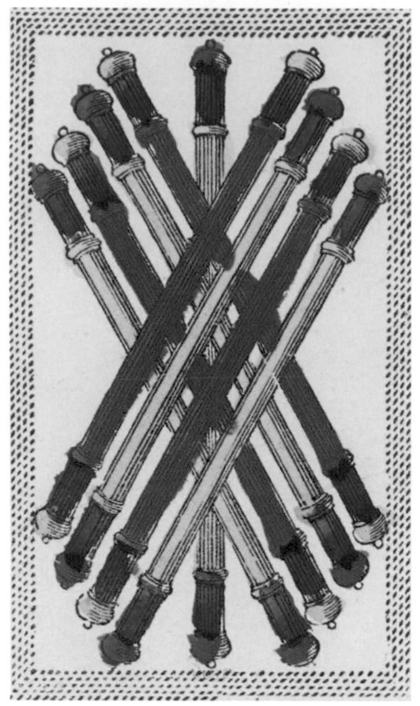

左
「權杖九」，出自為了慶祝建立君主立憲政體而發行的西班牙塔羅牌，1882年，巴塞隆納。

右
出自明奇亞特牌的「權杖九」，巴拉喬里在義大利佛羅倫斯發行，1860至1890年。

權杖十

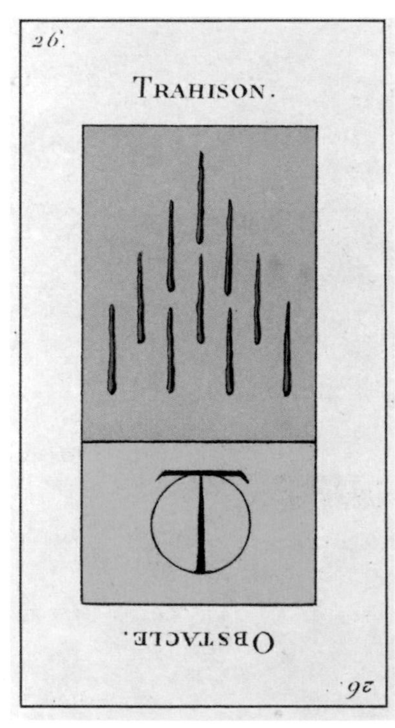

左
出自《貝桑松塔羅》的「權杖十」，1878至1891年發行。

右
「背叛」，「障礙」。出自《大埃特拉／埃及塔羅》的「權杖十」，十九世紀後期在巴黎發行。

權杖侍從

左

手持燃燒的"yod"字母（yod 是希伯來語的第十個字母）的「權杖侍從」，出自某副雙頭義大利塔羅，1900 至 1930 年由格里莫在巴黎發行。

右

「好心的陌生人」，「消息」。阿波羅「權杖侍從」，出自《夫人神諭大遊戲》，雷加米設計，1890 至 1900 年，巴黎。

權杖騎士

左

女性「權杖騎士」側坐騎著馬，出自《維斯康提·迪·莫德隆／卡瑞－耶魯塔羅》，據稱作者為博尼法喬·班波，1447 至 1478 年，義大利米蘭。

右

英勇的「權杖騎士」騎著人立起來的馬，出自西班牙遊戲牌組，荷西·馬丁尼茲在馬德里發行，1810 年。

權杖皇后

左
優雅的「權杖皇后」，出自《朱塞佩．米泰利塔羅》，約1670年在羅馬發行的波隆那式牌組，朱塞佩．米泰利雕版。

右
出自某副馬賽塔羅的「權杖皇后」，1930年由格里莫在巴黎發行。

權杖國王

左
「權杖國王」，出自《大埃特拉／埃及塔羅》，1875至1899年在巴黎發行。

右頁
出自阿魯埃特牌的「權杖國王」，波威（Beauvais）在法國南特發行，十九世紀初期。

10

牌卡占卜
與占卜遊戲

牌卡占卜

牌卡占卜的歷史既迷人又難以記述，而且充滿了自相矛盾之處。解讀遊戲牌卡以找出預示的訊息或資訊，這種行為歷來只出現在少數學者、詩人和藝術家的記述之中，他們多以見證人的身分加以描述，而非本身是個占卜者。如果這些事蹟提供了我們一點線索，說明一般遊戲牌卡已經被改變了用途，成為一種預知事物的工具，那麼我們也必須考慮到，它們只是民間占卜風尚的冰山一角。在看不見的冰山裡，牌卡占卜是一種在地化且具備多種用途的傳統，透過口傳或自學的方式傳授，多半私下進行，以免遭受迫害。

最早提及牌卡占卜的紀錄之一，來自費爾南多·德·拉·托雷（Fernando de la Torre）發明的遊戲，以詩的形式寫於一四五〇年代。在他獻給卡斯達尼達伯爵夫人（Countess of Castaneda）門西亞·恩里奎茲·德·曼杜沙（Mencia Enriquez de Mendoza）的作品《牌卡遊戲》（"Juego de Naypes"）中，這位卡斯提爾（Castile，西班牙的一個古王國）詩人以韻文描述了一種想像中的西班牙遊戲的四十八張牌。在這副牌中，每張牌都讓人想起一種道德價值、象徵的情境，或出自歷史或神話的著名人物。他在詩中解釋，為什麼這個遊戲可以用來算命和瞭解某人的浪漫意圖。一個世紀後，牌卡解讀連同擲骰子和投骨頭（古代的一種占卜方式），將在喬凡尼·法蘭西斯科·皮科·德拉·米蘭多拉（Giovanni Francesco Pico della Mirandola）的《論預知事物》（*De rerum praenotione*）一書中被大肆批判，這是義大利文藝復興時期反對魔法和占星推算最具代表性的文本之一。

我們必須等到十八世紀和孔特·德·梅爾的作品問世，他在庫爾·德·熱伯蘭著名的百科全書《原始世界》中發表了一篇名為〈塔羅與占卜塔羅牌研究〉（"Recherches sur les Tarots, et sur la Divination par les Cartes des Tarots"）的文章，探討塔羅與遊戲牌卡兩者的花色及占卜用途的相似之處，還有它們如何實際普及用於「查看命運」。德·梅爾的作品將啟發一位神祕主義者，也就是稱作埃特拉的讓－巴普蒂斯特·阿利埃特，後者贏得塔羅和牌卡占卜史上「第一人」的封號，我們稍後將以專章進行討論。

埃特拉常被認為是意外地創造了「牌卡占卜」（"cartomancy"）、並將這門技藝的最早出版品和牌卡給商業化的功臣。埃特拉的作品之所以重要，是因為它提供了史上第一份關於牌卡占卜法的書面記述和架構記錄。他的作品被後來的許多解牌者重新檢閱。然而，一個世紀後，埃特拉深受到艾里法·李維的鄙視，李維用最尖酸的語氣描述他是個「無法正確說好和拼寫法語的前美髮師」。這種態度體現在十九世紀神秘學圈子裡，普遍看不起牌卡占卜的情況，有別於他們對秘傳塔羅深奧複雜的評價，牌卡占卜總是被視為下流粗俗的東西。牌卡占卜是給那些不適應社會者，

左頁

找人算命的女子，作者為某不知名藝術家，可能出自十八世紀，倫敦惠爾康收藏品。

給女性、被驅逐者和普羅大眾所從事的活動，而這正是我如此喜歡牌卡占卜的原因。

解牌的方法因地區不同而有極大的差異。牌卡占卜傳統從摩洛哥延伸到俄羅斯，跨越墨西哥，所有在地的預言遊戲牌都很有趣。在法國，傳統上會使用皮克牌，這種遊戲牌包含了三十二張牌（二、三、四、五、六闕如），還有勒諾曼小姐建議的方法，以上乃根據她在自傳中的說法。你可能也會發現當中有三十六張牌（加入二或六）。當然，占卜時會用上一整副五十二張牌。一般而言，牌卡會攤開成一幅幅畫面，具備各自的意義，而且牌意的演變取決於毗連的牌。

以下的詮釋方式是我從前使用過的一種，相互參照了與法國牌卡占卜有關的不同經典方法，加上我個人直觀的感知。這些詮釋方式旨在提供一些資訊，但可能讓某些讀者感到驚訝，因為他們找不到任何關聯點，能將牌意連結到出自德．梅爾的牌卡占卜書面傳統，或早期的埃特拉技巧。當中被落實的一個詮釋方式之一，是抑制傳統性別角色（侍從代表年輕男子，皇后代表婦女……）和頭髮顏色（黑桃是黑髮民族，紅心代表金髮），對此我個人視之為一種過時的作法，而且感到相當氣餒。

右頁

「吉普賽算命師」，杰恩醫師（Dr. D. Jayne）的滋補驅蟲藥（Tonic Vermifuge）附贈的收集牌卡，約 1880 年。倫敦惠爾康收藏品。

B.N
EST

方塊花色

傳統上，方塊花色讓人想起陸地和陸地之間的通道。方塊在法語中稱作「方磚」（*carreau*），有時被想像成那種覆蓋地板的地磚，並且經常被延伸成與土元素有關。在十八和十九世紀，這些紅色方格牌往往與鄉村生活掛鉤，因為過著鄉村生活的人必須與土地和季節的節奏同步，專注於農事以及與大自然合作，從中獲取糧食。在這個面向，方塊可以詮釋為我們喚起的能量和努力，用來培育某個想法，使之實現或產生具體的改變。將田園的隱喻加以延伸，方塊按慣例也代表了旅行和溝通管道，就像農夫必須每週進城去販售他的勞動成果。面對方塊花色，我們須設法瞭解，為了獲得成功，我們需要完成什麼事情。

在法國牌卡占卜中，你會發現方塊花色的另一個詩意的類比方式：它們被想像成箭。在這個情況下，它們被詮釋成代表計畫、快速移位和目標取向。法語的 *carreau* 確實也意指十字弩所射出的「方鏃箭」，因此這個花色常被用於指涉箭術的寓意畫，隨著數字一一展現拉弓、瞄準目標、向空中放箭或射中靶心的隱喻。

方塊 A：「太陽底下的新鮮事。」一個信息或一封信；取得新知識；一種出乎意料但正面的發展。邀請你改造自己或翻新某事物。

方塊二：專業領域中真正的合作，例如進行鋼琴四手聯彈時，兩位音樂家共用一排琴鍵。每個人演奏各自的部分，分享他們的技術。從兩層樂音中浮現的旋律合而為一。

方塊三：初期的成功。數量雖少，但具有重要象徵意義的金錢報酬。這張牌使我想起許多商店老闆將賺來的「第一塊錢」釘在他們的櫃臺後面，作為好運的象徵，以確保生意興隆。

方塊四：順暢的工作流程、達到財務穩定。這張牌也讓人想起要建立名聲、家族企業或賭上深植於過去的聲譽（或好或壞，取決於毗連的牌）。

方塊五：欲求與期待之間的緊張狀態。物質控制欲。權力的瘋狂或貪婪的行為。太急著想得到太多東西。難以傳達的欲望。追求財富的錯誤消息。流言蜚語、偏見和嚴苛的評斷。可能的溝通失誤或有隱藏的訊息。

方塊六：新動機、新活動和新能量。戳破現實的力量，以及因採取主動而有所作為。不害怕去嘗試。寬宏大量。

方塊七：突然走運，獲得與工作有關的意外機會。路上的障礙被清除，意想不到的收穫。冒險所得到的回報。

方塊八：旅程、旅行，遷移到熟悉但遙遠的地區。風景改變。戶外活動，回到陸地上。規劃事情和打包行李。

方塊九：耽擱和障礙。計畫遠遠落後於規劃的時程，情況岌岌可危。必須克服諸如挫折和不耐煩的情緒。

方塊十：成功的冒險，人生的黃金年代。物質財富和終結與貧窮有關的焦慮。這張牌也可能宣告一場在異國或遙遠之地的旅行，在那裡你會發現自己迷失在改變中。

方塊 J：信使，以客觀或主觀的方式傳達重要消息的人。學生，尚未擁有太多權威和地位的人，會在未來的局勢中扮演關鍵角色。

方塊 Q：「築巢」型的人，會利用她的聰明才智和權力來建立財務和物質安全感。個性堅強的人，如果穩定性受到威脅，她可能會變成女狼人，或者，如果你的處境更好，她會嫉妒。

方塊 K：強大、明智和堅持己見的人，他是敏銳的領導者，也可能是做事有遠見的人，能跳脫框架思考並改寫規則。過度活躍而難以安定下來。潛在的工作狂。

方塊A

266 頁

「方塊八」，出自配有插圖的牌組，1840 年代在德國法蘭克福創製，作者為約翰・安東・史坦伯格（Johann Anton Steinberg）。

左

在木桶上打牌的三個男人。「方塊A」，出自所謂的華倫斯坦（Wallenstein）變形牌組，這套寓意遊戲牌於 1807 年在德國創製。該牌組的靈感來自弗雷德里希・席勒（Friedrich Schiller，十八世紀德國詩人、哲學家和劇作家）的三聯劇，由克里斯蒂安・威廉・馮・法貝爾・杜弗爾（Christian Wilhelm von Faber du Faur）繪製插圖。

右

一隻幽靈似的手在法國郵筒投進一封信，這張牌出自占卜牌組《小巫師遊戲》（*Jeu du Petit Sorcier*），1880 年由格里莫發行。

方塊二

左

兩顆美洲南瓜作為「方塊二」，出自某副所有方塊牌都以蔬果描繪的遊戲牌組。1650 年於巴黎發行。

右

出自某雙頭牌組的「方塊二」，1853 年尼古拉－瑪麗・加托（Nicolas-Marie Gatteaux）和安那托爾・于洛（Anatole Hulot）在巴黎發行。

方塊三

上左

「版畫店」。「方塊三」，出自精美的《四大洲豪華遊戲牌》，一副描繪四大洲、配有插圖的牌組，1875 年由登多夫在德國法蘭克福發行。

上右

「方塊三」，出自配有插圖的牌組，由夏洛特．馮．雅尼森－沃爾沃特設計，1808 年在德國發行。

方塊四

左

四隻鸚鵡作為「方塊四」，這副遊戲牌組用於慶祝法國路易十四國王的統治，整個牌組都使用鳥類畫作為插圖。1662 至 1715 年在巴黎發行。

右

水果「方塊四」，出自所謂的雅克曼．格蘭高尼（Jacquemin Gringonneur）牌組，這副從中世紀獲得靈感的遊戲牌組，1864 年由歐托女士（Mademoiselle Hautot）在巴黎發行。

方塊五

左

這張 1804 年的「方塊五」呈現青翠的怪誕圖樣。約翰．安東．史坦伯格在德國法蘭克福發行。

右

「謙遜－賣弄學問」。有三色菫標記的「方塊五」，這副具有教育意義的「波士頓」式遊戲牌組，靈感來自於植物分類法。該牌組由路易－馮斯華－亨利．勒菲碧（Louis-François-Henri Lefebure）予以概念化，1820 年在巴黎發行。

方塊六

上左

「方塊六」，在獎章形圖框中顯示亞維農橋，上方是羊男薩堤爾，出自夏洛特．馮．雅尼森－沃爾沃特繪圖的寓意遊戲牌組，1806 年。

上右

「快樂的戶外時光」，出自某占卜牌組的「方塊六」，十九世紀末由帕羅（Pairraux）在法國波爾多發行。

方塊七

左

新藝術風的「方塊七」，亨利・穆尼爾（Henri Meunier）設計，1900 年在比利時布魯塞爾發行。

右

站在冬青枝上的喜鵲。「方塊七」，出自配有插圖的某副遊戲牌組，創作於十九世紀後期。

方塊八

左

羅馬花神芙羅拉（Flora），出自神話主題的遊戲牌《英雄牌卡》，由維克多・藍格繪圖，1847 年。

右

「鄉間道路，田園小徑」。出自某占卜牌組的「方塊八」，帕羅在法國波爾多發行，十九世紀末。

方塊九

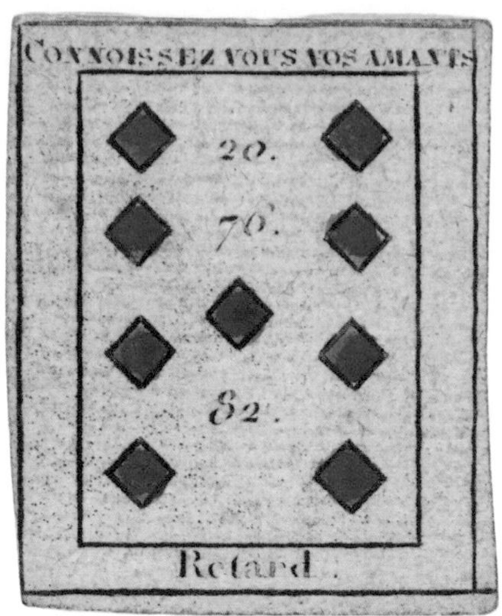

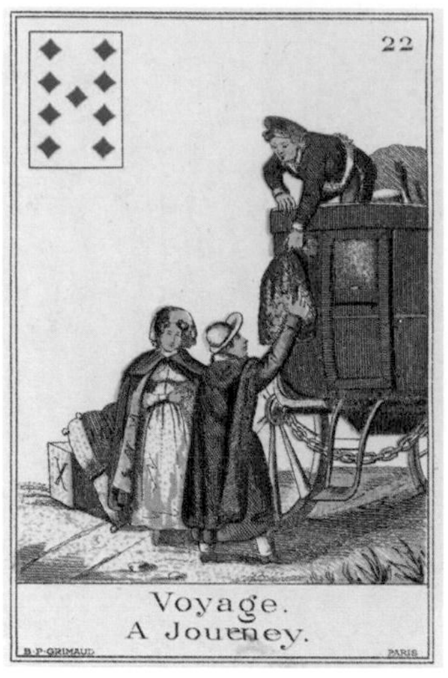

左

「你認識你的情人嗎？——拖延。」「方塊九」，出自具備問題和引文的占卜牌組，1770 至 1820 年間在法國創製。

右

「旅程」。出自《命運之書》的「方塊九」，夏蒂埃－馬爾托與布丹（Chartier-Marteau and Boudin）發行，格里莫在巴黎印製，約 1900 年。

方塊十

上左

顯示駕車孩童的「方塊十」，出自所謂的《聖女貞德遊戲》（*Jeu de Jeanne d'Arc*），以席勒的三聯劇為本的變形遊戲牌組，夏洛特・馮・雅尼森－沃爾沃特設計，由路德維希・費迪南德・胡貝爾（Ludwig Ferdinand Huber）於 1804 年發行。

上右

司智慧與貿易的羅馬女神密涅瓦（Minerva），出自神話主題的遊戲牌《英雄牌卡》，由維克多・藍格繪圖，1847 年。

方塊 J

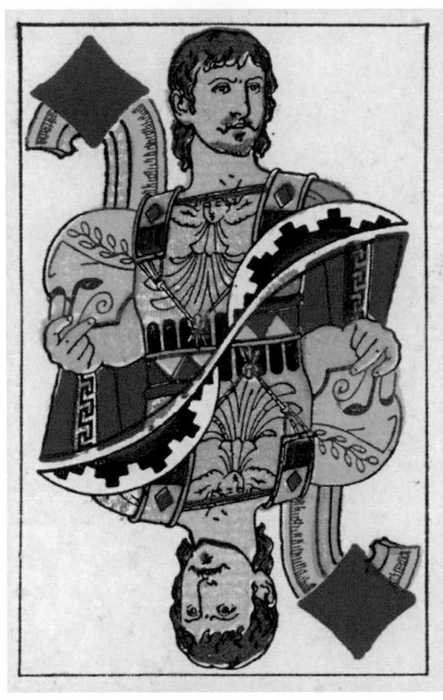

左
特洛伊士兵作為「方塊 J」，出自從古希臘獲得靈感的遊戲牌組，1900 年由格里莫發行。

右
森林精靈西爾凡（Sylvan），手持著長柄大鐮刀，站在一輛農用貨車附近。出自十七世紀中在巴黎發行的遊戲牌組。

方塊 Q

左
西瑞斯（Ceres）作為「方塊 Q」，羅馬神話中司穀類作物和肥沃力的女神，出自十七世紀中期在巴黎發行的遊戲牌組。

右
「方塊 Q」，出自加斯東・凱紐（Gaston Quenioux）設計的中世紀主題遊戲牌組，1900 年由格里莫在巴黎發行。

方塊K

上

出自某雙頭牌組的「方塊國王」，1853年由尼古拉－瑪麗·加托和安那托爾·于洛在巴黎發行。

右頁

強大的「方塊國王」，出自以四種花色代表四大洲的遊戲牌組。方塊牌組與非洲有關。十八世紀末在德國發行。

WILLIAM FOX
presents
THEDA BARA
in a photoplay version of
CARMEN
Produced by
R.A. WALSH
FOX FILM
CORPORATION

黑桃花色

在勞烏・沃爾希（Raoul Walsh，美國電影導演和演員）的一九一五年電影《卡門》（*Carmen*）的宣傳海報中，飾演主角的西達・芭拉（Theda Bara）被描繪成正在解讀占卜牌。西達・芭拉瞪大一雙招牌的銅鈴大眼，當她發現牌陣中的最後一張牌是當中最不祥的牌，也就是預言災難的明顯徵兆——「黑桃 A」，這位好萊塢蕩婦面露恐懼和驚嚇的表情。

在牌卡占卜中，儘管它的傳統因文化不同而有極大差異，但黑桃花色一向揹負著不祥的名聲，昭示著極糟的意外災禍、瘟疫和一切介於兩者之間的事物。黑桃是一個奈米碳管黑體（Vantablack，目前已知最黑的物質之一）旋渦，會吸走我們身上剩餘的任何一絲光亮，像個極其曼妙迷人的兇險女妖死纏著我們不放。但它不全然只有詛咒和罪過，黑桃也關係到法律和秩序、司法體系、權威、政治、軍事力量，以及我們為了求生存而攻擊或防禦的方式。

黑桃 A：死亡與復活的循環。變形。徹底的改變和未預見的障礙。

黑桃二：與伴侶或家庭成員的衝突。有建設性但痛苦的言語爭執。導致分手的背叛。

黑桃三：不貞和三角戀情，壓垮駱駝的最後一根稻草，惡毒的揭露、流言蜚語，以及第三者曝光。

黑桃四：受困於疾病或某種局勢。身體受苦，以及成為痛苦根源和無法逃離的家。限制。不可能移動或改變結果。精疲力竭、無生氣、怠惰。

黑桃五：憤怒和溝通困難，怒吼。需要遷移。失落和感覺被拋棄、挫折和悲傷。

黑桃六：一個完整的循環。一個篇章的結束。快樂的結局。自然的結束感。

黑桃七：不幸和運氣不佳，為錯誤的決定或短視的眼界付出代價。造反行為及後果。惡作劇。

黑桃八：精神不穩定、妄想和否認。失衡。

黑桃九：悲傷，挫敗感以及缺乏自信。失望和背叛。

黑桃十：靈魂的冬天。抑鬱的插曲和缺乏渴望。沮喪和沒有展望。

黑桃 J：精明幹練的人——通常被想像成年輕人——情感不成熟且乖僻。古怪、有迫切感的人，喜歡做實驗，尤其如果他們樂於冒險或打破禁忌。隱藏的黑暗在蠻勇的精神中昇華。

黑桃 Q：獨主自主、野心勃勃的人——被想像成比較女性化的人物——具備許多才能，特別是修辭方面及和語言有關的任何事物。在她最黑暗的表現下，她會被視為是個操縱狂。在最好的情況下，她是優秀的戰略家，知道如何說服別人和進行協商。

黑桃 K：掌握權力的人，具備領袖魅力，有時傲慢自負。渴求和貪取別人的能量。控制和受控制。精明的領導者、說話刻薄的人，以及佔有慾強的情人。

左頁
1915 年電影《卡門》的海報，以普羅斯佩・梅里美（Prosper Mérimée）的中篇小說作為故事基礎，由哥德偶像始姐西達・芭拉扮演偶爾會用牌卡進行占卜的吉普賽（羅姆）女子卡門。

黑桃 A

左

「黑桃 A」，描繪普西芬尼被羅馬冥神普魯托（Pluto）擄走（頂部），以及卡戎（Charon）駕著他的船，載著亡靈渡越冥河（底部）。出自神話主題的遊戲牌組《英雄牌卡》，維克多·藍格繪圖，1847 年。

右

憂鬱——孤單的女子殷切地望著月光下的海，整個人陷入沉思。「黑桃 A」，出自所謂的《聖女貞德遊戲》，以席勒的三聯劇為本的變形遊戲牌組，夏洛特·馮·雅尼森－沃爾沃特設計，路德維希·費迪南德·胡貝爾於 1804 年發行。

黑桃二

左

兩個男人彼此被對方的劍刺穿。「黑桃二」，出自某副詼諧的遊戲牌組，1870 至 1888 年在德國法蘭克福印製。

右

挖掘者和他的鏟子。「黑桃二」，出自某副《巴爾布耶牌》（*Cartes Barbouillees*）牌組，由戈特利布·季斯林（Gottlieb Kissling）雕版，以揚·拉斯坦（Jan Rustem）為範本。1814 至 1815 年在立陶宛維爾紐斯發行。

黑桃三

右
在棺材上哭泣的女人。「黑桃三」，出自所謂的《聖女貞德遊戲》，以席勒的三聯劇為本，夏洛特．馮．雅尼森－沃爾沃特，由路德維希．費迪南德．胡貝爾於 1804 年發行。

黑桃四

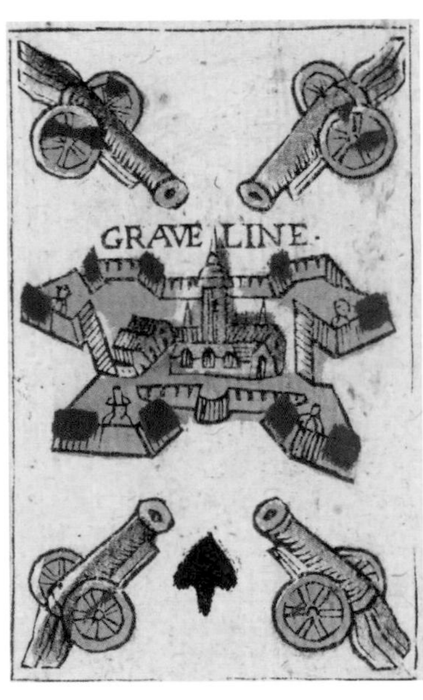

左
四門大砲作為「黑桃四」，出自慶祝法國路易十四國王軍事勝利的牌組，1735 至 1751 年。

右
一個老男人裸體在雪中行走，出自一副配有插圖的遊戲牌組，繪製於十九世紀後期。

黑桃五

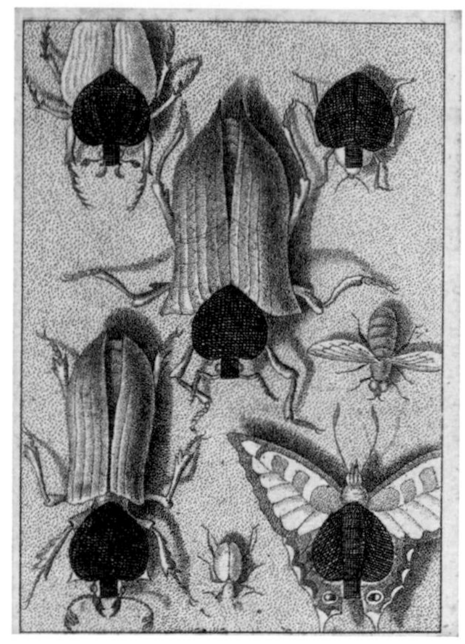

左

出自華倫斯坦遊戲牌組的變形牌，以席勒的三聯劇為本，克里斯蒂安・威廉・馮・法貝爾・杜弗爾設計，1807年。

右

女子謹慎地將一封情書遞給躲在樹後方的信差，沒有令抱著她的男士起疑。出自1840年代在德國法蘭克福創製的某牌組，作者為約翰・安東・史坦伯格。

黑桃六

左

「黑桃六」，出自中世紀主題的某遊戲牌組，加斯東・凱紐設計，1900年由格里莫在巴黎發行。

右

在林中行走的孤獨朝聖者，出自夏洛特・馮・雅尼森－沃爾沃特設計的牌組，1808年發行。

黑桃七

左

「黑桃七」，出自阿道夫·畢洛多（Adolphe Bilordeaux）的攝影牌組，1865年在巴黎發行。

右

「堅定帶來好運。」「黑桃七」，出自附有問題和引文的占卜牌組，1770至1820年間發行。

黑桃八

左

惡魔「黑桃八」，出自賽雷斯汀·南特伊設計的遊戲牌組，法國，約1838年。

右

新藝術「黑桃八」，亨利·穆尼爾設計，1900年在比利時布魯塞爾發行。

黑桃九

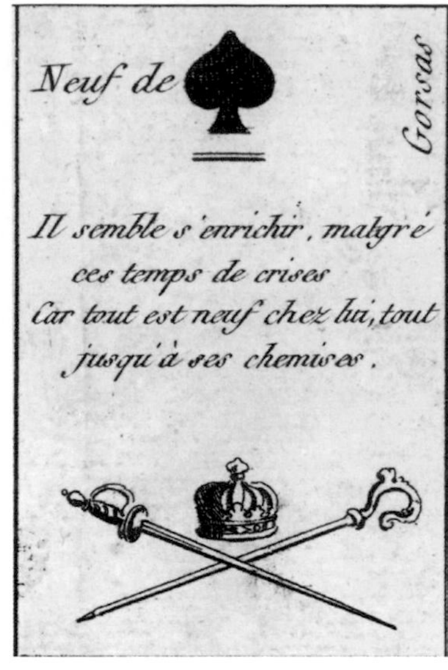

左

橫臥於哥德式墳墓裡的人物。「黑桃九」，出自夏洛特・馮・雅尼森－沃爾沃特設計的牌組，1808 年發行。

右

「他似乎變得更富有，即使我們身處危機時刻，他所擁有的一切都是新的，就連襯衫也是。」出自法國大革命期間某牌組的「黑桃九」。這張牌描述安東萬－約瑟夫・戈爾薩（Antoine-Joseph Gorsas），他的名字出現在上右角。戈爾薩是個煽動群眾的新聞記者，他的文章引發了數起暴動和叛亂事件。他與吉倫特黨（Girondins）人士往來，後來被革命法庭（Revolutionary Tribunal）判刑，死在斷頭臺上。

黑桃十

左

沉沒在暴風雨中的船。「黑桃十」，出自配有插圖的遊戲牌組，十九世紀後期。

右

「閱兵典禮」，「黑桃十」，出自華倫斯坦遊戲牌組的變形牌，靈感來席勒的三聯劇，克里斯蒂安・威廉・馮・法貝爾・杜弗爾設計，1807 年。

黑桃J

左

「這些無賴真的死不了，他們能說服別人當朋友。」出自某諷刺牌組的「黑桃J」，十七世紀末在英國發行。

右

「黑桃J」，出自用來教授紋章學的教育牌組。這張牌顯示出騎士的頭盔如何用在盾形紋章中。勒布倫（Lebrun）創製，十七世紀後期。

黑桃Q

左

描繪讓娜．阿謝特（Jeanne Hachette）的「黑桃Q」，這位中世紀的女英雄領導起義，阻止勃艮地公爵的軍隊佔領波威市。出自以《讓娜．阿謝特遊戲》（*Jeu de Jeanne Hachette*）為本的《變形遊戲》（*Jeu Transformee*），約1860年在德國達姆施塔特發行。

右

「寡婦－暴食－不信神－酩酊大醉」。根據這副早期小埃特拉牌組所描繪、「黑桃皇后」的不祥名聲，1860年由格里莫和夏蒂埃發行。

黑桃K

上

身上有刺青的馬克薩斯群島（Marquesas Islands）部落酋長作為「黑桃 K」，出自以《讓娜．阿謝特遊戲》為本的《變形遊戲》，約 1860 年在德國達姆施塔特發行。

右頁

這位脆弱、近乎裸體的國王掉落了他的王冠，因為有一隻龍蝦在攻擊他。出自某副配有插圖的遊戲牌組，十九世紀後期。

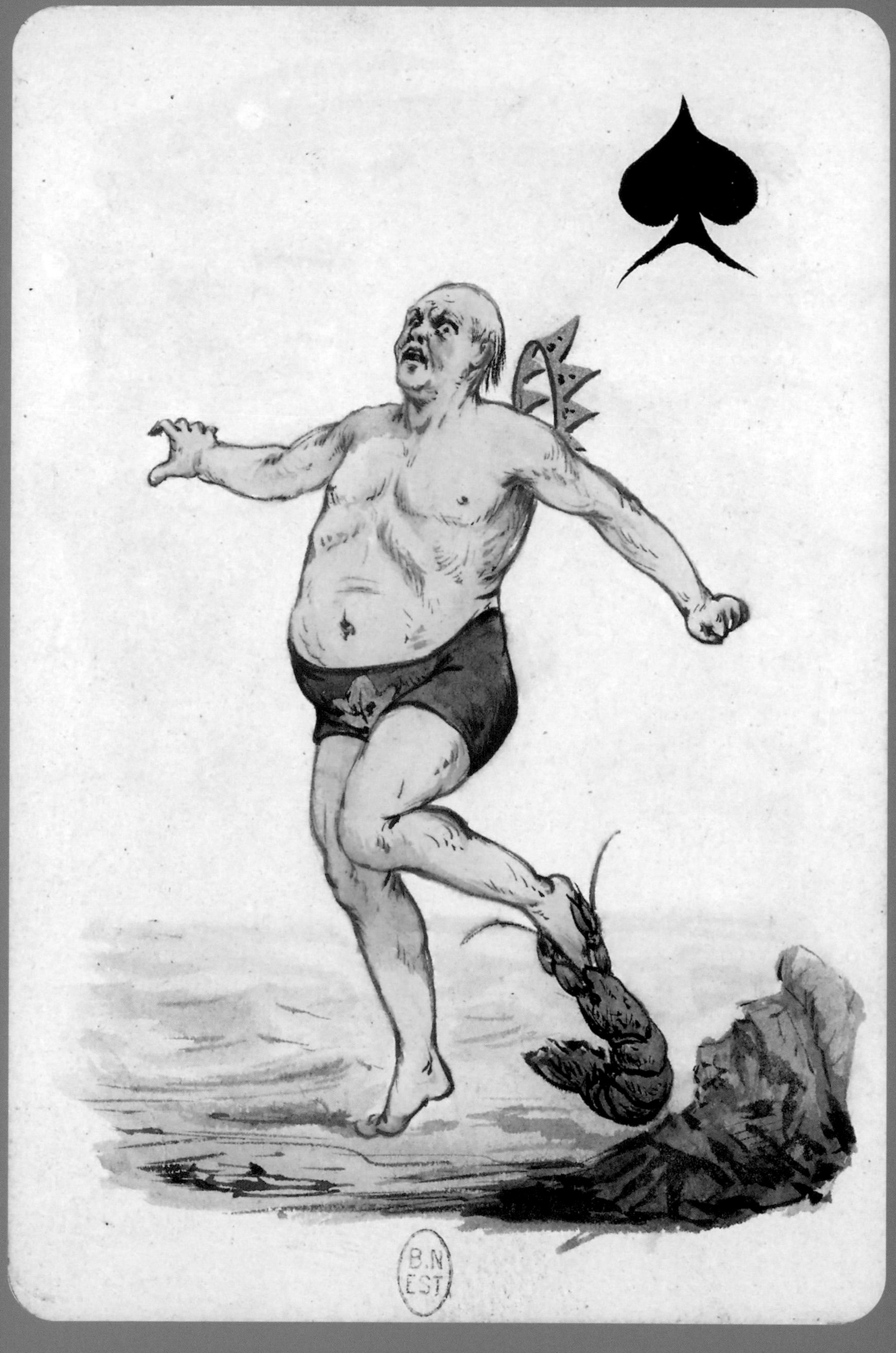
B.N
EST

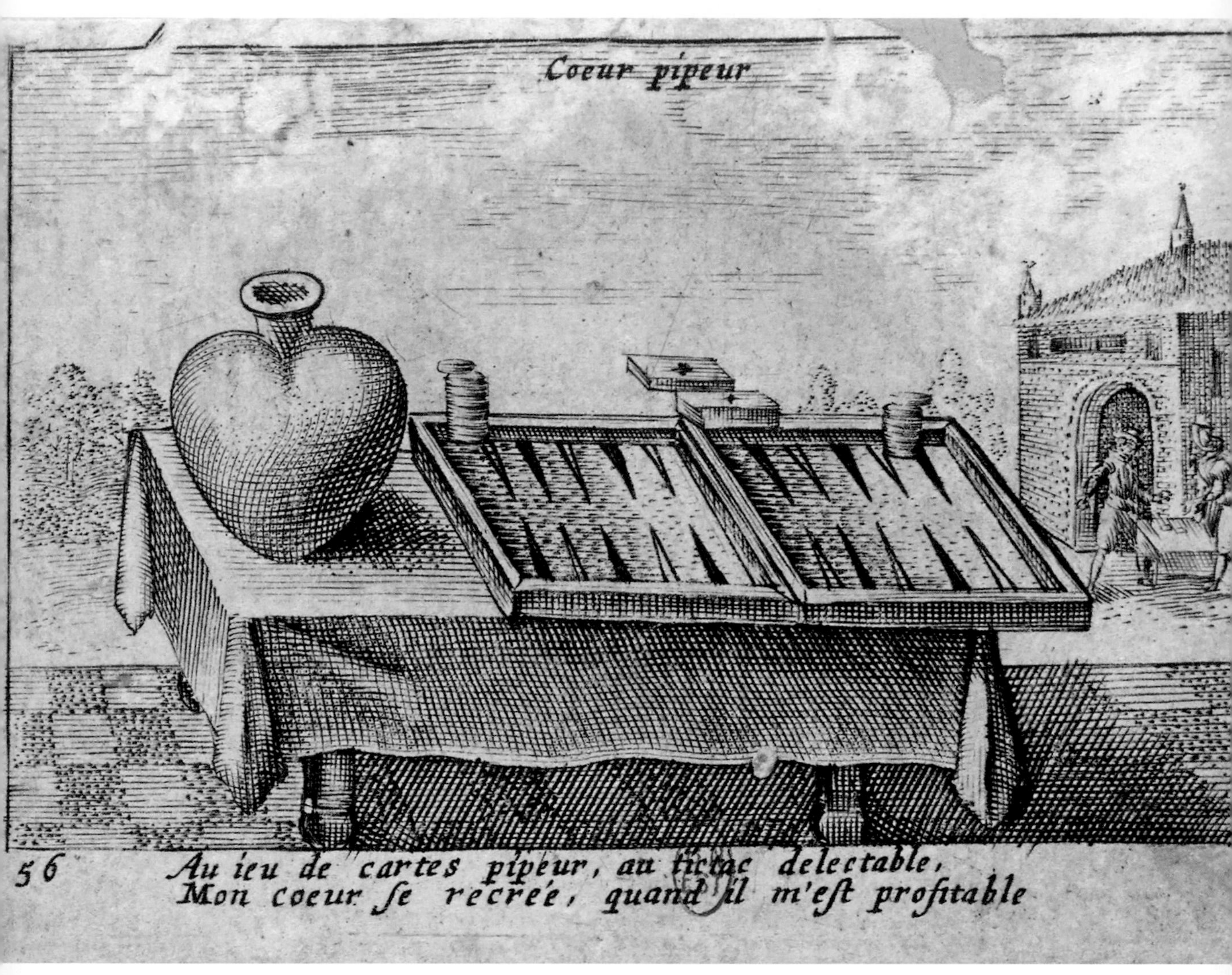

Coeur pipeur
56 Au ieu de cartes pipeur, au tictac delectable,
Mon coeur se recreée, quand il m'est profitable

上
「欺騙的心」寓意畫，出自十七世紀
在法國發行的格言牌組。

紅心花色

「比葡萄酒更香甜，比夏夜更輕柔。」紅心花色表面上看起來盡是樂觀和愉悅，顯然主宰著我們的社交和官能活動，以及與外界的情感交流。紅心牌一張接著一張，說明我們如何讓自己的情緒智商在最好（或者，有時是最壞）的情況下，定義我們的身分、我們所愛的東西，以及我們如何去愛。這個花色所呈現的典型主題，當然是戀情、友誼和家庭，但應該要延伸到所有藉由熱情將我們結合在一起的事物——嗜好、藝術投資、職業。紅心花色為促進和平與和諧奠定了基礎，而在這個基礎上，我們建立起信仰之路沿途的紀念碑。

紅心 A：喜悅，並且在樂觀積極的能量中徹底復原。好消息或新戀情。期待中的懷孕。成功的點子或帶來快樂的意外事件。愉快優雅地表達感官之美。

紅心二：對伴侶的愛，深情的交流或談話。和好或雙方同等著迷的新關係。合作、結合或婚姻。

紅心三：熱烈的創造力。生育力。求偶儀式和通過儀式。兒童成熟步入成年期。對獨立和自由的需求。象徵性的開花。

紅心四：舒適和協調。建立長久的關係，一種找尋巡航速度節奏的行動。

紅心五：官能、肉體的能量，以及我們對於這些壓倒性的感覺有多少掌控力。對別人感到渴望和悸動。那些使我們想要抓住、碰觸、品嚐和尋求親密感的事物。作為多種感官經驗的愛。

紅心六：和諧與至福。真正恢復平靜的感覺。信任與勇氣。重新感覺信任某人。

紅心七：一種迷戀！一種驚奇！一個突發事件！打破慣例，對你的生活造成驚人影響的反常要素。就像地毯在你腳下展開，這張牌非好非壞，而是取決於問卜者如何處理突如其來的事件，以及應付如潮水般湧來的意外事物的能力。

紅心八：家庭傳統、價值觀和遺產。出身的力量。社會群體作為一個被信賴和穩定的所在的概念。忠誠和友誼。名聲的重要。合適與不合適的東西。

紅心九：短期的勝利，維持住確實的成果的熱切需求。這張牌道出夢想的構成材料，以及夢想如何為我們的未來提供燃料。如果我們不抱希望，不信任自己的熱情，便無法真正有所成就。

紅心十：心的完美典型！快樂的結局和實現，恢復關係、情感穩定以及快樂的相聚。

紅心 J：阿波羅式的類型，傑克牌通常象徵聰明機靈且有點理想主義的人，沉迷於自己的創造才能。可是你得小心，他們外向的天性中可能隱藏著一顆敏感、情緒化、缺乏安全感的心。

紅心 Q：有愛心且深情，「紅心皇后」通常象徵不由自主地想去付出或給予滋養的人，她往往與「母親」的原型有關。在最好的情況下，她們親切體貼，而最壞的情況下，她們可能性格專橫和具有侵略性。

紅心 K：「紅心國王」關切保護別人且寬宏大量，如同當母親的「紅心皇后」，他被視為牌卡中的父親人物。一個意志堅定的領導者、但心慈手軟的指揮官，可能在危機時刻縱容下屬。他的黑暗面涉及過度寵溺，以及快樂導向的優先順序。

紅心A

左

「滿足、喜悅、信件或愛的禮物」。「紅心A」，出自帕羅在法國波爾多發行的占卜牌組，時間接近十九世紀末。

右

伸出舌頭的羊男薩堤爾作為「紅心A」，出自某副《巴爾布耶牌》，戈特利布．季斯林雕版，以揚．拉斯坦為範本，1814至1815年在立陶宛維爾紐斯發行。

紅心二

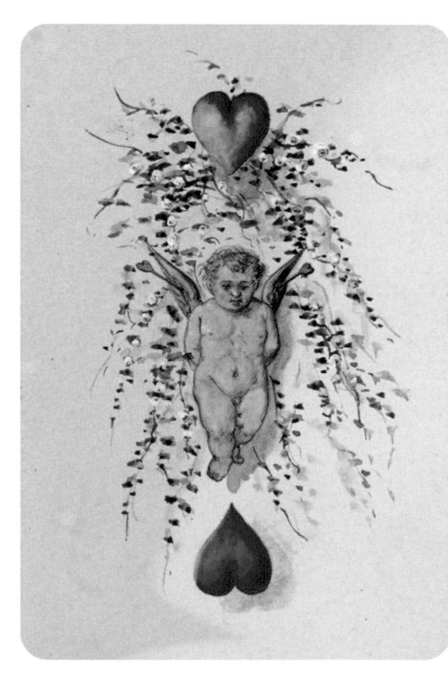

左

野豬和「紅心二」，出自某德國牌組，十六世紀後期。

右

「紅心二」，顯示被兩支箭射穿雙翼的邱比特，出自配有插圖的遊戲牌組，十九世紀晚期。

紅心三

上左

西弗勒斯（Zephyrs，希臘神話的西風之神）擄走賽姬（Psyche，希臘神話中人類靈魂的化身）。「紅心三」，出自某副變形遊戲牌組，約 1815 至 1830 年在法國發行。

上右

紅色背景中的白心。「紅心三」，出自某雙頭牌組，1853 年由尼古拉－瑪麗．加托和安那托爾．于洛在巴黎發行。

紅心四

左

玩耍中的兒童。「紅心四」，出自以《讓娜．阿謝特遊戲》為本的《變形遊戲》，約 1860 年在德國達姆施塔特發行。

右

一位年長女士被兩個擁抱的戀人所驚嚇，出自 1840 年代在德國法蘭克福創製的牌組，作者為約翰．安東．史坦伯格。

紅心五

左

安靜的午後，出自所謂的《聖女貞德遊戲》，以席勒的三聯劇為本的變形牌組，夏洛特．馮．雅尼森－沃爾沃特設計，由路德維希．費迪南德．胡貝爾於 1804 年發行。

右

所謂的「雅克曼．格蘭高尼」牌組，一種從中世紀獲得靈感的遊戲牌組，1864 年由歐托女士在巴黎發行。

紅心六

左

坐在繩索上的走綳索者。「紅心六」，出自 1830 至 1837 年間在德國創製的遊戲牌組。

右

在實驗室裡工作的煉金術士。「紅心六」，夏洛特．馮．雅尼森－沃爾沃特設計，1806 年發行。

紅心七

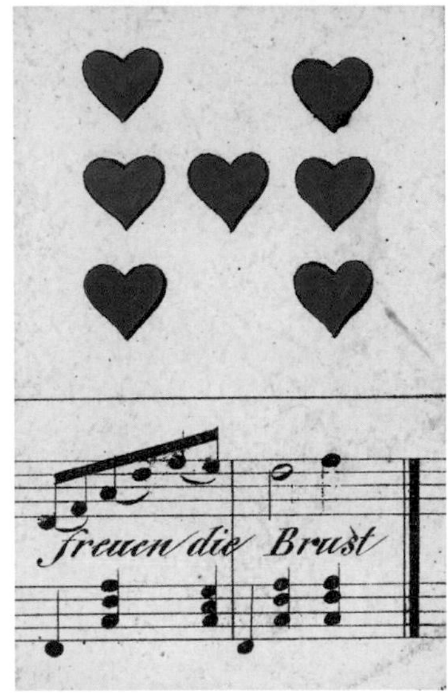

左

出自某德國牌組的音樂主題「紅心七」，約創製於1830年代。

右

「年輕女子、金髮、甜美」與「思想和愛的感覺」，由黃紫色的三色堇作為象徵，在法國，這種花與渴望有關。「紅心七」，出自帕羅在法國波爾多發行的占卜牌組，時間接近十九世紀末。

紅心八

左

一頭熊用來福槍在獵捕獵人。「紅心八」，出自某「古巴伐利亞」（“Alt-Bayerisch”）遊戲牌組，1757年發行。

右

繪有古怪的邱比特裸體像的古瓶。「紅心八」，出自夏洛特・馮・雅尼森－沃爾沃特設計的牌組，1808年發行。

紅心九

左

《慕尼黑青年》（*Münchner Jugend*）期刊發行的遊戲牌組，1898 年，德國慕尼黑。

右

在蒼翠的花園裡閱讀的女子，出自 1804 至 1815 年間發行的德國遊戲牌組。

紅心十

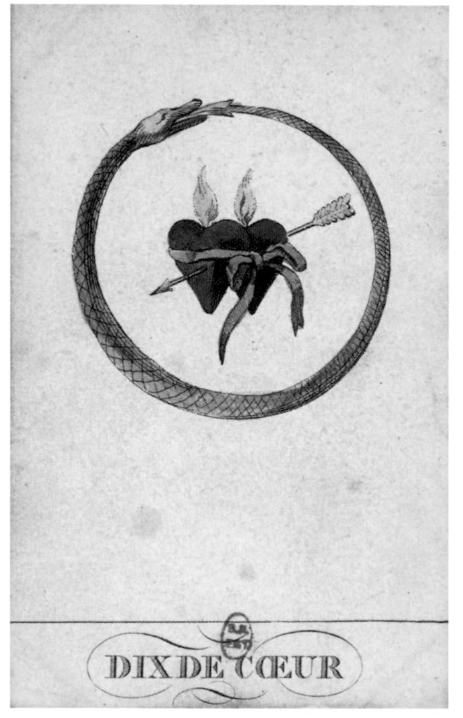

左

被一支箭刺穿的兩顆心，以藍色緞帶綁在一起，外面環繞著代表愛無止盡的銜尾蛇。「紅心十」，出自維奧莉在巴黎發行的占卜牌組，約 1814 年。

右頁

性感的水中繆斯，「紅心十」，出自約翰．安東．史坦伯格創製的牌組，1840 年代繪製於德國法蘭克福。

紅心 J

上左

羅伊特（C.H. Reuter）發行的《弄臣牌組》（*Narren-Karte*），1860 至 1870 年繪於德國紐倫堡。

上右

色彩豔麗的「紅心 J」，出自從中世紀獲得靈感的遊戲牌組，加斯東．凱紐設計，格里莫發行，1900 年。

紅心Q

左
《四大洲豪華遊戲牌》紅心牌中美艷的印度皇后，這副描繪了四大洲、配有插圖的牌組，於 1875 年由登多夫在德國法蘭克福發行。

右
出自《小巫師遊戲》的「紅心皇后」／「溫柔」，1880 年由格里莫發行的占卜牌組。

紅心K

左
「藝術天才」取代了「紅心國王」，這副遊戲牌出自十八世後期法國大革命期間。牌組中的國王換成了天才。該副牌以若姆與迪古爾克（Jaume and Dugourc）創製的類似牌組為範本。

右
特洛伊國王普賴姆被描繪成「紅心國王」，出自每個宮廷人物都騎著馬的某副牌。這副遊戲牌由馮斯華．德萊特（François Deletre）於十七世紀在巴黎發行。

梅花花色

傳統上，梅花牌談到我們對經濟層面的關注及其可能性，從我們與金錢的關係，到定義什麼東西對我們而言具有價值。梅花除了代表財務力量的實質增損，也可視為在描繪精神和人際關係上的慷慨大方，以及我們的幹勁如何讓我們與他人產生連結。它涉及了實際的事務，也關係到我們對於與人來往的渴望，以及想要在共同的價值觀上，與他人一起創造那些我們認為重要的事物。

梅花 A：有利可圖的投機活動或職業機會。你渴望的事終於如願以償的幸運時刻。計畫成功完成。突然且短暫的進帳、額外的好處、不可思議的運氣翻轉。

梅花二：正面的交流或夥伴關係，工作上的結盟、合作。這張牌也表示慷慨的舉動，問卜者不期回報地大方付出或獲得饋贈。因此，「梅花二」涉及寬宏大量的行為，以及暗示們可以慷慨地付出。

梅花三：擴張和成功。開枝散葉。培養新技巧或運用不同的工具。加薪或晉升。

梅花四：達成或確認穩定性。財務上的審慎，寧可保守安全而不願冒險。

梅花五：需要採取行動以恢復平衡。閃避子彈。快速解決問題和做決定。對我而言，這張牌在談英雄氣概。一個吹哨者或某人自動介入，幫助陷於危險之中的人。

梅花六：理想的群體動能。團隊精神。差異獲得協調。處世圓滑。

梅花七：「倉鼠轉輪」。失控。勢不可擋的活動。生活與工作之間缺乏界限。越多錢財帶來越多問題。

梅花八：構思工作計畫，需要堅持不懈、動力和「馬拉松」的節奏，慢慢走到終點。

梅花九：應得的成功，隧道盡頭的亮光。樂觀和清晰。

梅花十：完成。慶祝。公開受到肯定的時刻。

梅花 J：聰明、野心勃勃和外向，「梅花 J」的精神是動機強烈且積極的實習生精神，他們採取主動，最終使自己變得不可或缺。他們好競爭而且喜歡單打獨鬥，不過他們是可信賴的朋友，也是派對中的靈魂人物。

梅花 Q：性情和藹、腳踏實地，「梅花皇后」的領導方式，是優待那些共同承擔風險的人，並確保將獲利公平分配給每一個人。她工作勤奮，默默在幕後操縱，可能不願公然擔負起她作為領導者的責任。

梅花 K：有實際能力、有遠見，「梅花國王」的精神是白手起家的精神，他們本能地擅長為自己創造機會和遵循生意直覺。有時被視為怪咖，因為他們用獨特的方式來看世界，但這會轉變成他們設法解決問題的創造力。「梅花國王」多少具備了領袖魅力，如果他們能影響別人，那是因為他們所散發的可信賴感。

左頁

《三葉草系列》（Suite de Trèfle），水彩畫，
盧・貝內施（Lou Benesch）繪製，2018 年。

梅花A

左
環繞著藤蔓的「梅花 A」，出自 1791 至 1794 年在巴黎出版的遊戲牌。

右
以康乃馨裝飾的「梅花 A」，出自中世紀主題的遊戲牌，加斯東・凱紐設計，格里莫在巴黎發行，1900 年。

梅花二

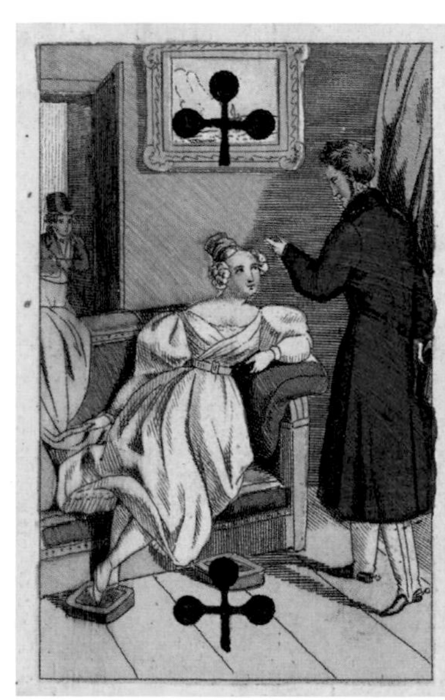

左
希比（Hebe），希臘青春之神和諸神的斟酒人作為「梅花二」，出自約於 1815 年在法國發行的變形牌組。

右
作為「梅花二」的親密邂逅，出自約翰・安東・史坦伯格創製的水果牌組，1840 年代德國法蘭克福。

梅花三

左

「成功的起點」、「出生」。「梅花三」，出自帕羅在法國波爾多發行的占卜牌，時間接近十九世紀末。

右

粉紅色的花和三個梅花，出自某副配有插圖的遊戲牌，十九世紀後期。

梅花四

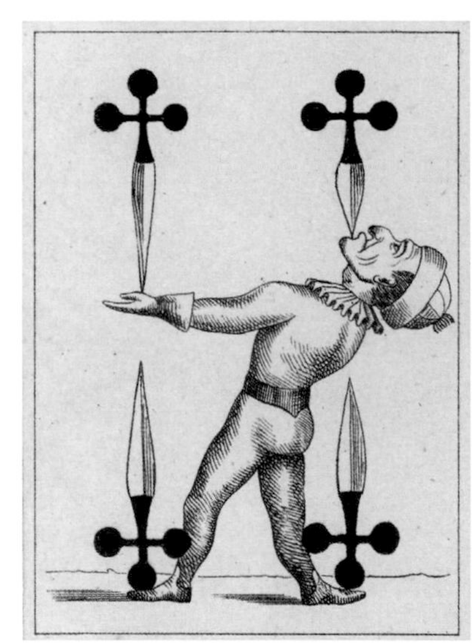

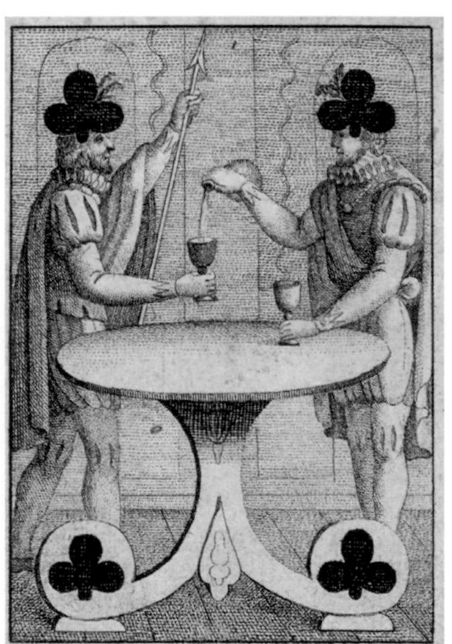

左

耍刀的雜技表演者用手和下巴維持刀子的平衡。「梅花四」，出自以《讓娜·阿謝特遊戲》為本的《變形遊戲》，約 1860 年在德國達姆施塔特發行。

右

乾杯！兩個男人在對飲。「梅花四」，出自夏洛特·馮·雅尼森－沃爾沃特設計的牌組，1808 年發行。

梅花五

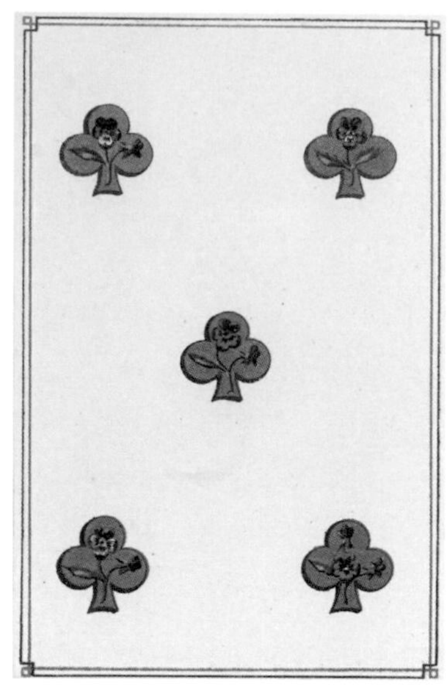

左

庸醫，「梅花五」，出自夏洛特・馮・雅尼森－沃爾沃特設計的牌組，1808年發行。

右

「三色堇」，「梅花五」，出自以中世紀為靈感來源的雅克曼・格蘭高尼牌組，1864年由歐托女士在巴黎發行。

梅花六

左

「黑暗天使被大天使米迦勒制伏。」「梅花六」，出自約1815年在法國發行的某變形牌組。

右

兩個抽菸斗的男人。「梅花六」，出自華倫斯坦遊戲牌組的變形牌，以席勒的三聯劇為本，克里斯蒂安・威廉・馮・法貝爾・杜弗爾設計，1807年。

梅花七

左

穿靴子的貓作為「梅花七」，出自童話故事主題的遊戲牌組，十九世紀後期由勒夸爾和米尼奧（Mignot）在巴黎發行。

右

這張「梅花七」描繪一隻綠色惡魔，正拉扯著一個手持一袋金子的男人的頭髮，藉以表示「受詛咒的錢」。出自《小巫師遊戲》，格里莫於 1880 年發行的占卜牌。

梅花八

上左

昆蟲學主題的「梅花八」，出自所謂的《聖女貞德遊戲》，以席勒的三聯劇為本的變形遊戲牌組，夏洛特．馮．雅尼森－沃爾沃特設計，1804 年由路德維希．費迪南德．胡貝爾發行。

上右

一張牌兩個頭（編按：請將牌卡倒過來看），這張「梅花八」裡有兩頂帽子，1850 年在法國發行。

梅花九

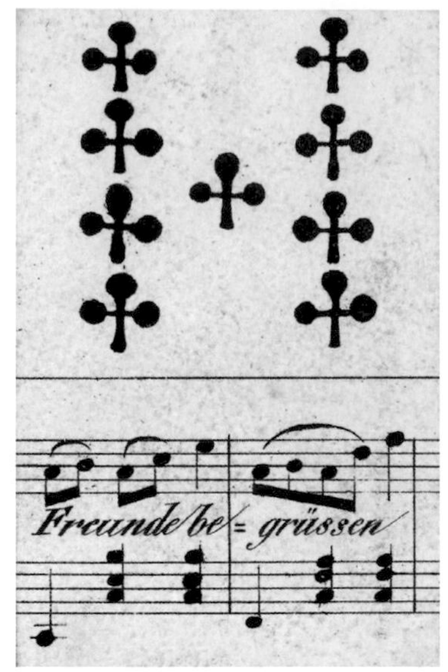

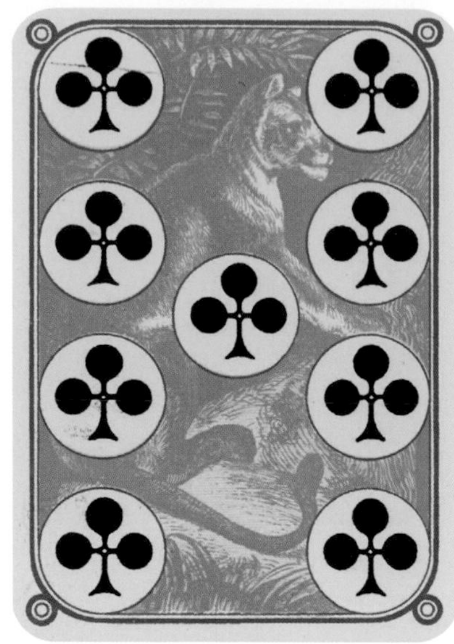

左

音樂主題的「梅花九」，出自約於1830年代創製的德國牌組。

右

「美洲獅」。貓科「梅花九」，出自描繪了四大洲、配有插圖的牌組，1875年登多夫在德國法蘭克福發行。

梅花十

左

倒空豐饒角，「梅花十」，出自配有插圖的遊戲牌組，十九世紀後期。

右

「梅花十」，出自以《讓娜・阿謝特遊戲》為本的《變形遊戲》，約1860年在德國達姆施塔特發行。

梅花J

上左

吹響號角的崔坦（triton，希臘神話中人身魚尾的海神），出自神話主題的遊戲牌組《英雄牌卡》，維克多·藍格繪製，1847年。

上右

「種族平等」作為「梅花J」，出自十八世紀後期法國大革命時期的遊戲牌組。在這副牌中，傑克牌描繪與平等有關的各種進步概念。該牌組以若姆與迪古爾克創製的類似牌組為範本。

梅花Q

上左

紅頭「梅花Q」，出自從新藝術獲得靈感的遊戲牌組，亨利・穆尼爾創製，1900年在比利時布魯塞爾發行。

上右

「我不記得／棕髮女子」，「梅花Q」，出自十八世紀後期的某副占卜牌。

梅花K

上左

「安茹的勒內（René of Anjou），西西里的王冠放在他腳邊。」「梅花國王」，出自所謂的《聖女貞德遊戲》，以席勒的三聯劇為本的變形遊戲牌組，夏洛特・馮・雅尼森－沃爾沃特設計，由路德維希・費迪南德・胡貝爾於 1804 年發行。

上右

馬其頓國王亞歷山大大帝作為「梅花國王」，出自阿道夫・畢洛多的攝影牌組，1865 年在巴黎發行。

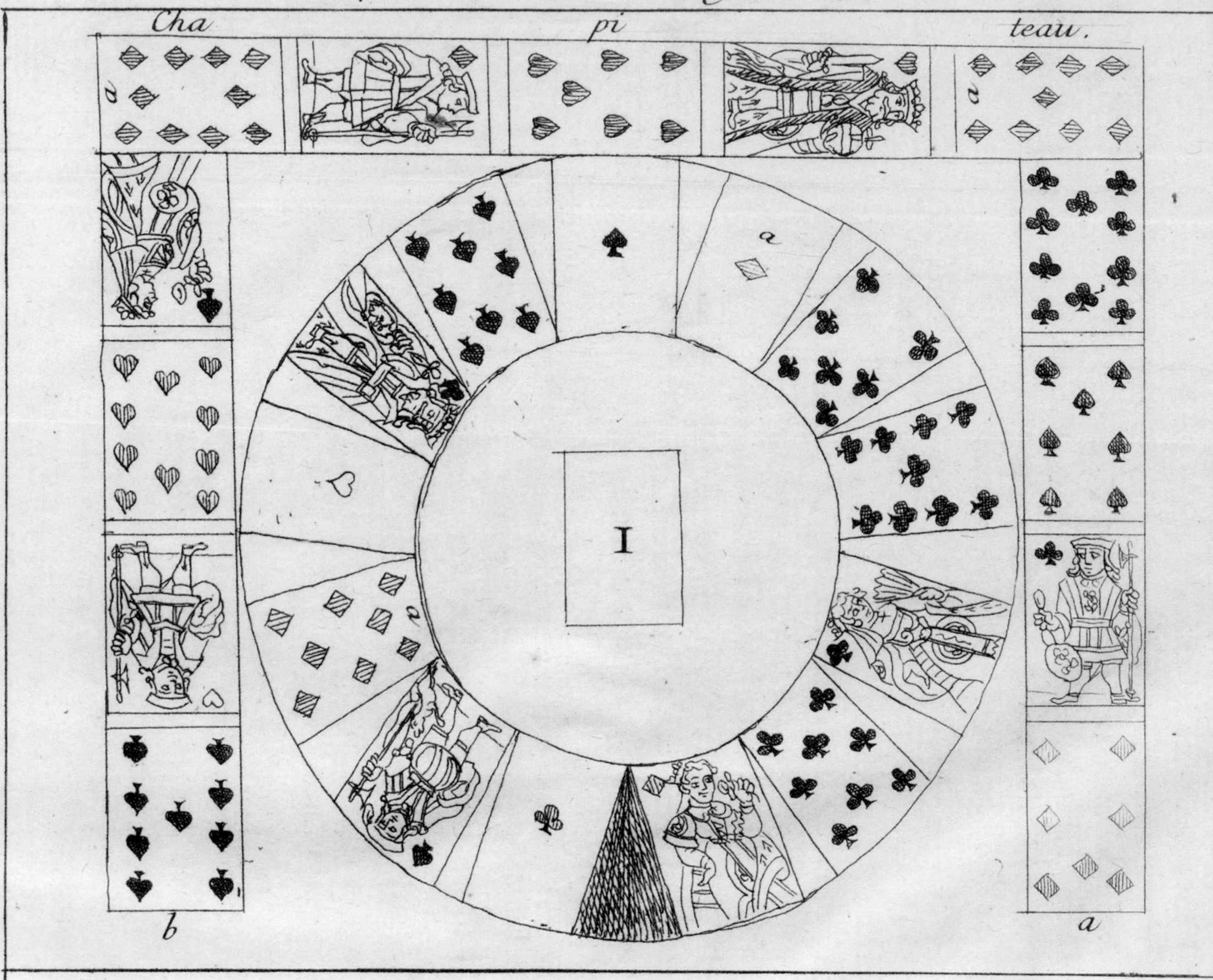

上
讓－巴普蒂斯特·阿利埃特所宣介的「命運之輪」，萊斯克拉帕特（Lesclapart）發行，1770年。

埃特拉

讓－巴普蒂斯特・阿利埃特被德克爾（Ronald Decker）、德波里（Thierry Depaulis）和麥可・達米特封為「第一位專業牌卡占卜師」，他是占卜牌卡歷史中最令人著迷的謎樣人物之一。他是否當得起這個封號？如我們所見，阿利埃特有足以自豪的理由，因為他創造了許多占卜牌，能當之無愧地宣告自己在這方面的權威，儘管後來他遭受到其他神祕主義者的批評，甚至嘲弄。然而他所留下的遺澤，也就是將通俗的牌卡占卜與早期的秘傳塔羅連結起來，至今仍影響我們解讀牌卡的方式。這些經由阿利埃特加以理論化的系統，就以他的筆名「埃特拉」（逆向拼寫其姓氏 Alliette）來命名。我們對他的早年生活所知非常有限，但埃特拉對於虛構自我的愛好，滲入了他所寫的幾本書中，尤其在前言部分，裡面充滿許多被他修改過的人格設定。

一七三八年，阿利埃特出生在巴黎的小康家庭，父親以承辦酒席為業，母親是個種子商人，阿利埃特早年也以此為業。某個有趣的傳說聲稱阿利埃特還是個假髮製造商，不過這已證實為誤傳，起因於他曾住過的某間房子為某一位假髮製造商所擁有。阿利埃特約在一七六三年與讓娜・旺尼耶（Jeanne Vannier）結婚，兩人育有一子，但在幾年後離婚，留下了陷入財務困難、傷心欲絕的阿利埃特。在《一盒邪惡牌卡》（*A Wicked Pack of Cards*）中，德克爾、德波里和達米特[1]推測這些不安穩的時期，可能引發了阿利埃特對於超自然科學和使用遊戲牌來找尋預兆的興趣。

此後，阿利埃特的生活逐漸恢復穩定，他成為一名版畫商，在拍賣會上買賣珍稀文件和蝕刻畫。一七七〇年，阿利埃特出版了他的第一本書《如何以遊戲牌自娛》（*Maniere de se recreer avec le jeu de cartes*），他在書中探討牌卡占卜的意義，利用經典的《皮克牌遊戲》（*Jeu de Piquet*）發明出自己的神諭法，並使用了長達十六年之久。當然，其間他自詡為大師。他在前言裡描述牌卡占卜既是一種遊戲，也是一種科學，只要遵循若干簡單的步驟，任何人都能實際操作。雖然阿利埃特明確描述，牌卡占卜是一種能讓任何人窺見自己命運的預言活動，但他顯然不願意稱自己是預言家，並幽默地表示，所謂的預言家應該被視為可疑份子。[2]

《如何以遊戲牌自娛》這本書經常被遺忘，而且未曾被翻譯出來，但卻是牌卡解讀史的一個里程碑，因為它似乎是將解牌方法全面系統化的第一個出版品。在此之前，解牌僅被視為一種口傳的民間傳統，解牌者有他們各自的方法。我們無法得知他到底創造出什麼樣的方法，還有他從其他解牌者那裡得到了什麼東西，但是他的牌卡占卜書為日後這門行業建立了許多基本原則。如果每張牌都有各自的含義，可以概括成少數幾個關鍵字或概念，那麼解讀時便可依據牌卡的位置——逆位或正位——以及毗連的其他牌而改變。牌卡結合成對時，它們會透露成套的新訊息，但也應置於大群組或行列（阿利埃特稱之為一「擊」〔“Coup”〕）的脈絡下進行解讀。書中有幾個圖表，示範如何解牌或將牌卡擺成牌陣。這些插圖也非常清楚地呈現了另一個細節：塔羅不在這本書的討論之列，因為埃特拉的方法只聚焦於古典的法國遊戲牌。

無論如何，有史以來第一本解牌書的銷售相當成功，再版了好幾次，直到安東萬．庫爾．熱伯蘭於一七八一年發行了《原始世界》第八冊。這部百科全書（內含孔特．德．梅爾撰寫的一篇具有影響力的文章）——文中這位新教牧師著名地探討到塔羅作為埃及奧秘科學的秘傳概要——是阿利埃特的轉捩點，他徹底改變了人們看待牌卡的方式，並自稱他一**直知道**那副塔羅，事實上就是《托特之書》。從那時開始，阿利埃特將自己「重新包裝」為一名學者，可以說，他把鎖定廣大讀者的目標拋到一旁，換上了研究秘傳知識的學者角色。此後，他自封為「代數學教授」，並在一七八三年，亦即熱伯蘭與孔特．德．梅爾對塔羅研究做出貢獻的兩年後，出版了《自娛的方法及名叫塔羅的遊戲牌》（*Maniere de se recreer avec le jeu de cartes nommees tarots*）一書。

阿利埃特的塔羅書是出了名的難以閱讀，因為充斥著艱澀的數學術語和拼字錯誤[3]，然而內容卻相當有趣，讓星術學家有機會透過新的埃及化觀點，徹底重新思考他的體系。在引言中，現在名叫「埃特拉」的他，說明了他正計劃復原塔羅大牌的圖像。由於版畫複製者的粗心草率，這些圖片的正確形象隨著時間流失[4]，所以埃特拉打算重建這些牌卡的完整性，並傳達它們深奧的秘傳意義。他還以充滿詩意的熱情詳細敘述了《托特之書》的傳說，提到《托特之書》是十七位星術學家的發明[5]，包括為首的赫密士．特利斯墨吉斯忒斯（Hermes Trismegistus，埃及智慧之神托特的希臘名，其職司與希臘神話的赫密士相似，相傳著有魔術、占星術、煉金術等書籍）。《托特之書》包含了二十二片刻有象形文字的金葉[6]，保存在埃及孟斐斯附近的「心與火」神殿。埃特拉也追溯他的三墨丘利．阿托提斯（Tri Mercure Athotis）的譜系，認定他是瑣羅亞斯德的後裔。埃特拉示意讀者，由於他太過敏感，不願屢屢提到名人的名字以自抬身價，所以就不贅述他的消息來源，因為他認為會買他的書的人，都是一些剛入門的讀者。

埃特拉利用〈創世紀〉的隱喻，就像孔特．德．梅爾所引介的那樣，他修改了塔羅的順序，自認破解了它的神聖命理學，並且重新引進「審慎」牌，連同「堅毅」、「節制」和「正義」，恢復成套的四大基本美德。《埃特拉／埃及塔羅》由此誕生，作為一個具有特色的容器，在理論上呈現神聖算術所建立的創造規則矩陣。此時，只有兩張牌確實重新被創製作為書中的插畫，但精明的埃特拉頗具生意頭腦，而且擅長短線獲利，他隨書一起零售馮斯華．杜卡提的塔羅[7]，當時這類牌組即便在法國首都巴黎也難以尋獲。

出版了他的第一本塔羅書後，埃特拉成為小有名氣和多產的秘傳作家，撰寫有關占星學、煉金術題材的書籍、甚至是手相書，還有若干更新版本的《托特之書》研究。自一七八八年起，他成立了自己的「塔羅學校」：托特之書詮解者協會（*La Societe des Interpretes du Livre de Thot*），因而累積到足夠的訂閱戶和學員，以資助印刷一部由他復原的完整豪美版埃及塔羅。這是有史以來第一副為占卜目的創製的牌卡。這副訂正過的塔羅牌被用作《大埃特拉／埃及塔羅》及其後續衍伸版本所參考的範本，而其他版本則在一七九一年埃特拉去世後持續印製，至今仍受到歡迎，定期重印，並且被現代牌卡占卜者給改造。

右頁

在研究牌陣的牌卡占卜師。出自 1770 年版的《消遣之道與紙牌遊戲》（*Manière de se récréer avec le jeu de cartes*）卷頭插畫。

ALPHA

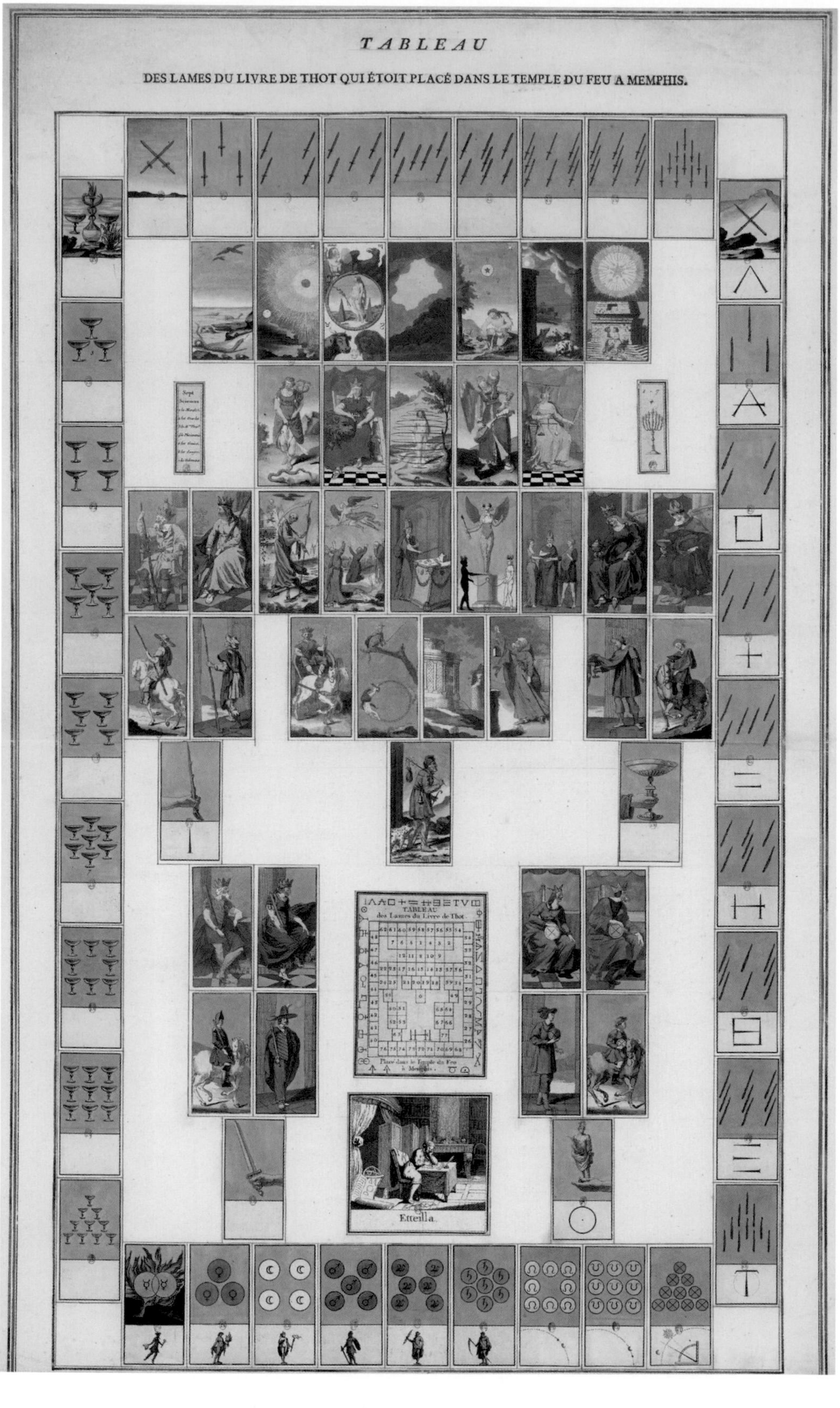

TABLEAU

DES LAMES DU LIVRE DE THOT QUI ÉTOIT PLACÉ DANS LE TEMPLE DU FEU A MEMPHIS.

TABLEAU
des Lames du Livre de Thot.

Placé dans le Temple du Feu à Memphis.

Etteilla.

埃特拉是否是「第一位專業牌卡占卜師」？我們難以證實。不過他的確是個精明的生意人，而且肯定能藉由他的秘傳出版品維生。晚年的埃特拉身任教師，但我們無法得知他是否真的在私人諮詢時為人解牌，真正從事著牌卡占卜師的工作。如果是，他並沒有做宣傳，此事雖可理解，但並不符合他的個性，因為他總是隨時準備亮出他的產品目錄和相關價目表，甚至將廣告印在牌卡的包裝紙上。

左頁

「置於孟斐斯的火之聖殿的《托特之書》頁面」，由巴桑與波伊格南特（Basan and Poignant）在巴黎發行，1788年。

大埃特拉－托特之書

以1791年的原版作為範本的十九世紀後期版本。

埃特拉／詢問
依靠／保護
埃特拉／詢問
審慎／羞恥
婚姻／結合
重要力量
必死性／無
瘋狂

13.
MARIAGE.
UNION.
13.

14.
FORCE MAJEURE.
FORCE MAJEURE.
14.

17.
MORTALITÉ.
NÉANT.
17.

78
FOLIE.
FOLIE.
78

小埃特拉

《小埃特拉》不同於為了占卜而改變用途的遊戲牌卡，它是最早專門設計用於占卜的牌卡，重現埃特拉在他 1770 年第一部牌卡占卜書中所建立的對應關係和意義，時間早於他涉足塔羅之前。《小埃特拉》以古典皮克牌為基礎（一、七、八、九、十、J、Q和K），還包括一張稱作「埃特拉」的額外「空白」牌，這張牌常被阿利埃特擺在牌陣的顯眼位置，象徵問卜者本人。《小埃特拉》的外觀顯得樸素，而且與阿利埃特生前發行的《大埃特拉／托特之書》的埃及化圖像相去甚遠。在他死後，《小埃特拉》牌如果想迎合一般大眾的審美喜好，似乎生錯了時代。

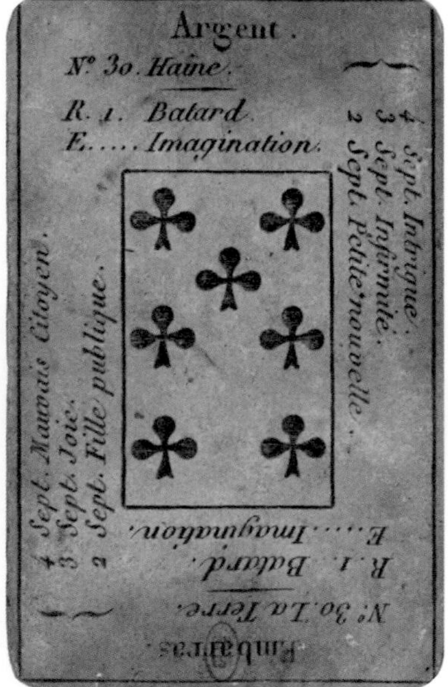

紅心 K
紅心 A
梅花 Q
梅花七
方塊 J
方塊八
黑桃 Q
黑桃九

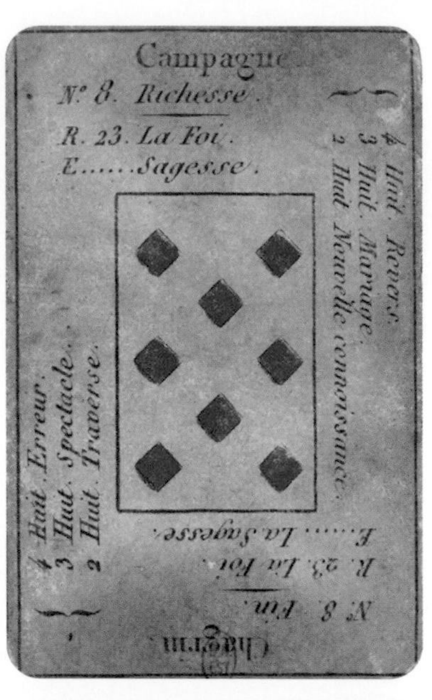

右頁

大埃特拉／埃及塔羅

重新被徹底埃及化的牌卡，
在巴黎發行。

守護神
和平／智能
至福／黑暗
美德／溫柔
幸運／失寵
謹慎／話語

1
GÉNIE.
L'homme qui consulte.
1
SAGESSE.

4
INTELLIGENCE.
Les étoiles.
4
PAIX.

9
TÉNÈBRES.
Le firmament.
9
CONTENTEMENT. — BÉATITUDE.

8
DOUCEUR.
La femme qui consulte.
8
VERTU.

11
DISGRACE.
La Force.
11
BONHEUR.

12
DISCOURS.
La Prudence.
12
CIRCONSPECTION.

3 Droit. PROPOS. Droit. 3
LES PLANTES.
LES PLANTES.
3 Renversé. EAU. Renversé. 3

5 Droit. VOYAGE. Droit. 5
L'HOMME ET LES QUADRUPÈDES.
L'HOMME ET LES QUADRUPÈDES.
5 Renversé. TERRE. Renversé. 5
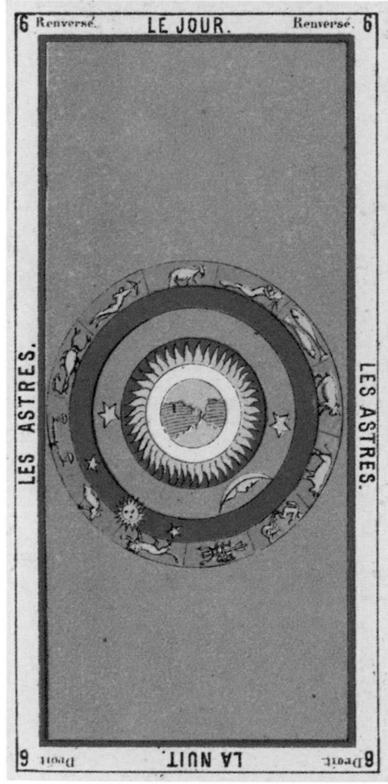
6 Renversé. LE JOUR. Renversé. 6
LES ASTRES.
LES ASTRES.
6 Droit. LA NUIT. Droit 6

7 Droit. APPUI. Droit 7
LES OISEAUX ET LES POISSONS.
LES OISEAUX ET LES POISSONS.
7 Renversé. PROTECTION. Renversé. 7

左頁及本頁

《夫人神諭大遊戲》

從埃特拉獲得了靈感的最典型牌組之一，創製於十九世紀後期，由雷加米設計，在巴黎發行。

話語／水
旅程／大地
白天／夜晚
依靠／保護
節制／祭司
疾病
叛徒／假虔信者
悲慘／監獄

勒諾曼小姐

一七九三年，巴黎正處於法國大革命期間，更明確地說，是恐怖時期（Reign of Terror）。在圖爾農路（Rue de Tournon）的某處，革命支持者聚集在一間小客廳裡等待，彼此怒目相視，當中一名女僕和一名貴族可能是喬裝的，以確保身分不被發現。這聽起來像某種玩笑的開場白，事實上卻經常在勒諾曼（Marie Anne Adelaide Lenormand）的辦公室上演。在算命師勒諾曼家的候客室裡，憂心忡忡的群眾有的扯著喉嚨相互叫嚷，有的耐心按住怒火，等待輪到他們去諮詢勒諾曼。史上最知名的牌卡占卜師難道不值得這一時半刻的和睦？

一七二二年，勒諾曼出生於阿朗松（Alençon）一個買賣織品的家庭，從小被送到聖本篤修會的女修道院[1]受教育。根據她某部自傳的說法[2]，她開始擁有預見事物的能力，是當她收到修女們送給她的一本《伊里亞德》（*L'Iliade*），作為在校成績優異的禮物。某天，勒諾曼模仿她最喜歡的這本書中的神諭時，同學聚集在她身旁，她扮演起千里眼神童，像她想像中的德爾菲同僚那樣地說出了預言。這個小小的聚會很快引起修道院長的疑心，並打斷了這場瀆神的表演。根據該故事的說法[3]，此時勒諾曼首度擁有了靈視經驗，並預言那位女院長將失去她的頭銜和聲望，且將被教會囚禁。這個不祥的預言讓勒諾曼被逐出教團，然而果真如同傳說的那樣，後來命運變幻曲折，這位與勒諾曼為敵的女院長的確被教團判了罪。勒諾曼的第一個預言成真！

長大後，勒諾曼前往熙來攘往的城市巴黎成為一名女裁縫師，並以牌卡占卜師的身分出名，在她的縫紉作坊櫃檯上替顧客解牌。也有資料描述她是一個體態豐滿的鄉下女孩，有一雙銳利的黑眼睛，總是穿著黑色服裝。她師從「天體數學家」居榮（Bonaventure Guyon）[4]，學習占星學。故事說到她曾經讓骨相學家加爾（Franz Joseph Gall）檢視她的頭顱，後者證實了她具備「千里眼的能力」[5]。隨著革命如火如荼地展開，推翻掉君主政體，這位諾曼女孩已經穩穩建立起女預言家的名聲，擁有自己的辦公室，這地方很快便有革命的「大人物」光顧。

在二十二歲之前，她曾預言馬拉（Jean-Paul Marat，法國大革命時期著名的政治理論家和科學家）的不幸命運，向他透露他將被科黛（Charlotte Corday，共和派支持者）刺死在浴缸裡。羅伯斯比埃爾（Maximilien Robespierre，法國大革命中具有影響力的知名律師）和聖茹斯特（Saint Just，雅各賓時期的政治領袖之一）也被告知他們同等悲慘的命運。此外，著迷於戲劇的勒諾曼也結交了法國喜劇中的演員和其他成員[6]，為他們看星象，並提供各種多姿多采的預言。

一七九四年，勒諾曼的人生發生了戲劇般的翻轉，這位巴黎女預言家遭指控涉入政變，密謀釋放了失勢入獄的瑪麗皇后。然而她在拉弗斯監獄的短暫居留變成她最重要的事業契機，她顯然跟殘餘的法國貴族牽上了線。勒諾曼親切的語氣和令人放心的預言，安慰了這些前宮廷精英和陷入絕望的貴夫人。私下流傳的預言很快便傳出拉弗斯監獄密不透風的牆外。某天，她收到來自某位少婦的秘密訊息，這位注定要上斷頭臺的女囚犯名叫約瑟芬（Rose-Joséphine de Beauharnais）。她就要死了嗎？她問。不，勒諾曼反駁。她不但會活著，而且這位寡婦會再嫁，還注定東山再起。

當然，約瑟芬嫁給了科西嘉將軍波拿巴（Bonaparte），他日後將成為拿破崙。約瑟芬從沒忘記那個吉兆，一當上皇后便找上勒諾曼，並稱她為心靈顧問，定期派人請她來皇居馬爾邁松堡（Chêatiau de la Malmaison）。勒諾曼有如此出名的一位顧客保證她預言的臨床準確度，於是她變成了活生生的傳奇。她小心翼翼維護這個妥善經營的名聲，並在歷年出版的幾部自傳中加以鞏固。這位多產的牌卡占卜師極少談論她的技術或業務，而將重點放在她與名流客戶之間的親密往來。她詼諧的熱情和浪漫的筆調及極具娛樂性的口無遮攔簡直是絕配，等到這些歷史上的名人去世後，她就開始洩露秘密，並講述他們有趣的私事。她的書相當迷人，以聳人聽聞的方式講述她的人生，可能是為了宣傳效果，這些直白露骨的故事顯然讓現今的衛道讀者不太吃得消。

根據這些書的說法，勒諾曼是一位傳統牌卡占卜師[7]，使用三十二張的《皮克遊戲》牌。著名的尚帕涅（Jules Champagne）的石版畫[8]，似乎是在勒諾曼死後完成的，將她描繪成一名臉頰紅潤，皮膚微黑的優雅女子，桌上攤放著法國遊戲牌，而她手持一張紅心皇后。還有丹豪（Josef Danhauser，十九世紀奧地利畫家）的鉅作，畫中的勒諾曼看起來就像一名歇斯底里的老嫗，因為預見皇帝配偶的不祥前景而受到打擊，掀掉了攤放牌卡的桌布。

勒諾曼似乎也使用過埃及版的埃特拉牌[9]，並且提及了一副塔羅牌[10]。此外，勒諾曼也是出了名的手相家，她的書附錄了她曾看過的名人手相插圖。現在，我們有個腦筋急轉彎的問題：勒諾曼會用勒諾曼牌替人解牌嗎？不，她沒有，因為冠上了她名字的牌卡全都是在勒諾曼於一八四三年去世之後才被創製出來，為的是利用她的名號來流通。勒諾曼一生未婚，也沒有子女，財產都留給她的外甥亞歷山大·雨果（Alexandre Hugo），據說他燒掉她的所有財產、信件和文件檔案。然而，在法國國家圖書館，曾屬於馬爾托（Paul Marteau）收藏品的一副馬賽牌，目錄記載著上面寫有「據稱為勒諾曼筆跡的占卜題詞」——這是否是這位巴黎女預言家最後的遺物？真相不得而知。

Page 304. Tome 2e
Pl. 4.
J. Ribault Del.
Normand fils sc.
Je voyais s'avancer à grand pas l'espèce de prophétie qui me fut faite à l'époque de mon divorce. Elle annonçait que du moment où Napoléon me délaisserait, il cesserait d'être heureux.......

318 頁
勒諾曼小姐肖像，繪者為朱爾·尚帕涅（Jules Champagne），1857 年。

右
勒諾曼小姐在馬爾邁松堡裡替約瑟芬解牌時，拿破崙走了進來。本作品由讓·馮斯華·里鮑爾（Jean François Ribault）繪製，1827 年。這幅插圖出自《約瑟芬皇后的歷史與秘密回憶錄》（*Memoires historiques et secrets de l'imperatrice Josephine*）第三冊，書中勒諾曼小姐也回顧了拿破崙不祥的最終命運——他被流放到聖海倫娜島。

從希望遊戲到小勒諾曼

勒諾曼占卜系統在勒諾曼死後蓬勃發展，我們或許應該先從《希望遊戲》（Game of Hope）的「品牌再造」，開始說說它的奇談。這是一種獨一無二的可摺疊式棋盤遊戲，分成三十六張牌，在 1799 年最早由紐倫堡作家和工廠老闆黑克特爾（Johann Kaspar Hechtel）所發展，他花費了部分生涯創造出這個巧妙的室內遊戲。起初，牌卡擺放在構成棋盤的四乘九張牌矩陣中，用骰子和籌碼來玩遊戲。每張牌都有編號，描繪與日常生活有關的簡單核心圖案——房子、錨、心、獅子、貓——兩側角落畫上小型遊戲牌卡，左側是德國花色，右側是相對應的法國花色。勒諾曼過世幾年後，這副小型牌組被改造成算命遊戲[11]，中心的人物則換成占卜解說。牌中每個元素都必須按照字面解讀，有時與其他幾張牌有關，這是個看似簡單、實則需要大量練習的系統，不過據說為解牌者提供了非常清楚的訊息。這些具有普遍性的插畫明顯不像塔羅那般隱晦，因此增加了適用性，有助於確保《希望遊戲》在不同時代依舊是最容易上手和受歡迎的牌卡之一。

下

《希望遊戲》（*Das Spiel der Hofnung*），這副牌卡似乎是這類型最古老的版本之一，由比林岡德（G. P. J. Bielingand）於十九世紀中期在紐倫堡印製，保存於大英博物館。

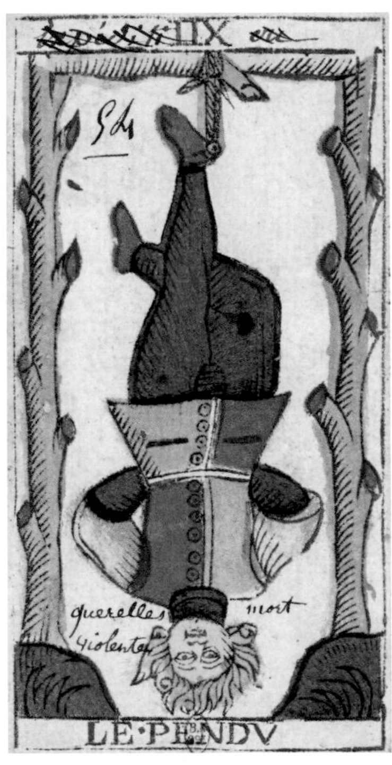

上

「爭吵，暴卒」，對這張由讓．馮斯華．杜卡提創製的《馬賽塔羅》牌的手寫詮釋，據說是勒諾曼小姐本人的筆跡，於 1734 至 1753 年間發行。該牌組一度曾是保羅．馬爾托的收藏品，目前存放於法國國家圖書館。

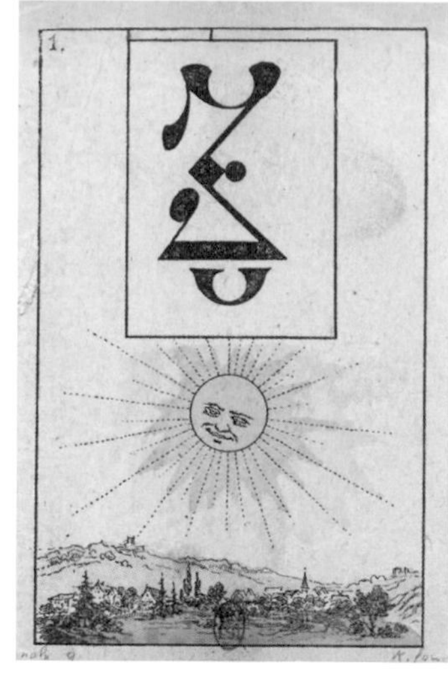

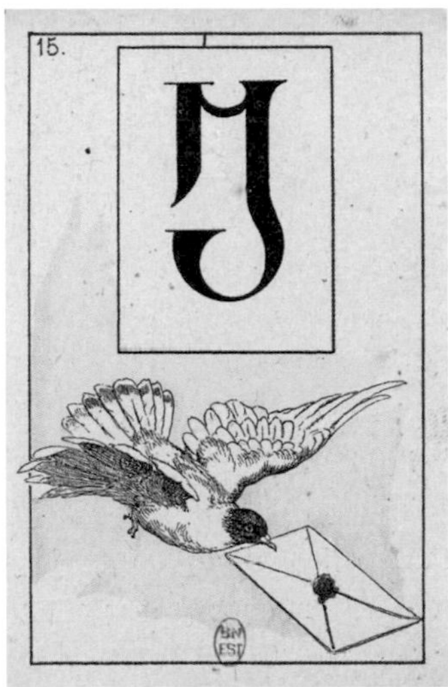

從左至右，由上而下

《解牌師勒諾曼小姐的第八副算命牌》（*Die achten Wahrsagekarten des Kartenschlagerin Mlle Lenormand*），《小勒諾曼》的德文版，於 1875 至 1899 年間創製，恩斯林與萊布林在德國羅伊特林根發行。這副牌的原創性來自它神秘難解、如符咒般的銘文，取代了每張牌上標準的占卜數值。

太陽／月亮／房屋／鑰匙／樹／棺材／花束／長柄大鐮刀／鳥／熊／狐狸／孩童／蛇／騎兵／信／船

19.
Annonce une longue et heureuse vieillesse mais entourée de nuages elle annonce une maladie même selon les circonstances aussi la mort
HAUTE TOUR.

20.
Annonce une bonne et grande compagnie ou l'on entrera; tout près, elle assure encore une amitié constante mais éloignée, c'est un signe pour de faux amis.
JARDIN.

21.
Près de la personne nous fait craindre un ennemi puissant mais dans l'éloignement nous pouvons compter sur de forts amis.
MONTAGNE.

22.
Entourée de nuages est signe de malheurs mais si cette carte est loin de la personne il y a des voies ou des moyens que nous trouverons pour échapper à un danger.
CHEMINS.

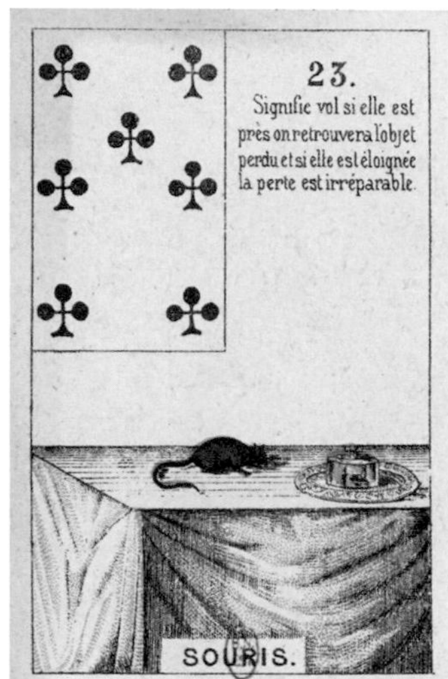

23.
Signifie vol si elle est près on retrouvera l'objet perdu et si elle est éloignée la perte est irréparable.
SOURIS.

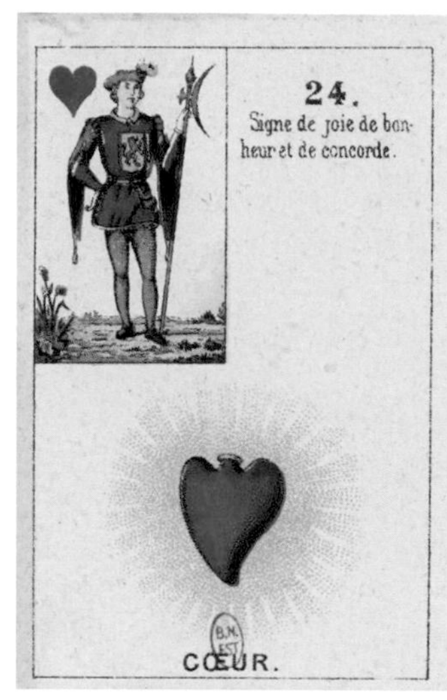

24.
Signe de joie de bonheur et de concorde.
CŒUR.

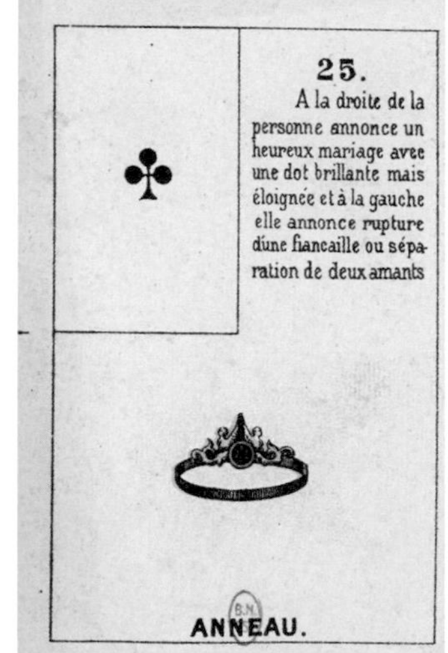

25.
A la droite de la personne annonce un heureux mariage avec une dot brillante mais éloignée et à la gauche elle annonce rupture d'une fiançaille ou séparation de deux amants
ANNEAU.

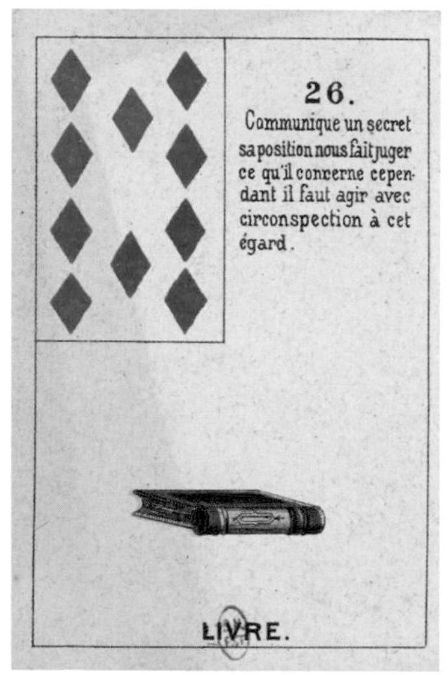

26.
Communique un secret sa position nous fait juger ce qu'il concerne cependant il faut agir avec circonspection à cet égard.
LIVRE.

從左至右，由上而下

比利時的《小勒諾曼》，大約於1895年由戈伊恩斯·索斯（Geuens-Seaux）在比利時布魯日發行。

高塔／花園／山／小路
老鼠／心／戒指／書

上
勒諾曼小姐的秘術，《大社會遊戲》（*Grand Jeu de Société*），富凱曼（Fourquemin）繪製，1945 年。

326-327 頁
《大勒諾曼遊戲》（*Le Grand Jeu Lenormand*），格里莫於 1845 年發行，布蘭迪．奈特收藏品（Collection of Brandie Knight），由布蘭登．哈居（Brandon Hodge）拍攝。

大勒諾曼遊戲

這副牌卡在勒諾曼去世兩年後，於1845年由格里莫發行，「布雷托夫人」（“Madame Breteau”）予以概念化，這位女士宣稱自己是著名的千里眼勒諾曼的學生。《大勒諾曼遊戲》是與《小諾曼遊戲》截然不同的表親，事事難以看穿，極盡一切能事地人搞神秘。五十二張超大的牌卡，每張都運用了大量的占卜元素，提供最熟練的解牌者一個可以遵循傳統解釋和發揮直覺的平台。每張牌分成七個小圖，包含一個中央場景（稱作「大主題」），以及與特洛伊戰爭、亞哥號船員（Argonauts，與傑森出海歷險尋覓金羊毛的船員）傳奇、煉金術作品或擬人化的黃道帶等有關的種種參差不齊的群組。還有一些主題取材自各式神話，或描繪自然世界及其動物群。中央主圖上方有置於中間的星座，提供占星學方面的冥想。右邊角落裝飾著一個拉丁文字母，它的形狀或發音具備某種象徵意義。其中某些字母也附上採地術標點（geomantic figures，類似風水術，將標示的點連成線或圖像以占吉凶），為解牌增加了另一種可參考的古老魔術傳統。

等等，事情還沒完！大主題底部提供了一個訓練你對花卉圖像知識的機會，其安排方式援引自花卉和植物的寓意。這個花草圖案的兩側還有兩幅呈現十九世紀日常生活種種主題的插畫，奧維德（Ovid）的《變形記》（*Metamorphoses*）、紋章學和地質構造等……不消說，《大勒諾曼遊戲》被視為有史以來最複雜、最難以理解的占卜牌卡系統，號稱「第三眼的熔爐」，這可能解釋了它的圖像一直保持原封不動的原因。這些具有原創性且無比美麗的一八四五年圖畫，歷經多次重印依舊沒有改變，有誰會想去重新詮釋一副本質上如此難以詮釋的牌組？要勝任《大勒諾曼遊戲》的解牌者，他必須是一個熟知各種秘傳傳統的博學之士，才能解讀這些牌卡。與這幅牌、牌的圖像及解牌技巧有關的文獻，大多以法文寫成，而且只有極少的合適翻譯人選，因此它顯得難以親近，也無法成為主流的塔羅與占卜牌文化。然而在法國，《大勒諾曼遊戲》仍是「專業人士」的必備品，經驗老到的牌卡占卜師人手一副，並且廣為人知地出現在布拉塞（Brassai）的人像攝影作品「預言者」（*La Voyante*）的桌上，或者阿涅斯．瓦達（Agnès Varda）的電影《五點到七點的克萊歐》（*Cléo from 5 to 7*）裡令人難忘的塔羅解牌蒙太奇。

U

P

R

S

F

S

遭拷打的受害者，「移動、移位、考驗和犧牲。」

惡魔，「壓倒性力量的事例、強風、傷口、疾病。」

顧問國王，「好人、保護者、友好的重聚、冒險成功、命運。」

命運，「必要性、死亡、命運。」

銀河，「好消息、希望、商業、交流。」

女顧問，「明智的女子、安靜、秘語、聖殿。」

杜羅拉·德拉·阿耶夫人的《象形文字塔羅》

《象形文字塔羅》（*Tarot Hieroglyphique*）展現華美的新藝術風，帶著柔和的粉彩色調。《象形文字塔羅》自成一個世界，只透過二十二張牌呈現，意涵上既是大阿爾克納，也是小阿爾克納。雖然每張牌都有一個常見於塔羅牌的相等原型數值，但它的象徵訊息相當明確，有時也不同於帕普斯的《波希米亞人塔羅》，這是阿耶夫人所援用的占卜模型，目的是為了加以簡化[1]。當中的最佳實例可能是「被拷打者」（*Le Supplicie*）——呼應「吊人」，但呈現一個甚似聖賽巴斯蒂安的人物，亂箭穿胸，面露痛苦。歸屬這張牌、並寫在牌頂的占卜意義說明了它與「移動、移位、考驗和犧牲」有關。

儘管名稱中有「象形文字」，但這副牌本身並不具備當時神秘學背景下盛行的埃及復興感。牌中沒有蒙著面紗的伊西斯或揮舞著古埃及十字架的神明：「象形文字」一詞應該理解成「秘傳之鑰」，整體意涵多於各個部分的總和，以及需要加以分解的插畫。獎章形圖像被裝飾性的外框分隔出來，具備語言和視覺上的暗示——增添了詮釋上的象徵層次，讓新手或經驗豐富的解讀者去破解，例如一個希伯來字母和與之相等的羅馬字母、與牌卡有關的黃道星座或行星影響力等等……就在主圖正上方，有個小標誌使得每張牌能連結到某個小阿爾克納的花色，擴大了含義，而且這個含義會隨著毗連的牌卡不同而改變。

《象形文字塔羅》的作者，那位難以捉摸杜羅拉·德拉·阿耶夫人是什麼樣的人？她似乎是在十九世紀末期移居巴黎之前，就將這副牌加以概念化了。還有，我們也找不到為這副牌繪製插畫的藝術家紀錄。在她的介紹文字中，描述了阿耶夫人努力使牌卡占卜和塔羅解讀走向大眾化，以創造出具備綜合性系統的極簡牌組，這麼一來，新手只需瞭解二十二張牌，而非七十八張牌。

在她的一則報紙廣告中，阿耶夫人自封為「同時代中最強大的夢行者」[2]，她的身分經確認為一名學者，擁有千里眼，也是秘傳書籍的出版商。某些精采生動的文章[3]描述了她利用靈媒天分幫助當地人認屍和講述死者意外身亡背後的故事。人們認為她通曉涉及神秘領域的一切事物，在第一次世界大戰前的昇平時代，她似乎是巴黎秘傳圈子裡的核心人物，在他們的集會中舉辦了一場神秘的詩歌競賽[4]，並寫出多部洋洋灑灑的著作，當中交織著祕傳的神秘學事物和女性主義者的敏感性。

節制，「節制、經濟、重要結果、收益、懷孕。」

打雷，「失望、意外事件、金錢損失。」

月亮，「激情、隱藏的敵人、危險、破裂。」

顧問，「有權威的男性、保護、確定的地位。」

十字形，「快樂的關係、信念、聰明才智、生命、健康。」

死亡，「改變、繼承、死亡。」

天平，「法律、正義、平衡、審判、爭論、矛盾。」

力量，「權威、力量、勇氣、重獲自由。」

意志，「意志力、決心、改變觀點。」

太陽，「母性的快樂、多產的婚姻 。」

愛，「感官的啟蒙、肉體之美、不自覺的吸引力、賣弄風情的女人。」

大地，「平衡、和諧、可預期的好結果。」

「大筆金錢」

「忠誠、愛慕」

「流言蜚語」

「愉快、娛樂」

「希望」

「和解」

《沙龍女預言家》

又一次，勒諾曼小姐的巨大影響力在《沙龍女預言家》（*La Sibylle des Salons*）找到迴響，這副牌首度於一八二七年發行，它的名稱讓人產生浪漫的念頭：當時仍非常活躍的巴黎女算命師，據推測正是這些阿爾克納牌，被她輕輕地拋擲在首都最精挑細選的獨腳小圓桌上。這五十二張牌的作者署名「孟松」（Mansion），但已被證實是出自天才諷刺畫家、王子格朗維耶（J.J. Grandville）之手，在他《擬人化的花》（*Fleurs Animees*）這本怪異但迷人的植物集中，以花瓣為衣裳的花之女郎在荒野中嬉戲，身旁有人格化的昆蟲為伴。《沙龍女預言家》的每張牌都呈現一幅生動的中央主圖、遊戲牌卡數值，以及用一兩個字描述命運的小橫幅。觀看這些牌卡，你會見識到巴黎日常生活的片段，連同其舊時習慣和詼諧的情境，足以探究新興中產階級的服裝時尚，以及將人們推向工業革命的都市動能。《沙龍女預言家》分成四組各十張牌，外加三張宮廷牌，每種花色往往與它所援引的牌卡占卜傳統密切相關，可謂提供了一種觀察的角度或是一個實用的工具箱，以呈現十九世紀人們所關注的事物。

紅心牌似乎專注於戀情的前景、家庭生活、友誼，還有問卜者的情緒如何受到他人的左右：收到情書、在盧森堡公園被約會對象放鴿子、在首都市郊的鄉間宅第，或羅浮路的高級公寓建立生活的希望。別忘了，還有婚姻！

梅花花色反映了一旦我們離開私人領域，在日常生活中會遭遇的風險和世俗的喜樂，它們被紅心花色喚起，進一步成為社會意識：財務上的獲益和損失、信守承諾和忠誠，此外還有對敵人或偽君子的恐懼。

方塊花色暗示了表達的領域——人們說的話、話語背後的意圖，以及表達的方式。根據《沙龍女預言家》的看法，語言能癒合友誼和促成和解；歌唱和跳舞正是表達喜悅的一種方式。可惜，語言也可能遭到曲解，無法善盡其用途。「流言蜚語」牌顯示兩名女子張口瞠目，警告問卜者她們可能在說別人的壞話。在她們背後，有一隻關在籠子裡的異國鳥類，象徵私下的消息可能被複述、誇大和諧仿。

最後，不祥的黑桃預告著懼怕、瘟疫和衝突的景象。一個小女孩在哭泣，她的腳邊躺著一條狗，而她知道她的狗同伴已經死亡。根據這張牌，黑桃國王是一位「法律界人士」，衣冠不整，而且作風腐敗，他在長袍裡做手勢，顯示他是個鬼鬼祟祟但無情的薩爾．古德曼（《絕命律師》影集中的壞律師角色）式人物，沒有幽默感，也沒有《絕命毒師》（美國犯罪電視影集）中的鮭紅色西裝。

有人可能認為這副牌顯得古雅，也缺乏秘傳的深度，但它卻極受歡迎，直到現在已經流傳超過一個世紀，再版了好幾次，在德國和東歐也出現許多相同的牌。《沙龍女預言家》至今仍由格里莫發行，保持原封不動的樣貌，展現格朗維耶所繪製的生動插畫，是牌卡中不可多得的視覺珍寶，將沙龍占卜的黃金時代傳送到我們的桌上。書中這部分的所有牌卡都出自一八九〇年發行的格里莫版《沙龍女預言家》，保存於法國國家圖書館。

「卑鄙的女人」

「賭徒」

「忠誠、愛慕」

「死亡」

「懊悔、眼淚」

「寡婦」

「聯建住宅」

「律師」

「婚姻」

「愛」

「思想」

M SEVERA's NACHFOLGER, PRAG
ANT. KRATOCHVIL
PRAZE.
Patisk se vyhražuje
Vorbehalt gegen Nachdruck.
OKO BOŽI.
Das Auge Gottes.
Stálost. Allandosa.
Beständigkeit. Podwierdzienie.

Psani. Lével.
Brief. List.

「信件」

Myšlenky. Gondolatok.
Gedanken. Alystnosč.

「思想」

Cesta. Utazás.
Reise. Podrosz.

「旅程」

《上帝之眼》

《上帝之眼》（Das Auge Gottes）約在一八六〇年代，由塞韋拉（M. Severa）的接班人和安東．克勞托奇維爾（Anton Kratochvil）在布拉格發行。《上帝之眼》體現了十九世紀在中歐和東歐創製、配銷的「寓意算命遊戲」的大眾化，讓更多普羅大眾能抱著好玩的心態用紙牌來算命。

連同在奧地利由皮亞尼克（Piatnik）發行的比德邁（Biedermeier）牌和吉普賽（Zigeuner）牌，或者德國的基博牌，這些牌卡不是提供直覺式地解讀，而是透過圖像來進行解讀。不同於《小勒諾曼》和由《小勒諾曼》所衍生的牌組，這類牌卡沒有遊戲牌小圖，也不真正需要具備占卜知識才能解牌。解牌者會在長方格裡擺放一組六張或九張牌，逐一解讀每張牌，並結合與之毗連的牌，從而找出當中的重要意義。解讀訊息的方式，往往是如實去理解整個牌陣的圖像文法。為了幫助使用者，每張牌上會顯示一個表示意義的單字，在本書的例子中被翻譯成斯洛伐克語、匈牙利語、德語和波蘭語。

「婚姻」

「敵人」

「軍官」

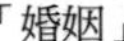

「法官」

「不幸」

「欲望」

「忠誠」

「財富」

「心上人」

「寡婦」

「意想不到的喜悅」

「禮物」

「鰥夫」

「信息」

「運氣」

「困境」

「死亡」

「兒童」

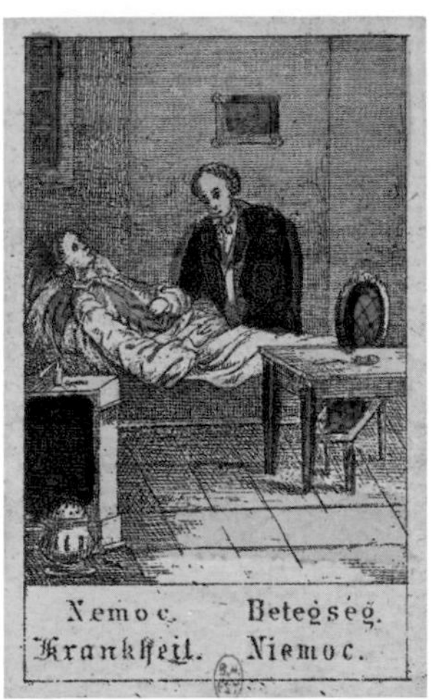

「疾病」

「愛人」

「悲傷」

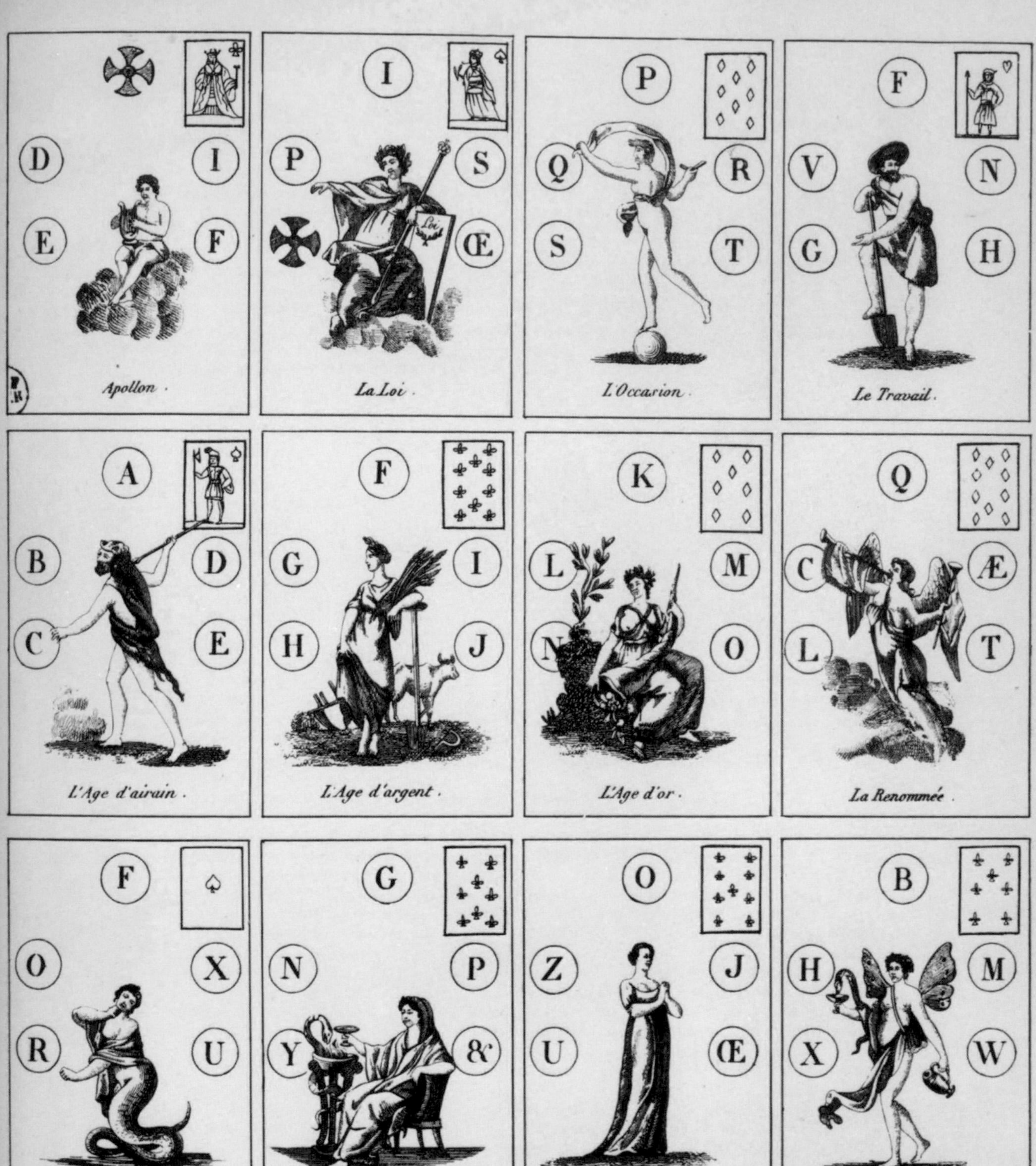

JEU DE CARTES DE BONNE AVENTURE

gravé par Bouchard, rue Saint-Christophe, 7, à Paris (époque Restauration).

(BIBLIOTHÈQUE NATIONALE. — ESTAMPES.)

《阿拉伯遊戲》，或稱《算術遊戲》

還有哪副牌能比這副牌更神秘？獨一無二的《阿拉伯遊戲》（*Jeu Arabe*）依舊像隱藏在巴黎法國國家圖書館偏僻角落裡的寶藏，在其他圖書館或博物館的收藏中，或者在過去的拍賣紀錄裡，似乎再也找不到相同的東西。這副謎樣的三十二張蝕刻牌卡，精美程度與它令人困惑的程度不相上下，曾經是格里莫牌卡製造公司合夥人暨共同董事馬爾托（Georges Marteau）的收藏品。由於它是大量生產的遊戲牌中唯一留存下來的孤品，而且同時期的目錄和書籍的相關資料相當稀少，因此引發了許多問題。這是為誰設計的？它是被創製用來占卜的嗎？如果不是，又有什麼用途？

首先，讓我們探查一下這些事實：《阿拉伯遊戲》約於一八二〇年在巴黎由布夏爾（Bouchard）設計和雕版，這位現今已被遺忘的雕刻師，他的版畫店座落於以往的克里斯多夫街（Saint Christophe Street）。在如今保存於法國國家圖書館的硬紙盒裡，有一張小傳單描述它是用來「供兒童玩樂」，說明這些牌卡是為了教育目的而製造，而由圖書館備註的標籤說，它是一種「算術遊戲」。這套牌最初包含五粒骰子，上面刻著羅馬字母，可惜現今的收藏品中已經沒有骰子。

在玩《阿拉伯遊戲》時，遊戲參與者會被發給同等數量的牌卡。他們依序擲骰子，顯露出對應到每張牌中被圈起來的五個字母。剩下的部分讓人有點不明所以——參與者的牌雖然會減少或增加，但學習拼字、造字或算數，似乎都不可能是這個遊戲的目的，反而將這個遊戲所承諾的教育意圖減至了最低。

後來故事發生了奇妙的轉折，《阿拉伯遊戲》出現在亨利－勒內．達勒芒（Henry-Rene D'Allemagne）的遊戲牌專著的第二冊，被列為一種算命牌。達勒芒是一位歷史學者、檔案保管員和多產的作家，一生都在研究玩具和遊戲，並撰寫出龐大的巨著《十四至二十世紀的遊戲牌卡》（*Les Cartes a Jouer du xive au xxe siecle*），這本書在一九〇六年出版。雖然他的某些理論遭到現代學者的質疑，但他的研究異常豐富，為現代的牌卡歷史研究奠定了基礎。關於《阿拉伯

左頁

「算命牌遊戲，布夏爾雕版，巴黎聖克里斯多夫街 7 號（復辟時期）。」插畫頁出自亨利－勒內．達勒芒詳盡探討遊戲牌卡的專著——《十四至二十世紀的遊戲牌卡》——阿歇特（Hachette）於一九〇六年出版。在最後兩冊，作者討論了玩遊戲牌的歷史和起源、歐洲各地牌卡製造者不同的製造技巧，以及使用遊戲牌的相關社會層面。

遊戲》的目的，他是否說錯了？若說達勒芒是牌卡方面的專家和權威，那麼我們能否相信他的說法？畢竟，他的作品並沒有探討牌卡占卜或奧秘塔羅之類的題材。

當我們檢視這副牌，可能心生疑惑。每張牌上右角的小遊戲牌數值，是一種經常用於秘傳遊戲牌卡的視覺設計，以便告知解牌者可能的占卜關聯。在《阿拉伯遊戲》中，這些《皮克遊戲》標記驚人地對應到十九世紀牌卡占卜的指示，有時還配合了牌面的寓意人物。舉例來說，傳統上淒涼的黑桃花色代表了「欺騙」、「女乞丐」、「恐怖」、「法律」、「怠惰」和「朱比特」，全都讓人想起艱困的處境、令人不安的行為，以及可能出手懲處他們的紀律管理者。

《阿拉伯遊戲》的圖像選擇也同樣有趣，它引進了源自古代世界幾個神話世系的諸神和價值觀，但絕非一個無所不包的群組。當中有些男神、基本美德、基督教中的罪惡、人類的歷史時期……全都以美麗的擬人化寓意人物現身，引發深刻的聯想，處處充滿象徵的屬性。它的多樣化讓人覺得彷彿經過精心挑選，目的是為了模仿一套塔羅的大阿爾克納。我們可以輕易地從「天意」牌聯想到「命運之輪」、從「信仰」牌聯想到「女教皇」，或者從「馬爾斯」（羅馬神話中的戰神）聯想到「皇帝」。如果《阿拉伯遊戲》是為了遊戲目的而創製，那麼塔羅牌也是如此，它的算命用途能夠反映出當地的使用習慣，作為對牌卡用途的改造。如果歷史無法解決環繞著《阿拉伯遊戲》的謎題，那麼只要它重新發行，這件能啟發靈感的美麗藝術作品無疑會成為一種重要的神諭牌，我們不難想像，將有許多解牌師和牌卡愛好者希望能夠恢復這副牌的往日榮光。

「性感」

「真理」

「謙遜」

「健康」

「美德」

「幸福」

「信仰」

「天意」

「阿波羅」

「亨利四世」

「白銀時代」

「女乞丐」

「朱比特」

「法律」

「怠惰」

「恐怖」

「機會」

「青銅時代」

「勝利」

「欺騙」

「馬爾斯」

「鐵器時代」

「必要性」

「貝婁娜」（羅馬神話中的女戰神）

「名聲」

「友誼」

「水星：改變、專門知識、移位、商業」

「金星：和諧、愛、怪癖、女人」

「土星（羅馬神話的農業之神）：老年、耐心、驕傲、忠告」

「海王星（羅馬神話的海神）：平靜、孤獨、堅定不移」

《占星塔羅》

《占星塔羅》（*Tarot Astrologique*）是我最喜歡的塔羅牌之一，因為它柔和的暗色調和絕佳的設計看起來十分美麗。它的創作者是亨利．阿芒戈爾（Henri Armengol），主要以設計電影海報和系列小說封面而聞名，而非鑽研秘傳知識。[1] 這副牌似乎是牌卡製造商格里莫於一九二七年引進，由法國占星家米謝利（Georges Muchery）進行概念指導。由哈寇特出品（Studio Harcourt，美國老牌照相館）、模樣優雅的肖像，是僅存幾幅讓我們認識米謝利長相的圖像之一，該照片可能拍攝於一九六〇年代，顯示一位看起來相當堅忍，噘著嘴、散發威嚴的銀髮男子。米謝利出生於一八九八年[2]，他在數學老師的帶領下接觸占星學，並發展出對占星學和手相術的極大才能，還為名人和科學家解牌看相，包括里歇（Charles Richet，1913 年獲頒諾貝爾獎的法國生理學家）、布朗利（Édouard Branly，法國物理學家）、女詩人科萊特（Colette，法國女作家兼演員）、美國演員范朋克（Douglas Fairbanks），甚至還有在費亞德（Louis Feuillade，法國製片和導演）的電影《吸血鬼》（*Les Vampires*）中扮演女吸血鬼伊爾馬．韋（Irma Vep）的米希朵拉（Musidora，法國女導演兼演員）。米謝利在一戰期間奇蹟般躲過幾次死劫，也建立起手相家和新聞記者的名聲。一九二七年，他創辦了「四輪馬車出版社」（Les Editions du Chariot），並發行數本秘傳書籍，包括《塔羅概論》（*La Synthèse Du Tarot*）、《占星塔羅》（*Tarot Astrologique*）和《占星專論》（*Traite d'Astromancie*），從而產生了這副牌。

《占星塔羅》的構成方式十分獨特，包含一組十二張的大阿爾克納，分別代表十二顆行星，在對角邊顯示它們的象徵星座和羅馬雕像風格的化身。小阿爾克納描繪黃道星座，三張一套，每套十二張，遵循十度分隔法。第一張呈現以傳統方式描繪的星座，但其他兩張的原創性卻教人震驚，有時直接反映某個神話事件。舉例來說，雙魚座牌顯示傳統的兩條魚彼此交纏在一起，在十度牌則是一隻天鵝滑行過水面，二十度牌是一個沼澤綠男，讓人想起普拉托里諾別墅（Villa Di Pratolino）湖畔的羅得島太陽神銅像雕塑。每張牌底部的小白框標示行星數值和可能的元素影響，為解牌者提供更多指示。最後，有三張牌對應上升／下降月亮交點和福點。

這套牌包含一本薄薄的小冊子，內容雖少但讀起來很有趣。當然，米謝利提供了一些指南和關鍵字，幫助新手瞭解他所發明的這個系統，但勸告他們別試圖記住這些極度簡化的指示，而要順著直覺來解牌。這本小白書為初學者提供幾個牌陣，例如與韋特凱爾特十字有些類似的十二張牌輪形陣，還有為下一週預做準備的七張牌牌陣。當中最迷人的段落是米謝利精心提供的指示，關於如何在最吉利的條件下解讀塔羅牌的合適儀式。在解讀《占星塔羅》時，解牌者必須面向北方，穿著舒適寬鬆的衣服，米謝利如此解釋，「進行占卜時不得有任何心理或身體上的不舒適」——而前來諮詢的人必須面向南方而坐。接下來解牌者需要握住問卜者的手，注視他們第三眼所在之處，並在心裡默唸這幾句話：「我祝願你一切安好，希望你快樂且滿足地離開這裡。」歷時約三十秒。解牌者接著洗牌，然後讓問卜者切牌。透過這個清楚說明的基本指南，我們發現這些牌是要讓專業人士來解讀，而非自行解牌。解讀這副牌的最佳解牌者應當熟知占星學，並且直覺地從阿芒戈爾的圖畫象徵意義中找到方向。

「金牛座10度：停止、妒忌、轉變。」

「巨蟹座：不一致、被隱藏的事實、機會、家。」

「巨蟹座20度：支持、變明亮、暴力。」

「獅子座20度：困難、麻煩、中毒。」

「處女座：不育、孤獨、反省、疾病。」

「處女座20度：愛情機會、完美的婚姻。」

「天秤座 10 度：成功、智能、崇高。」

「天蠍座 10 度：健康、狡猾、結束和復原。」

「水瓶座：善良、忠誠、理性、友誼。」

「雙魚座 20 度：無生氣、自信、連續性。」

「上升月亮交點：幸運、財富。」
「下降月亮交點：痛苦和障礙。」

「福點：改變、有形的增加。」

ADÈLE
MOREAU
CHIROMANCIE
PARIS
5 RUE TOURNON
DELÂTRE
IMP.
PARIS

《手相大遊戲》

手相家愛黛兒·莫羅（Adèle Moreau）曾與另一位知名的手相家「不朽的勒諾曼女士」在同一棟建築裡執業[1]。她在位於圖爾農路（Rue de Tournon）的辦公室裡接待每天的客戶，但是透過新近發明的攝影技術（照片）來觀察手掌的紋路，也允許人們將手掌的石膏模印寄給她看相。莫羅雖然不像勒諾曼那樣出名，但她留給我們一部重要的手相術經典：《揭開未來的面紗。新手相術。雙手的研究》（*Avenir devoile. Chiromancie nouvelle. Etudes des deux mains*），這本書寫於一八六九年，她連同如巴羅爾（M. Des Barolles）等其他的手相家，一起開拓了同時看雙手掌紋的革命性概念。

時值面相學和骨相學——如今我們視之為可疑的學科——的發展期，莫羅一心想提升手相術的地位，將它帶出露天遊樂場，使她的行業成為一門正當的科學行業[2]。由於兩隻手各有不同的褶痕、紋路和環圈，根據莫羅的說法，因此能極大程度地決定一個人的性情、個性還有命運。

十九世紀後期，知名牌卡製造商格里莫從莫羅創造的「手相解讀系統」獲得了靈感，發展出《手相大遊戲》（*Grand Jeu de la Main*），這副牌的每張牌都描繪著一隻手，根據與之相關的行星對應而有不同的特性。七顆行星，七種花色，各有八張牌。它們全都與某張牌匹配，以便為解牌增加占卜上的意義，並包含了一些文字、象徵，以及與這隻手有關的描述、這人的身體和心理特徵，還有可供解牌者使用的其他占卜元素。

左頁

圖為愛黛兒·莫羅的肖像，作為她的著作《揭開未來的面紗。新手相術。雙手的研究》的卷首插畫。

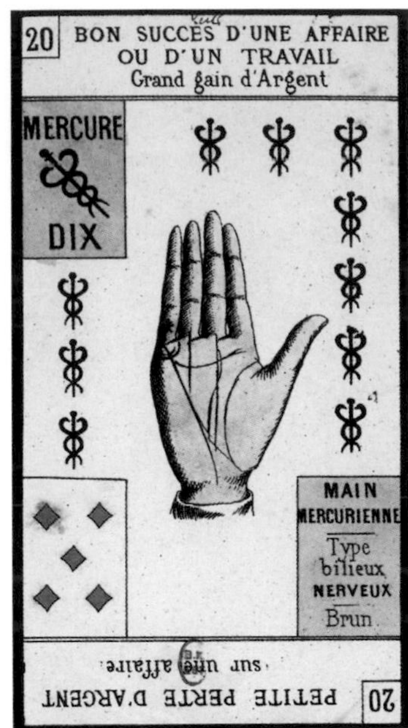

水星十：「水星手，膽汁質型。神經質。棕色。商業和工作上的成功。逆位：買賣上小有損失。」

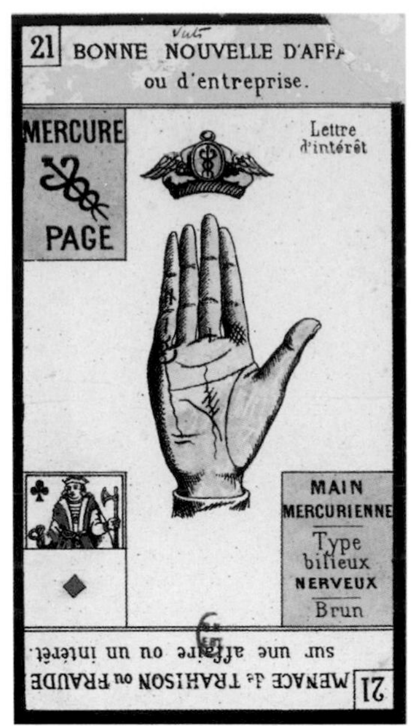

水星侍從：「水星手，膽汁質型。神經質。棕色。商業和工作上的好消息。逆位：在生意或金錢利益受到背叛或欺騙的威脅。」

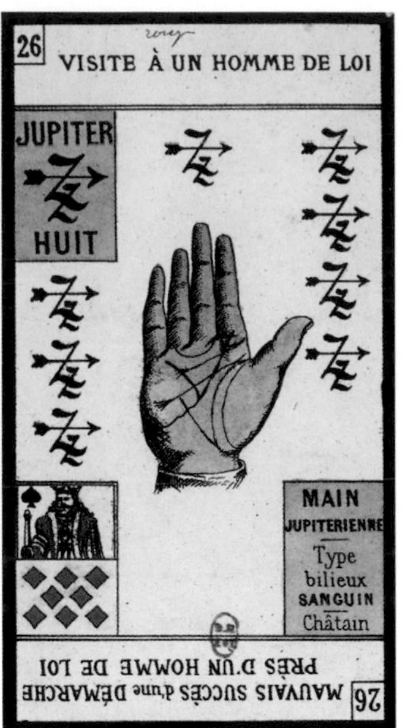

木星八：「木星手，膽汁質－多血質型。深亞麻色。法律界人士來訪。逆位：與法律界人士交涉努力未果。」

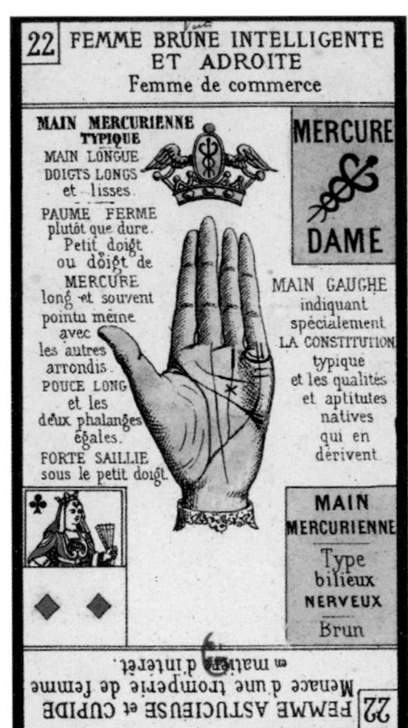

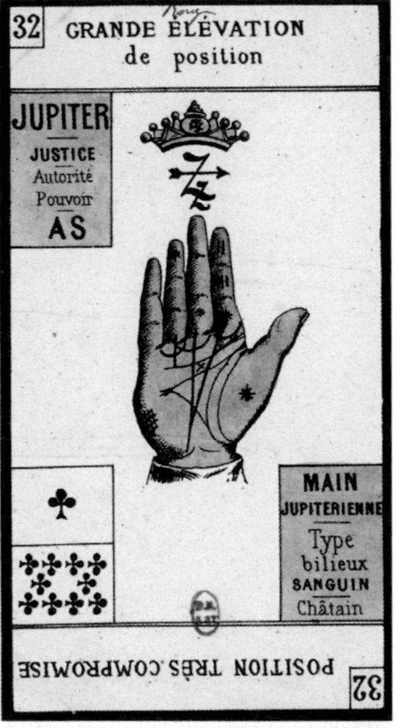

典型的水星手：「長型手，長而平滑的手指。封閉的手掌，略硬。耳指或小指是水星手指，通常是尖的，即使其他手指是圓的。長拇指，兩節等長。小指明顯突出。」水星皇后：「水星手，膽汁質型。神經質。棕色。聰明、技術高超的棕髮男子。有商業頭腦。逆位：聰明、貪婪的女子。遭自私女子欺騙的威脅。」

木星一：「木星手。膽汁質－多血質型。深亞麻色。局勢大幅改善。逆位：極為讓步的位置。」

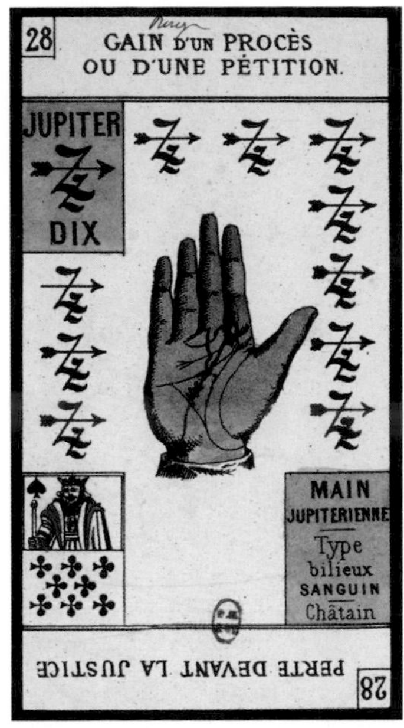

木星十：「木星手，膽汁質－多血質型。深亞麻色。受審或請願成功。逆位：受審失敗。」

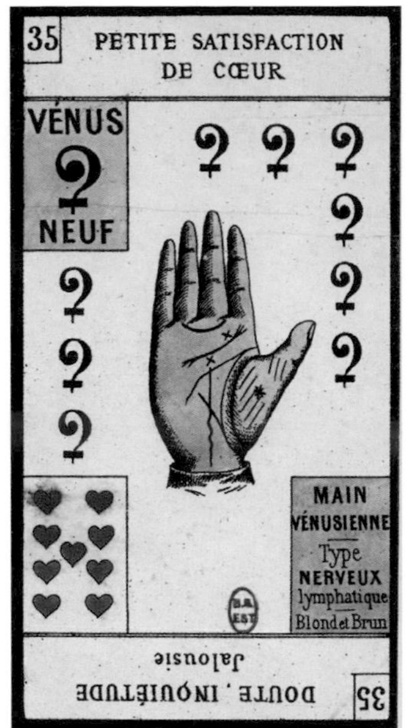

金星九：「金星手，神經質－黏液質型。金色和棕色。戀情上的小滿足。逆位：懷疑－擔心－妒忌。」

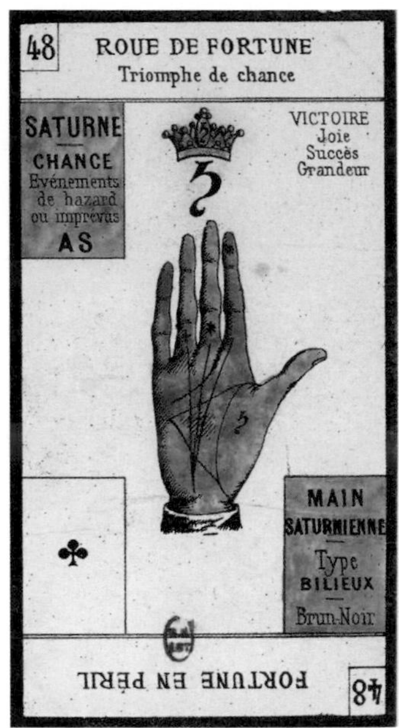

土星一：「土星手，膽汁質型。棕、黑色。命運之輪，運氣的勝利。逆位：岌岌可危的運氣。」

金星七：「金星手，神經質－黏液質型。金和棕色。年輕金頭髮女孩，溫柔深情。逆位：漠不關心－冷淡。」

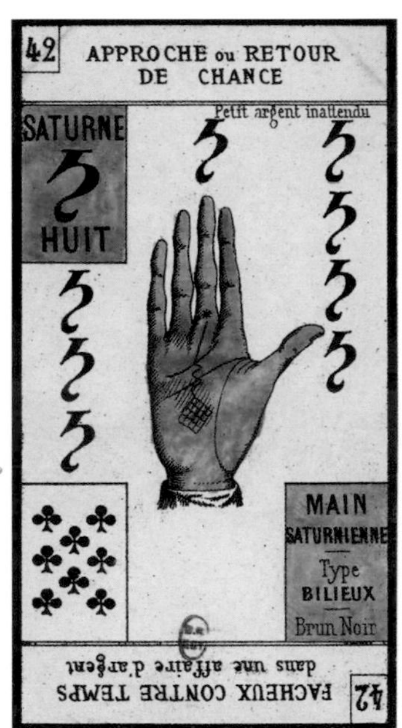

土星八：「土星手，膽汁質型。棕、黑色。運氣到來或回來。逆位：金錢交易上的煩惱或挫敗。」

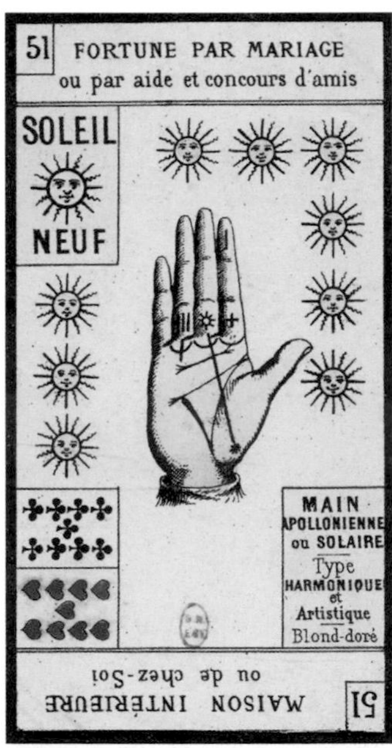

太陽九：「阿波羅或太陽手，和諧和藝術型。亞麻、金色。透過婚姻或朋友幫助獲得的財富。逆位：室內時光。」

32

《古代命運遊戲》

最初約在一八六〇年代由莫林（Maurin）發行，此處呈現的《古代命運遊戲》（*Jeu du Destin Antique*）是格里莫於一八九〇至一九一〇年間創製的彩色石版印刷版。多虧了迪塞爾出版（Editions Dusserre）和皮亞尼克在二十世紀末發行的兩個摹本，《古代命運遊戲》現在依舊是流通中的可收集牌組。它那由不知名藝術家所創造的迷人設計，至今仍擄獲了當代解牌者的想像力，讓人渴望穿梭時空回到沙龍占卜的黃金年代。

我們可以想像，當時像這樣一副由法國最大的牌卡製造商所工業化生產的一副牌，《古代命運遊戲》看樣子是容易取得的，它會出現在書店和文具店。然而，這副牌並不新穎。《古代命運遊戲》不同於為更主流的讀者所創製的牌卡，它的插畫不像流行的牌卡占卜遊戲那樣具備誇張（而且往往很迷人）的特質，有時牌面上還有直接可以上手的占卜法。相反的，《古代命運遊戲》的三十二張阿爾克納，每張都呈現一個隱秘的中央圖像，配上微妙的故事或心理動力，供解讀者進行詮釋。

這幅圖像被包裹在金色巴洛克式渦形圖框中，頂端嵌入兩個小圖：左側一張皮克牌，還有右側的小圖，描繪羅馬萬神殿中的某位神祇、黃道帶圖騰，或者與傳統塔羅原型有關的人物。這種具有特色的混合方式，將來自不同時代、穿著不同時裝的歷史人物、生動的場景、占星學和牌卡占卜，通通混合在一起，構成一個獨特的系統，雖說難以引證[1]，卻能在解牌時產生極具深度的詮釋。以下對於牌中圖像的描述，或許能提供讀者一些幫助，以及若干如何進行詮釋的關鍵，但絕非這副牌最初創製時所建議的使用方式。它們的典型聯想取自迪塞爾出版公司於一九九一年發行的小冊子[2]，提供我們關於《古代命運遊戲》最簡明的資訊。

左頁

「黑桃七」──鄉紳。一個心懷惡意的男人被一群女人包圍，她們似乎著了他的魔。

「紅心 Q －金牛座」。
希爾德加德皇后（Queen Hildegarde，查理曼大帝的第二任妻子）站在石頭露台上，她的左手貼著衣領，另一手指向地面。在她身後是一座法國花園的入口，花園被鐵柵欄圍起來，上面長著野化的紅玫瑰灌木叢。

「紅心 J －雙子座」。
貴族騎士羅蘭・德・隆塞斯瓦（Roland de Roncevaux）手持短柄小斧，另一隻手放在他那把傳奇名劍「迪朗達爾」的劍柄上。多岩石的背景使人想起他與巴斯克人（Basques）決一死戰的庇里牛斯山。

「紅心 A －邱比特」。
一名年輕男子用手臂摟著他心愛的人，兩人倚在籬笆上歇息。在他們頭頂上，樹的末端朝他們彎曲，彷彿想提供一些涼蔭或保護。

「紅心七－神祕主義者」。
一名年輕旅人坐在大石頭上休息，突然被某個聲音驚起，他轉過身，擺出警戒的姿勢。

「紅心九－朱諾」。
一位農夫在田裡播種，為下個季節做準備，他扭轉身體以便使力施作。

「紅心十－朱比特」。
沉思中的哲學家坐在一片荒蕪中，一部卷軸書從他手裡展開，垂向地面。

「梅花 K －天蠍座」。
頭戴佛里幾亞頭盔的亞歷山大大帝一身軍裝，手持盾牌和長矛，得意洋洋地站立著。

「梅花 Q －獅子座」。
波斯皇后羅克珊娜（Queen Roxanne，出身巴克特利亞貴族，被亞歷山大俘虜後，成為他的第一位王皇后）和她的羽毛王冠，她的一隻手怯怯地藏在背後，顯得靦腆而溫柔。

「梅花 J －處女座」。
魯莽的佩爾狄卡斯（Perdicas，亞歷山大大帝的麾下大將，是跟隨他遠征的左右手）將一隻手藏在背後，目光迷離。

「梅花七－隱士」。
男人在平靜的潟湖上輕輕撐著小船前進。衣著優雅的女人手捻著一朵紅玫瑰。在她身後有一整籃蘋果和梨子，一條白色簾幔似乎要落出船外，部分被水沾濕。

「梅花八－天使」。
剛上岸不久的水手兀自坐著，彷彿正等待某事或某人，他的一隻手放在心口。

「梅花九－維納斯」。
在滿是花叢的園子裡，一名年輕農婦接過宮廷紳士送給她的玫瑰花，他對她唱情歌。

現代塔羅

隱士

戀人

命運之輪

世界

《布雷迪塔羅》

《我們從哪裡來？我們是誰？我們要去哪裡》（“Where Do We Come From? What Are We? Where Are We Going?”）這一連串提問是我最喜歡的高更（Paul Gauguin，法國印象派畫家）畫作的標題，每當我洗著艾米．布雷迪（Emi Brady）所創造的塔羅牌，這幅畫會時常浮現在我腦海中，揮之不去。《布雷迪塔羅》（Brady Tarot）從北美洲動植物和地質環境獲得靈感，面對上述三個大哉問，它提出一個簡單的答案：野性的大地母體。一但我們短暫的存在狀態結束，孕育我們並定義我們的大地將再度吞噬我們，分解我們的身體細胞去餵養受它所庇護的其他生物。這是一片我們已經與之失去連繫、無法瞭解其語言和節奏的大地；一片我直到近來才逐漸適應的大地，就在我約二〇一一年移居美國後，一片我透過這副塔羅牌本身難以置信的深度，而慢慢學會去理解的大地。在以動物為核心的眾多牌卡中，布雷迪的牌組獨樹一幟，因為她的視野放在自然科學與秘傳知識的交會之處。在《布雷迪塔羅》，大自然沒有被人格化或神秘化，就只是單純的大自然，以猛烈和充滿詩意的方式展現其強大、它非凡的內在生命，以及蒼翠繁茂之美和殘忍冷酷的誠實。

多年前我在紐約結識艾米，至今仍念念不忘，她曾帶我去參觀她位於普瑞特藝術學院（Pratt Institute）的校園，她在那裡鑽研版畫的複製工程。她拉著我到處欣賞美麗的建築，指著藝術品為我解說故事，還介紹我認識著名的普瑞特校貓，牠們似乎全都被她馴服了。我異訝於她對任何動物知識或動物行為的博學多聞，特別是她所熟知的鳥類，她能辨識出許多鳥鳴聲和羽毛類型。她成長於田納西州，曾花費許多時間獨自待在森林裡，享受自然世界的奇觀，吸收那種對我來說顯得相當陌生的語言。

當我們聚在一起討論她的塔羅牌，她告訴我，她曾前往科羅拉多州，那時她差點放棄她的藝術抱負，而轉換到醫學跑道，學習成為一名超音波技師。她非常開心地描述，能利用儀器看見藏在人們身體裡的東西是件令人著迷的事！可惜（但對我們而言是幸運的），命運對她有不同的安排。當她一時興起用塔羅替自己占卜和解牌，她重新點燃了多年前的念頭，她要創造一副屬於自己的塔羅牌組。經過一番諮詢，塔羅給出了非常簡單的訊息：她不應該害怕去深入探索她的創造力，醫學領域並非她的歸屬，當個藝術家才是。在即將跨出重要一步的當下，有鳥兒來訪——一隻大角鴞和兩隻紅尾鵟——帶給她喧鬧的吉兆，牠們笨拙地停棲在她的都市住所，好像在暗示，如果牠們都被說服了，她應該也是。

兩年後，她一絲不苟地雕刻並以手工著色七十八塊浮雕板，賦予《布雷迪塔羅》一種像從前的牌卡那樣在精心掌控下的粗糙生猛感。她的牌組是真正的寶藏，無論在絕對的藝術成就上，或者是她所融入每幅圖畫中的豐富知識。艾米就像個記載神聖生物多樣性的聖徒傳作者，呈現出沒有被扭曲、最貼近真實的大自然，以她獨一無二的、喜悅和敏銳的圖像風格傳達觀察大自然的感覺。掠食動物和牠們的大餐、兩個物種間的秘密協定、水獺的幽默感、山羊尋覓有精神藥物效果的地衣、鶴的激烈愛情儀式……這副牌妙就妙在讓人好像在探索大自然，它請你靜下心來抱持開放和好奇的態度，以便吸收和連結到當中包含的每一個故事。艾米也在牌中融入了一些原住民故事，這些故事頌揚美洲原住民保有的智慧，以及我們與所佔領的大地之間已然中斷的對話。為了促進成效，每副《布雷迪塔羅》牌的部分收益歸屬於幾個致力於保護原住民遺產和自然保育的協會。艾米的計畫不只是替一個流傳許多世紀的占卜工具繪製插畫，她還要提供一個管道，讓我們看見隱藏在我們內心深處的東西，瞭解我們人類群體必須扮演的角色和所處地位，以及如何去修補我們與大地之間最神聖的關係。

祭司長

死神

羽毛一

根一

箭一

號角六

《塵 II 縞瑪瑙》

在精心製作《塵 II 縞瑪瑙塔羅》之前，寇特妮・亞歷山大（Courtney Alexander）發現自己來到一個十字路口，在這個敏感時刻，她的創作與她的心之所向幾乎重疊，但又不盡然如此。她去上藝術學校，攻讀視覺行銷，同時經歷了個人的天啟，她將之描述為某種自我啟示：她正走在一條從設計師變成藝術家的人生道路上。她明白她的行業和創作的成果，讓她得以連結到內心深處的自我。漸漸地，她有了妥協的想法，認為藝術能用來表達自我，並發現圖像可做為一種深刻的治療工具，讓她清楚說明和展現「她在世間走跳的方式」，修補、黏合長久以來在社會期待下變得支離破碎的自己。

寇特妮描述自己是「又黑又胖、敬神的酷兒」，她告訴我，催生出這些圖像、雕塑和拼貼作品，讓她得以定義她自己的空間、聽見自我的聲音，以及分辨哪些是屬於她自身的東西，哪些是投射在她身上的東西。在這個內省的過程中，她開始直覺地運用神諭卡和塔羅牌，卻發現這些工具沒有一樣符合她心目中想要的設計。塔羅圖像缺乏種族多樣性，這並非一個新鮮話題，它們極少描繪黑種人的身體，何況由有色人種所發展出來的塔羅牌，數量甚至更加稀少。「創作者和創作一樣重要。」寇特妮告訴我。「你不會錯認某人的能量，因為他們的生活經歷和承繼的東西，造成他們在文化上展現微妙的差異。」

在這個空缺處，寇特妮設計出《塵 II 縞瑪瑙塔羅》，即使說不上「被接受」，至少在占卜牌卡的領域爭取到代表性，但最重要的是，給這個世界一部作品，讓我們去思考黑皮膚所代表的許多意義。《塵 II 縞瑪瑙塔羅》大多是由「黑上加黑」的肖像所組成，這些肖像是藉由拼貼畫、混合繪畫和畫像創造出來的，是一場黑色的饗宴，凝聚起流散到世界各地的非裔人口的破碎片段、他們的文化財富和鮮明活潑的精神遺產。這副牌復原了一種豐富和完整性，反映出非洲文化在自身的錯綜複雜中繁榮發展，將它的根深深植入我們的永恆世界。妮姬・米娜（Nicki Minaj，出生於千里達及托巴哥的饒舌和唱作歌手）的眼睛、艾爾戈巴（Elegba，奈及利亞約魯巴人神話傳說中的惡作劇神）神聖的靈視，或者桑迪面具（Sande mask，桑迪結社存在於西非文化，是為女孩進入成年期做準備的女性團體，她們會穿戴面具和特別服裝在桑迪入會儀式中跳舞）的整體美——寇特妮的塔羅牌將黑人文化提升到非常高的集體層次，雖說不算新穎，但對於她從「異世界祖先」那裡接收到的事物，的確表達出深刻的敬意。

《塵 II 縞瑪瑙塔羅》無疑是傑作，正因如此，這副新時代的塔羅令我著迷。它超越占卜的作用，邀請我們去思考是什麼構成了我們的身分、我們的身分建立在什麼樣的基礎上，以及需要什麼樣的養份，並確認這是否為我們所選擇的。雖然我本人不是時間旅人，但我真心相信此後的一百年內，《塵 II 縞瑪瑙塔羅》將打造出自己的傳統，就像《萊德－韋特－史密斯塔羅》一樣。

尼古拉斯與塞萊斯尼克

自二〇一七年起，尼古拉斯．卡恩（Nicholas Kahn）和理查．塞萊斯尼克（Richard Selesnick）這個跨學科的藝術二人組，便以虛構攝影和裝置藝術作品而聞名，他們創造出兩副占卜塔羅牌——圖像精美的《世界末日嘉年華會塔羅》（Carnival of the End of the World Tarot）和運用攝影技術的《淹沒的世界塔羅》（Tarot of the Drowning World）。這兩副無懈可擊的牌組運用了他們擅長的手法，透過自然主義的抒情技巧，以及呈現氣候變遷所產生的反烏托邦衝擊的生態寓意，將天啟式的氛圍和被遺忘的魔法傳說交織在一起。像個帶有諷刺意味和些許病態的玩笑，尼古拉斯和塞萊斯尼克的作品呈現了過去、現在和未來之間的張力，展露一個難以固定在時間和空間中的敘事。所有這些成分都被當作這兩副牌的背景，詼諧地探討一種自作自受而迎來末日的荒謬感。

在這個以人類為宇宙中心的時代，解讀塔羅牌有什麼意義？在我們摧毀地球的同時，我們為自己建構了什麼樣的未來？這兩副牌嘗試以詩意的方式，為這兩個引入注目的問題提供清楚的圖像解答，伴隨著一大堆奇怪的原型人物，在「明天」這個概念似乎遭受威脅的當下，激勵我們改正對生態所造成的不良影響。這兩副塔羅的靈感來自這個二人組歷來對塔羅牌的著迷，牌中也充滿了兩人所受到的藝術影響力，從卡斯巴．大衛．弗雷德里希（Caspar David Friedrich，十九世紀德國浪漫主義風景畫家）對於主題的冥想態度，到朱塞佩．阿爾欽博托的複合肖像。這些塔羅牌講求極致的美，擄獲了牌卡愛好者和熱中占卜者的心，他們在獨一無二的圖像中，發掘了無比深刻的象徵意涵。

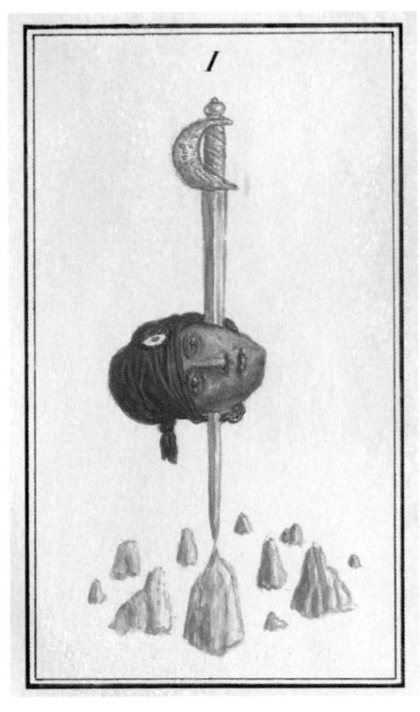

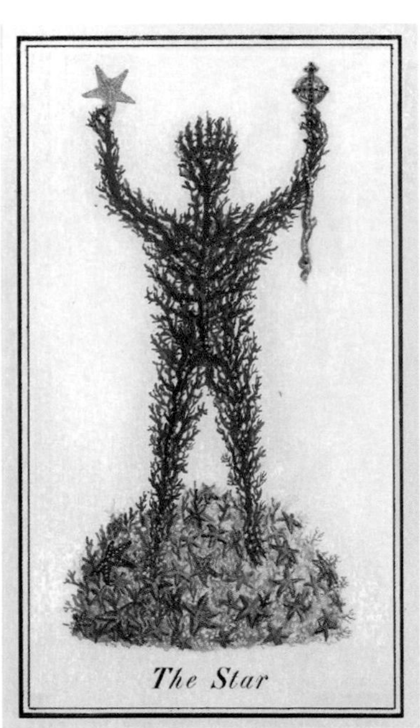

II

VII

Knave of Cups

Death

The Devil

The Empress

The Fool

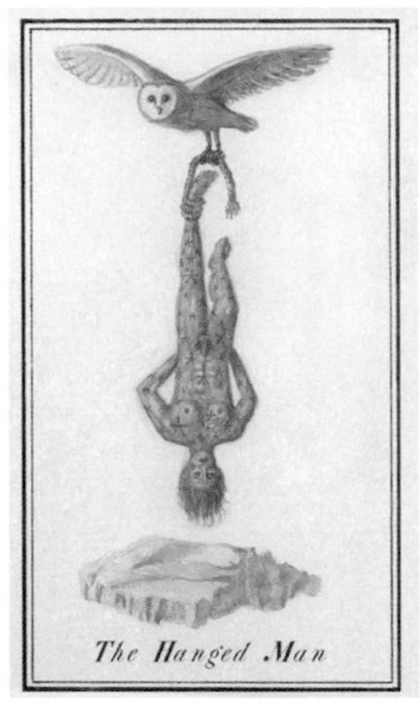
The Hanged Man

The Hierophant

High Priestess

Justice

King of Pentacles

The Moon

II

Queen of Swords

Strength

V

Temperance

VII

IX

V

Deniers II

Coupes IV

Coupes VIII

Bâtons VIII

Épées IX

La Roue de Fortune X

Tempérance
XIV

La Maison Dieu
XVI

Deniers
VIII

Coupes
Valet

La Force
XI

Le Perdu
XII

Épées
Cavalier

Bâtons
Cavalier

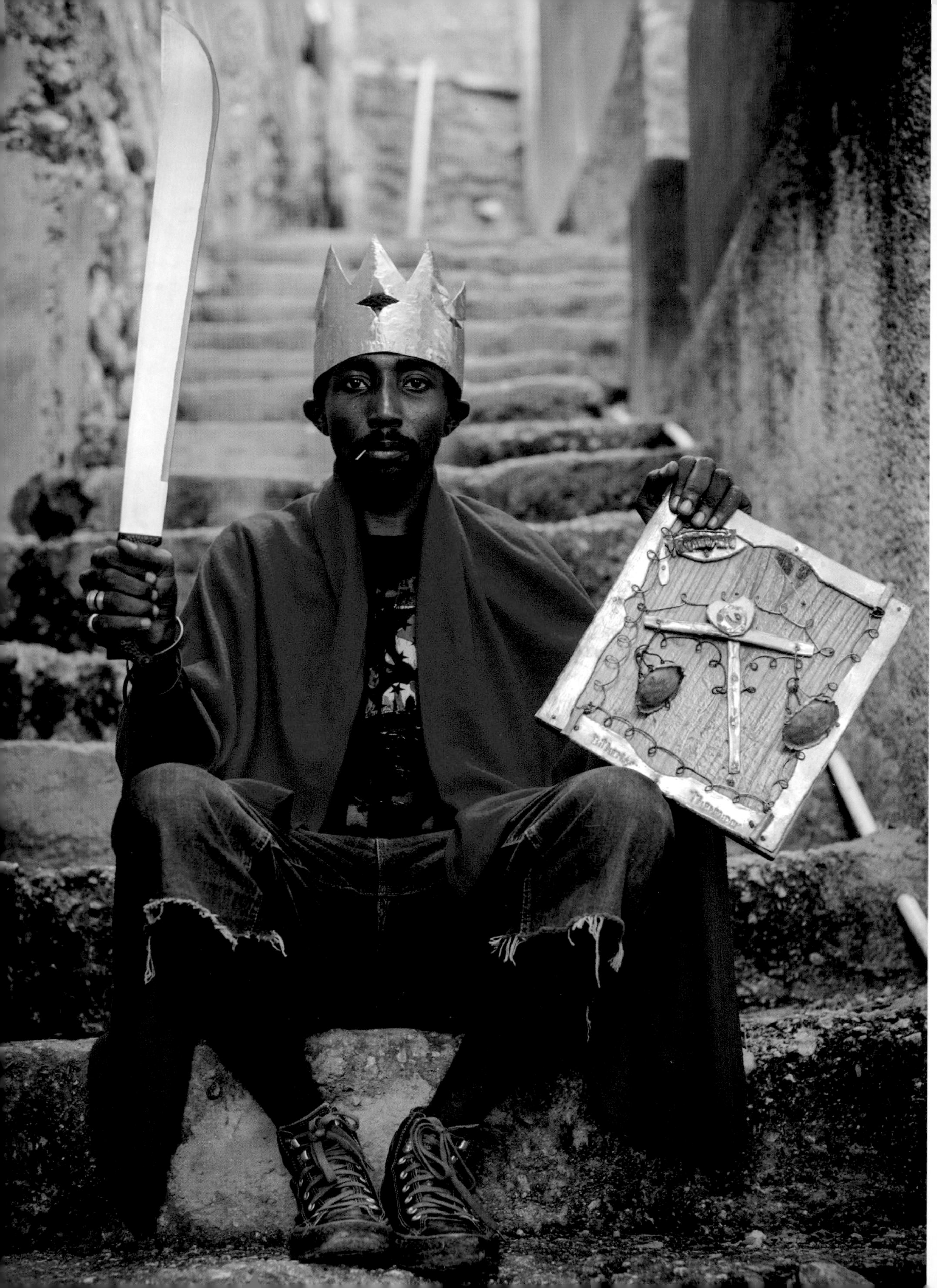

《貧民區塔羅》

二〇〇八年，比利時藝術家愛麗絲・斯梅茨（Alice Smeets）以前一年在海地拍攝的一幅照片，贏得了著名的聯合國兒童基金會（UNICEF）攝影獎：照片中的小女孩來自太子港最窮困的地區之一太陽城（Cité Soleil），她正小心地提起乾淨潔白的連衣裙，赤腳涉過一個布滿碎石的大水坑。她奮力穿越污泥，背景中的垃圾堆旁有兩頭正在進食的豬，牠們不驚不擾地盯著她看。這位六歲女孩的那股狠勁和堅決極其明顯且動人。愛麗絲・斯梅茨發現海地人生活的複雜程度遠超出她對貧窮的偏見，包括他們所倚賴的偉大精神財富，這或許是激發她靈感的眾多因素之一。愛麗絲一再回到這個加勒比海島國，後來在首都太子港定居了兩年，參與幾個社區計畫，主要是為有抱負的當地青年教授攝影。

曾以直觀方式學習塔羅的愛麗絲，很早就起心動念想創製一個她曾使用過的萊德－韋特－史密斯塔羅牌的攝影版，但時機一直不湊巧。在遇見了以大街（Grand Rue）社區為營運基地的藝術團體「反抗的藝術家」（Atis Rezistans）之後，這個計畫被發展成為一個合作案。這個團體中的許多成員是雕塑家，主要以他們在貧民區附近找到的回收材料進行創作。他們改造了「貧民區」這個用語，消除它的貶抑層面。「反抗的藝術家」邀請藝術家來營造一種社區共同感，並使之成為當地文化生活中的一個重要部分。他們每隔一年舉辦一次「貧民區雙年展」（Ghetto Biennale），在這場盛會中可以直接體驗到富於創意的靈感。如同愛麗絲的說明：「他們立刻跳下來一起創造《貧民區塔羅牌》。他們本身都很有靈性，而且大量運用巫毒教的象徵，所以馬上便明白了這些牌卡可以傳達的精神。」

《貧民區塔羅》是從這場合作中創造出來的一顆明珠，使得海地最危險的地區成為這群藝術家展現非凡創造力的場域，他們從一團混亂中採集藝術材料。愛麗絲藉由挑選圖像原型，將潘蜜拉・柯爾曼・史密斯的所見變成活生生的人物。他們帶來 DIY 精神和創造力，在引發聯想的活人畫（*tableau vivant*，由活人在臺上扮演的靜態畫面）中當演員擺出各種姿勢，也為每張牌製作道具和服裝。克洛岱爾（Casseus Claudel）裝扮成「正義」；「反抗的藝術家」創辦人尤金（Andre Eugene）被描繪成「死神」，身旁是他那令人不安的雕塑作品；布隆丹（Herad Blondine）扮演「權杖皇后」；波利卡普（Racine Polycarpes）充當「魔術師」；昂布瓦斯（Nathalie Amboise）扮演「星星」；丹尼斯（Mario Halito Denis）在「月亮」和「權杖皇后」牌中創造一些黑色輪廓；還有巴齊爾（Wesner Bazil）、錢布林（Claudy Chamblin）、帕倫凱（Jean Robert Palanquet）和更多的「反抗的藝術家」成員都為《貧民區塔羅》做出貢獻！

銷售這副牌的收益平均分配給所有的合作者，而每位藝術家的成功則提供了更多機會，來支持王子港貧民區的藝術和創作活動。你可以透過 ghettotarot.com 購買這副牌共襄盛舉。

I. The MAGICIAN

B
J
II. The High Priestess

III. The EMPRESS

VII. The CHARIOT

XIII. DEATH

·VI·
· the lovers ·

《巴甫洛夫塔羅》

有鬍鬚的節制天使面帶合群的微笑，將水從一隻罐子倒進另一隻罐子。聖賽巴斯蒂安頭下腳上地吊在一棵樹上，他的身體插著箭，部分被裹屍布遮住。一位冷眼無情的女算命師身處於渦形的煙霧中，她揭開她的面紗，露出無限的景象。在《費奧多爾・巴甫洛夫塔羅》（Fyodor Pavlov Tarot）中，赫密士誘惑伊洛斯，這些寓意人物如同他們本人親臨，被賦予悅目的形體，渾身散發出人味，使用大膽流動的線條是費奧多爾・巴甫洛夫（Fyodor Pavlov）作品的特色。費奧多爾展現了如此驚人的才能和技巧，難怪他備受期待的塔羅牌甫發行，幾個小時內就把它的 Kickstarter 募資活動給掀翻了天。像「戀人」牌這類圖像在線上一再被分享，已然拓展了塔羅的象徵語彙。

巴甫洛夫出生於莫斯科，十三歲時赴抵美國，此後落戶在華盛頓高地（Washington Heights），在那裡成為一位多產的藝術家，多方面的天才使得他能夠從事插畫、肖像和漫畫工作。有好幾年的時間，費奧多爾熱中記錄底層社會的滑稽場景，近來他開始學習當一名紋身藝術家。巴甫洛夫擺盪在前拉斐爾派的憂鬱與世紀末頹廢運動的壯麗之間，他的作品走唯美主義路線，成果總是大於部分的總和。他花費四年時間用黑色墨水和水彩，一個接著一個，繪製出七十八個重新想像的潘蜜拉・柯爾曼・史密斯遺產。巴甫洛夫的塔羅牌無比優美，感覺像一部史詩，當中的英雄和輝煌的人物沐浴在大自然的慷慨大度中。它不只是一件精美的藝術品，作者費奧多爾・巴甫洛夫——被認定是一個變性的雙性戀男子——挑戰了依性別分類的原型標準概念，以及它們在塔羅中的視覺呈現方式。從歷史角度而言，塔羅在十九世紀末僵化成一個秘傳系統，而它所呈現的男性／女性象徵的兩極對立也跟著僵化。然而，較早期的塔羅牌圖像並非總是不言可喻，它們往往描繪了性別模糊的寓意人物。傳統上，如果「惡魔」具備全部的性徵，那麼像「星星」和「世界」這樣的人物，向來也經常以更接近雌雄同體的方式被描繪。[1]

巴甫洛夫藉由將鬍子給予了傳統上無性別的節制天使，或者選擇將亞當和夏娃詮釋為兩個變性人，並透過煉金術方式在更新後的伊甸園裡結合，作為他的「戀人」牌，巴甫洛夫的牌中人物消融了塔羅系統中傳統的男性／女性二元組合。巴甫洛夫有趣地扭轉和改變了以往所有關於性別、種族和年齡的文化刻板印象，美化那個介於兩極之間的模糊地帶，讓性感的女性體現和佔有空間，而男性則變得柔弱、年輕人有智慧、老年人被讚頌。

巴甫洛夫創造出如此美麗的塔羅牌，可謂贈予了解牌的社群一項大禮，頌揚酷兒為普世人類經驗中的一部分，將具備多樣風貌的人體展現為一個渴望完整、神秘難解又富有詩意的容器。

O
the fool

II
the high priestess

XIII
death

IV
the emperor

V
· the hierophant ·

IX
· the hermit ·

VII
· the chariot ·

X
· wheel of fortune ·

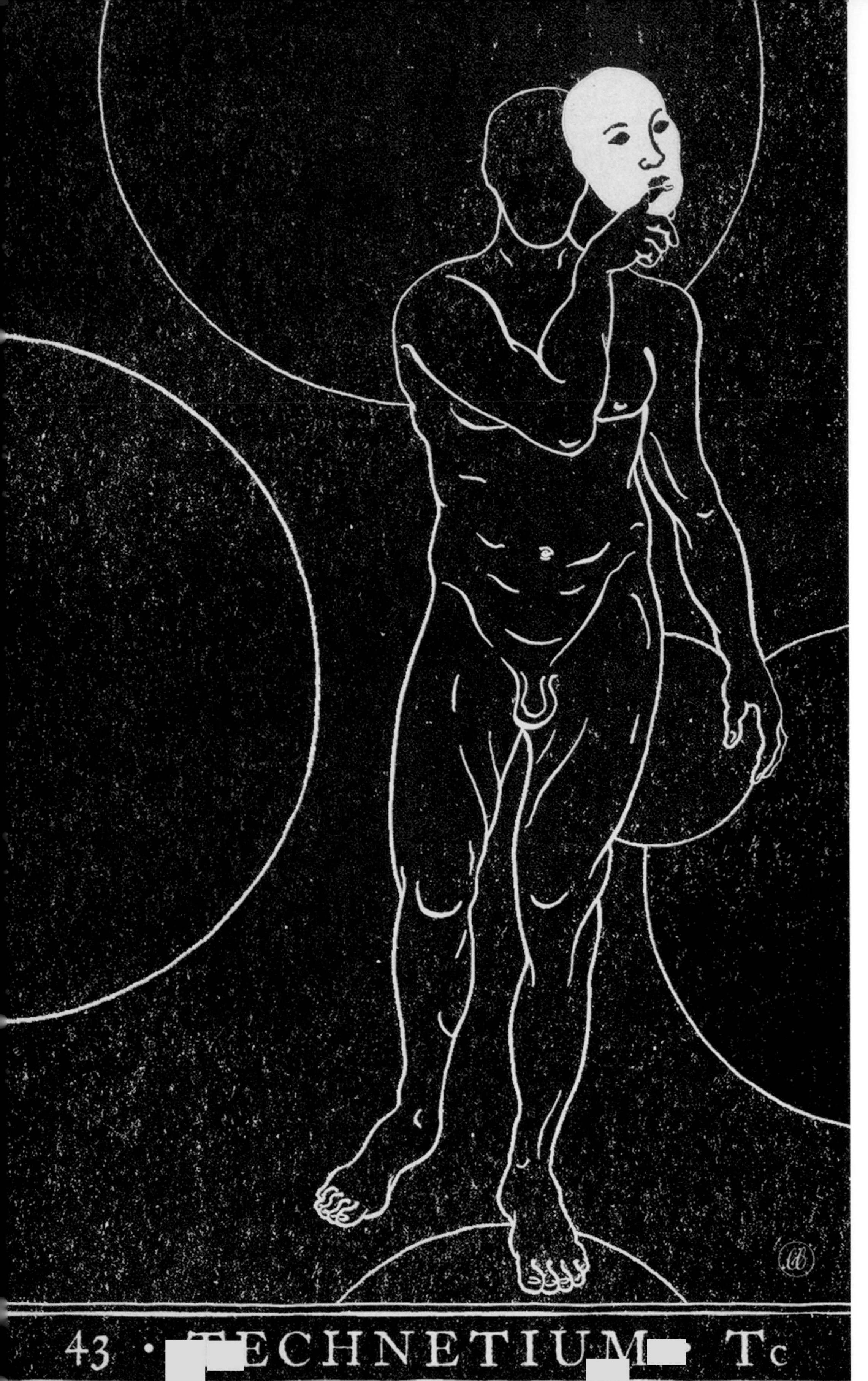
43 · TECHNETIUM · Tc

UUSI

usi——四個字母組合起來，形成一個聽起來像咒語的東西。這個字在芬蘭語的意思是「新的」，被藝術家二人組麗妮爾．季茨（Linnea Gits）和彼得．杜罕（Peter Dunham）用來當工作室的名字。他們的作品一如Uusi這個字眼：有種古怪的陌生感，但不知怎的卻散發某種魅力，看起來極簡且優美。

「新工作室」（Uusi Studio）創設於二〇一〇年，透過Kickstarter募資平台製作出幾副精美的撲克牌，然後掉進占卜牌卡的兔子洞。這項冒險讓我們有幸得到《異教另類世界塔羅》（Pagan Otherworlds Tarot）、《伊洛斯塔羅》（Eros Tarot）、《在前》（Supra）和《原料》（Materia Prima），全都是這兩位藝術家大費心思想像出來的。「生命值得我們去做有意義的努力，它給的回報是讓你發現新東西。」他們的傳記中有一段充滿詩意的話這麼說。他們所創造的每一副牌組都是在邀請你進行一場視覺和象徵的實驗，這是在他們作品核心中發揮作用的概念，當中傳統技藝和創新圖像找到了完美的平衡點。季茨和杜罕擁有一雙獲得啟示的眼睛，成功調和了高端和低端文化，在簡單中注入了貴氣，我認為他們達成了挑起玩心、但不帶一絲稚氣的不可能任務。

這些牌卡無論用於玩樂、冥想或占卜，每一副都具備各自的能量，充滿奇特的美感，賦予許多解牌者靈感，並幫助他們在牌卡愛好者高要求的世界裡，成為派別的創造者。Uusi優雅地證明毋需執著於教條或講求菁英主義，也能獲得洗練的視覺效果。如果美能激發直覺，那麼它們對於現代占卜牌卡歷史的貢獻將無可估量。

《異教另類世界塔羅》

以下是個故事。從前我在我的布魯克林（Brooklyn）小公寓裡教授塔羅。某天傍晚，一名我從未見過的學員帶了這副塔羅來給我們大家看，他小心地解開一面靛藍色絲巾，從裡面取出他的寶貝牌卡，彷彿它們是水晶做成的。一攤開在桌上，我隨即明白這副牌是當代作品。這位北方大師調色盤的視覺饗宴使我昏頭轉向，誤以為這些圖畫來自另一個世紀。《異教另類世界塔羅》牌卡創製於二〇一六年，出自麗妮爾．季茨的一系列油畫，結合了呼應耶羅尼米斯．波希的人物的莊嚴，或者威廉．莫里斯（William Morris，十九世紀知名的英國藝術家）畫中那種來自大自然平靜欣喜的靈感。儘管這副牌保有大半的塔羅傳統結構，而且經常在圖像上向潘蜜拉．柯爾曼．史密斯的作品致敬，但它以其藝術原創性而馳名，同時也尊重塔羅的傳統象徵和敘事。這副牌包含了額外一張名叫「追尋者」（Seeker）的大阿爾克納，仿傚出自卡米耶．弗拉馬利翁（Camille Flammarion，法國天文學家和作家，1842~1925 年）1888 年的《大氣：通俗氣象學》（*Atmosphere: Popular Meteorology*）中的著名插畫，顯示一名男子刺穿他的世界的界限，到達最高天。這副牌還有五張月亮牌，顯示這顆銀色衛星的不同月相，似乎被牌卡占卜者用來指示時間，以及影響他們解牌時漸盈／漸虧的敘事流動。

II
The High Priestess

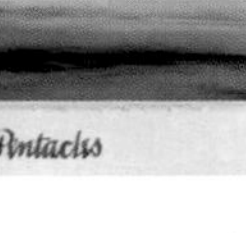
Knight of Pentacles

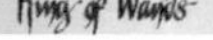
King of Wands

《原料》：物質的表現

「在自然中，沒有東西消失，沒有東西生成，一切唯有轉變。」[1]這句熟悉的格言往往被說是出自十八世紀科學家、化學之父安東萬－羅倫・拉瓦節（Antoine-Lauent Lavoisier）之口，非常適合作為Uusi的作品《原料》的引言。這副獨一無二的牌組提議以秘傳方式解讀元素週期表，當中每種化學元素都被擬人化、心理化並賦予象徵的屬性。黑色、白色和金色的球體，以及它漂浮其中的最初形狀，使得這些牌卡彼此相連，就像大自然的古老謎題。而這些基本成分互相連結，構成了我們的身體、我們行走的陸地、我們呼吸的空氣，還有在我們頭頂上閃耀的星辰。我認為《原料》是一種煉金術謀略，目的是為了讓我們思索微宇宙的真實，以及遭遇物質本身所隱藏的靈魂。

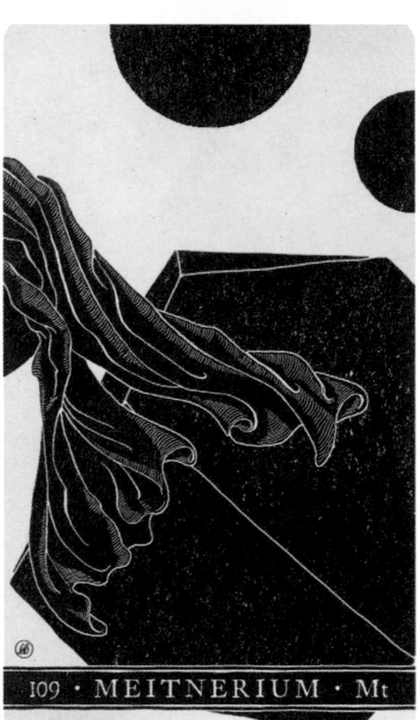

10 · NEON · Ne
7 · NITROGEN · N
8 · OXYGEN · O
15 · PHOSPHORUS · P
16 · SULFUR · S
47 · SILVER · Ag

《伊洛斯塔羅》，愛的花園

我們不可能不愛上《伊洛斯塔羅》的活潑俏皮，這副撩人的馬賽式牌組由Uusi在2017年創製。別被花色牌的古典樣貌給愚弄了：宮廷牌和他們的王牌配偶被逮到在「愛的花園」裡放縱自己。嘴唇和乳頭在洋紅色調中和諧地律動。在伊洛斯的國度，腫脹的寶劍被緊握在手中。裸體的酒神女祭司（Maenads）雀躍等待著最後的審判。成群的矮胖小天使吹著號角，皇后身上流動的衣紋，展露出以一氣呵成的書法線條所描繪出來的性感形體。帶我去那裡！這地方，這副牌，實在令人難以抗拒。

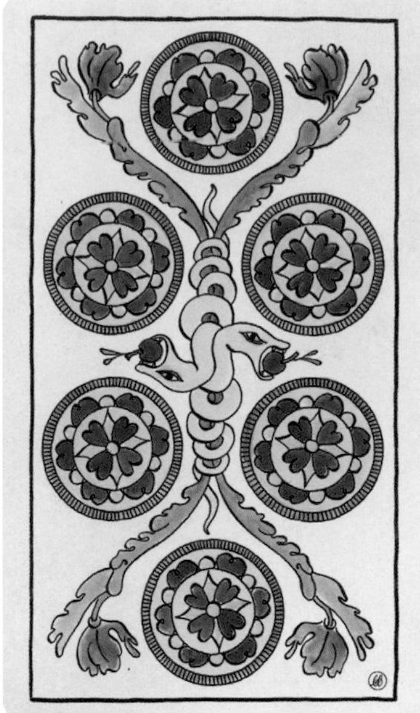

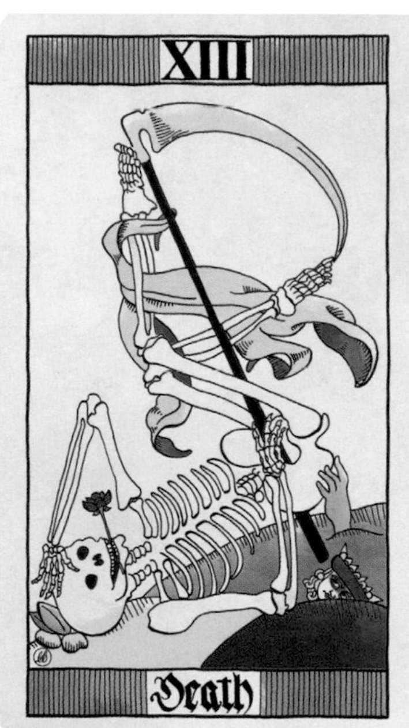

IX
The Hermit

XI
Justice

Knight of Wands

VI
The Lovers

King of Wands

I
The Magician

注釋

愚者

1. Max Harris, *Sacred Folly: A New History of the Feast of Fool* (Ithaca, NY: Cornell University Press, 2011).
2. 鱷魚的寓意似乎出自保羅・克里斯欽（Paul Christian）1870 年的著作《魔法歷史與實務》（*History and Practice of Magic*）。在書中的「金字塔之謎」（"The Mysteries of the Pyramids"）一章，克里斯欽描述了二十二張據傳由埃及人創製的阿爾克納，以便隱藏「意志的科學」。雖然沒有插畫，但對於稱作「鱷魚」的阿爾克納 0 的描述，可作為法爾科尼耶的《占卜塔羅的二十二張奧秘牌》的「無神論者」牌的基礎，這張牌似乎是最早的一張。
3. Oswald Wirth, *Tarot of the Magicians: The Occult Symbols of the Major Arcanas that Inspired Modern Tarot* (Newburyport, MA: Weiser Books, 2012), 149.
4. Paul Foster Case, "The Fool," *The Tarot: A Key to the Wisdom of the Ages* (New York: Penguin, 2006), 31.

女教皇和女祭司

1. Tariro Mzezewa, "Rihanna Reigns with Pope-Inspired Dress at Met Gala," *New York Times*, May 7, 2018.
2. Arthur Edward Waite, The *Pictorial Key to the Tarot*, 1910 (U.S. Games System Inc., republished in 1995), 79.
3. Waite, *The Pictorial Key to the Tarot*, 79.
4. Gertrude Moackley, *The Tarot Cards Painted by Bonifacio Bembo* (New York Public Library, 1966).
5. Sherryl E. Smith, *Is the Visconti-Sforza Popess a Heretic?,* tarotheritage.com, November 18, 2020.
6. Naomi Ozaniec, *The Watkins Tarot Handbook: The Practical System of Self-Discovery* (New York: Sterling Publishing Company, Inc., 2005), 174.

女皇

1. 米夏埃爾・邁爾的《亞特蘭妲奔逃》第二個警句的翻譯者是亞當・麥克萊恩（Adam Mclean），alchemywebsite.com。
2. Instagram Post, May 31, 2019, @marykgreer
3. Lynn R. LiDonnici, "The Images of Artemis Ephesia and Greco-Roman Worship: A Reconsideration" *The Harvard Theological Review* 85, no. 4 (Oct. 1992): 393.

皇帝

1. Alejandro Jodorosky and Marianne Costa, *The Way of Tarot, The Spiritual Teacher in the Cards* (Rochester, VT: Destiny Books, 2004), 145.
2. 斯圖亞特・卡普蘭在他的《塔羅百科全書》中提出假設，認為這些牌可能在威尼斯創製。*Encyclopedia of Tarot, Volume I*, U.S. Games Systems, 1978。
3. *Le Tarot des Bohemiens, Le Plus Ancien Livre Du Monde, À L'Usage Exclusif des Initiés*, Papus, 1911, Hector et Henri Durville, Paris, p.10.
4. *Tarot of the Magicians*, 71.

教皇－祭司長

1. Antoine Court de Gébelin,"The Vth represents the chief of Hierophants, or the Great Priest," *Le Monde Primitif (. . .)* (Paris, 1773–82), translation by the author, 370.
2. S.L. McGregor Mathers, *The Tarot: A Short Treatise on Reading Cards* (Weiser Books: first published in 1888, republished in 1993), 15.

吊人

1. 就歷史角度來看，彼得・德拉・維格納據信並沒有上吊自殺，更有可能是死於嚴刑拷打。然而傳聞堅稱他是自殺的，加重了他的污名。
2. Eliphas Levi, *Dogme et Rituel de la Haute Magie*, 1856 (Unicursal: 2018), 523.

惡魔

1. Levi, *Dogme et Rituel de la Haute Magie*, 422.
2. Paul Huson, *Mystical Origins of the Tarot* (Rochester, VT: Destiny Books, 2004), 125.

小阿爾克納

1. Rachel Pollack, *78 Degrees to Wisdom, Part II: Minor Arcana and Readings* (The Aquarian Press, 1983), 12.

埃特拉

1. Ronald Decker, Thierry Depaulis, and Michael Dummett, *A Wicked Pack of Cards: The Origins of the Occult Tarot* (Duckworth, 2002), 77.
2. Etteilla, *Manière de se récréer avec le jeu de cartes nommées tarots* (Amsterdam : BNF, 1783), 9.
3. 艾里法・李維以及他獻給埃特拉的小篇傳記中，讓・巴普蒂斯特・米葉－聖皮耶（Jean Baptiste Millet-Saint-Pierre）的筆記，或多或少證實了這個文本因為離奇的文法和拼字而遭污染。

4. Etteilla, *Manière de se récréer avec le jeu de cartes nommées tarots* (Amsterdam : BNF, 1783), 7.
5. Etteilla, *Manière de se récréer*, 9.
6. "lame"這個單字至今仍在法語中用於指稱塔羅牌。
7. Decker, *A Wicked Pack of Cards*, 90.

勒諾曼小姐

1. Dicta Dimitriadis, *Voyante de Louis XVI à Louis-Philippe* (Paris: Editions L'Harmattan, 1999), 22.
2. Dimitriadis, *Voyante de Louis*, 23.
3. Dimitriadis, *Voyante de Louis*, 23.
4. Dimitriadis, *Voyante de Louis*, 42.
5. Dimitriadis, *Voyante de Louis*, 44.
6. Dimitriadis, *Voyante de Louis*, 62.
7. 「我使用一副有三十二張牌的《皮克牌遊戲》，切三次牌，然後擺成八乘八的牌陣，特別留意查看位於末端的牌面」。Mlle. Lenormand, *Les oracles sibyllins, ou la suite des souvenirs prophétiques* (Paris: BNF, 1817), 150.
8. Illustration by Jule Champagne in Frank B. Goodrich, *The Court of Napoleon: Or, Society Under the First Empire* (New York: Derby & Jackson: 1857), New York Public Library.
9. Louis De Bois, *De Mlle Le Normand et de ses deux biographies récemment publiées*, Paris, Chez France,, 1843).
10. 在她的自傳記述中，她指出某些嘲諷聖物的無名人士：「我能……（此處缺字）為什麼有人會批評聖阿瑪博（Saint Amable）的牙齒、顯貴者的眼睛和阿基米德的鏡子，但請發發慈悲，放過塔羅一馬。」*Les Souvenirs prophétiques d'une sibylle sur les causes secrètes de son arrestation, le 11 décembre 1809*, Mlle M.-A. Le Normand, 1814, Paris, Bibliotheque nationale de France, iii.
11. 這個關聯最早被 Detlef Hoffmann 和 Erika Kroppenstedt 在 *Wahrsagekarten: Ein Beitrag zur Geschichte des Okkultismus* 一書中強調，引述於 Decker, Depaulis, and Dummett, *A Wicked Pack of Cards* (Bristol Classical Press, 1996).

杜羅拉・德拉・阿耶夫人的《象形文字塔羅》

1. Madame Dulora de La Haye, *Le Tarot Hieroglyphique*, deck booklet, 1897, 1.
2. Morning of February 7, 1910, Paris, Bibliotheque nationale de France.
3. "Le Noye de Southampton," *Le Travailleur Normand*, October 11, 1910, Rouen, France, Bibliotheque nationale de France.
4. La Petite Presse, October 10, 1900, Paris, Bibliotheque nationale de France.

《占星塔羅》

1. 阿芒戈爾也曾為了他在 1927 年出版的《塔羅概論》，製作了一幅米謝利的木刻畫肖像。
2. 欲知更多訊息可造訪網站 g-muchery.com，由喬治・米謝利（Georges Muchery）的子女所創設的這個網站提供了豐富的資料。

《手相大遊戲》

1. 莫羅聲稱自己是她的學生之一。*L'Avenir dévoilé. Chiromancie nouvelle. Études des deux mains* (Paris: Adele Moreau, 1869), 5.
2. 相學家拉瓦特通過一組面部特徵來識別一個人的性格。Gall、Spurzheim、Idgies、Castle 和其他人從顱相學中得出了有利於教育傳播的確定性。手相術與這兩種科學相結合，為十九世紀帶來了它的預言和啟迪。

《古代命運遊戲》

1. 1986 年皮亞尼克版具備 J.F. Simon 於 1944 年撰寫的小冊子，主要包含傳統的牌卡占卜解讀和組合，但並未提供關於牌組的豐富圖像的訊息。
2. 1991 年迪塞爾版小冊子的圖像，承蒙傑出的收藏家暨牌卡占卜師伊恩・萊科克（Ian Laycock）惠賜。

《巴甫洛夫塔羅》

1. 在 1650 年《維耶維爾塔羅》中，舉例來說，「世界」牌描繪一個基督般的人物，雖然赤身裸體，但並未呈現乳頭或乳房，也沒有肚臍和生殖器。十八世紀初期《讓・多達爾塔羅》中的長髮人物也是如此。1700 年代後期發行的馮斯華・伊斯納爾塔羅中，「星星」牌上的人物同樣曖昧不明。

《原料》：物質的表現

1. 儘管作者不明，這段引文的靈感來自拉瓦節於 1789 年出版的《化學基礎論》（*Elementary Treatise on Chemistry*）的一小段內容，當中描述物質改變狀態時，產生了質量的轉變。

精選參考書目

書籍

- Adams, Peter Mark. *The Game of Saturn: Decoding the Sola-Busca Tarrochi*. Scarlet Imprint, 2018.
- Depaulis, Thierry. *Tarot, Jeu et Magie*. Paris: Bibliotheque Nationale,1984.
- Dummett, Michael, and Ronald Decker. *A History of the Occult Tarot*. London: Duckworth, 2013.
- Dummett, Michael, Ronald Decker, and Thierry Depaulis. *A Wicked Pack of Cards: Origins of the Occult Tarot*. London: Duckworth, 2002.
- Farley, Helen. *A Cultural History of Tarot: From Entertainment to Esotericism*. London: Bloomsbury Academic, 2019.
- Hundley, Jessica. *Tarot: The Library of Esoterica*. Koln: Taschen, 2020.
- Huson, Paul. *Mystical Origins of the Tarot*. Rochester, New York: Destiny Books, 2009.
- Jodorowsky, Alejandro, and Marianne Costa. *The Way of Tarot*. Rochester, New York: Destiny Books, 2009.
- Kaplan, Stuart R. *The Encyclopedia of Tarot*. New York: US Games Systems Inc., 1978.
- Kaplan, Stuart, Mary K. Greer, Elizabeth Foley O'Connor, and Melinda Boyd Parsons. *Pamela Colman Smith: The Untold Story*. Stamford, Connecticut: US Games Systems Inc., 2018.
- Nadolny, Isabelle. *Histoire du tarot: Origines, Iconographie, Symbolisme*. Escalquens, France: Trajectoire, 2018.
- Nichols, Sallie. *Jung and Tarot: An Archetypal Journey*. York Beach, Maine: Weiser Books,1984.
- O'Neill, Robert V. *Tarot Symbolism*. Lima, Ohio: Fairway Press, 1968.
- Place, Robert. *The Tarot: History, Symbolism, and Divination*. New York: TarcherPerigee, 2007.
- Pollack, Rachel. *78 Degrees of Wisdom: A Book of Tarot*. York Beach, Maine: Weiser Books, 2007.
- Talbot, Jude. *Fabuleuses cartes a jouer: Le monde en miniature*. Paris: Gallimard, 2018.

網站

- Mary K. Greer's Tarot Blog: https://marykgreer.com/
- Sherryl E. Smith's Tarot Heritage: https://tarot-heritage.com/
- Le Tarot Cultural Association, presided by Andrea Vitali: http://www.letarot.it/index.aspx?lng=ENG

右頁
「月亮」，出自《異教另類世界塔羅》，
Uusi，2016 年。

XVIII
The Moon

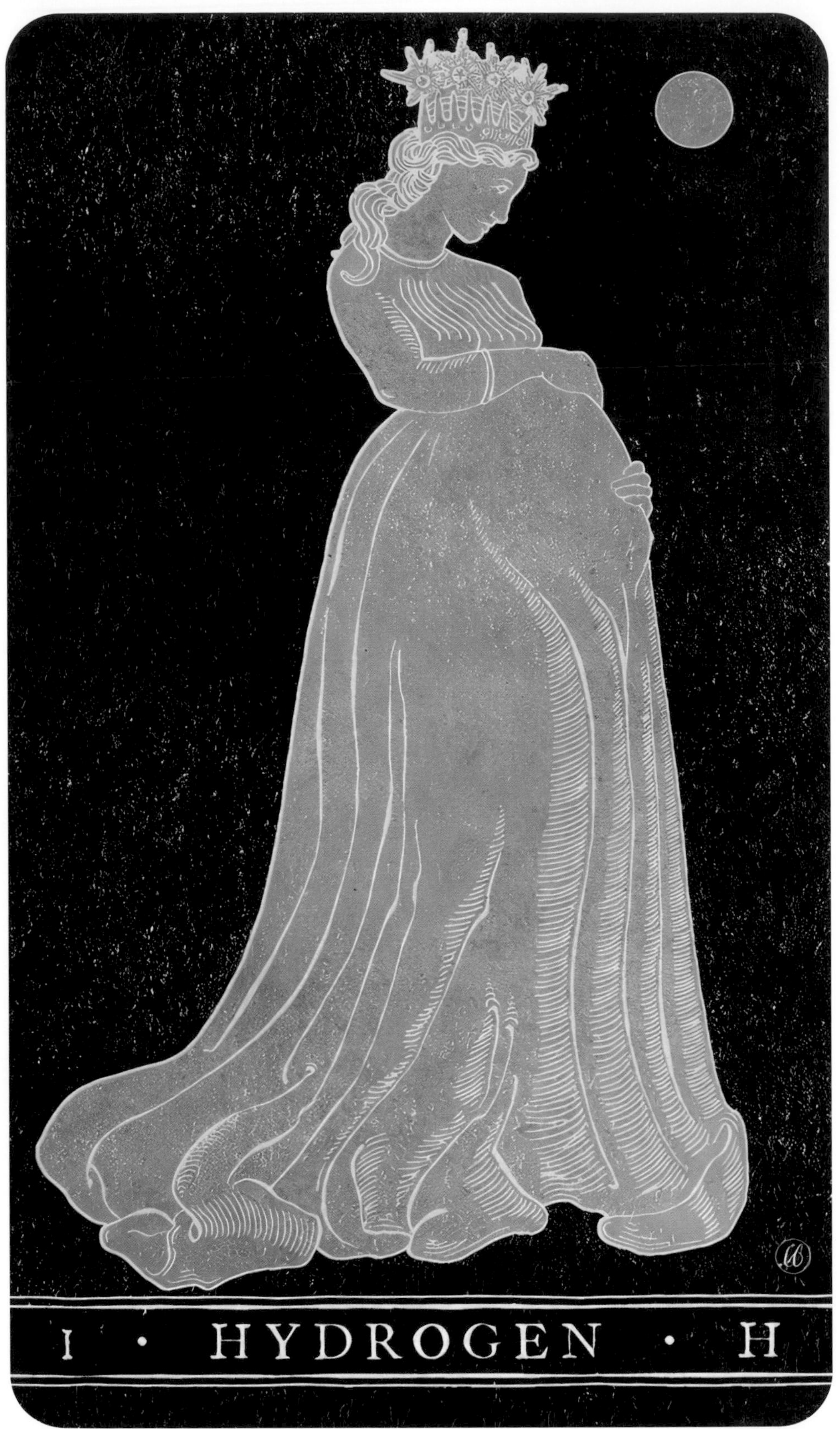
I · HYDROGEN · H

誌謝

首先，由於本書撰寫於 COVID-19 疫情漫延的封城期間，我想要感謝那些沒沒無聞的圖書館員和檔案保管員，他們負責數位化作業，使我能夠取得圖書館和博物館的線上收藏，並提供許多主要的資料來源、文本和牌卡，讓我得以完成本書。他們是文化世界不可或缺的一員，讓許多研究人員在機構關閉後還能繼續工作，成為我從事研究時的寶貴盟友。我還要大力感謝 Rodolphe Lachat、Amelie Retorre、Lucille Kroenlein 和 Benjamin Brard，以及 Cernunnos/Abrams 團隊在撰寫本書過程中的耐心與支持。沒有他們的奉獻，就沒有這本書。我要向我的朋友、學員和家人致敬，特別是我的雙親 Janou 和 Michel，還有 Adrienne Simone、Chloe Sugden 和 Amy Slonacker，謝謝他們的支持與鼓勵。

感謝所有參與的藝術家、收藏家和塔羅專家，他們慷慨惠賜寶貴的時間，感謝 Brandie Knight 和 Brandon Hodge；Meredith Grave；Eugene Vinitski 以及麥克洛斯基古籍與牌卡。

最後，我要特別感謝親愛的 Joanna Ebenstein 和 Judy Ebenstein，他們贈予我終身的生日禮物和改變一切的塔羅解讀。

本書謹獻給我的紅心國王 Spencer Lamm。

左頁

「氫」，《原料》牌組，Uusi，2020 年。

圖像來源

書中所有圖像翻製自法國國家圖書館／Gallica，以下除外：

p. 11: © 2021 Kahn & Selesnick
p. 15: © 2021 Emi Brady
P. 19: collection of the Museum of Fine Art, Boston
P.36: left, collection of the Morgan Library, New York
p. 49: collection of the Morgan Library, New York
p. 50: top left corner, collection of the British Museum, London; top right corner, collection of the Beinecke Rare Book Library, Yale, New Haven, Connecticut
p. 53: courtesy of the Fondation Roi Baudoin / Studio Philippe de Formanoir
p. 57: collection of the Morgan Library, New York
p. 61: top left corner, collection of The Metropolitan Museum of Art, New York; bottom left: Wellcome Collection, London
p. 62: © 2021 Courtney Alexander
p. 67: collection of the Germanische Nationalmuseum, Nuremberg
p. 73: photo © 2021 Andreas Wahra
p. 74: left, collection of the Morgan Library, New York
p. 76: top right corner, courtesy of McClosky's Antiquarian Books & Cards
p. 78: Wellcome Collection, London
p. 82: collection of the British Library, London
p. 88: collection of the Beinecke Rare Book Library, Yale, New Haven, Connecticut
p. 94: collection of the Victoria & Albert Museum, London
p. 101: courtesy of Fortifem and Bragelonne Games
p. 106: collection of the Morgan Library, New York
p. 109: top left corner, collection of The Metropolitan Museum of Art, New York
p. 113: collection of the British Library, London
p. 114: collection of the Morgan Library, New York
p. 117: bottom right corner, courtesy of the Bibliotheque de Rouen, France
p. 122: right, collection of the Beinecke Rare Book Library, Yale, New Haven, Connecticut
p. 123: bottom left corner, collection of the British Museum, London
p. 138: top left corner, collection of the collection of the Beinecke Rare Book Library, Yale, New Haven, Connecticut; bottom left corner, collection of the Victoria & Albert Museum, London
p. 142: Wurzburg collection, Germany / Wellcome Collection, London
p. 148: courtesy of the Ordo Templis Orientalis
p. 154: bottom left corner, courtesy of the Bibliotheque de Rouen, France
p. 169: left, collection of the Beinecke Rare Book Library, Yale, New Haven, Connecticut
p. 170: bottom right corner, courtesy of the Bibliotheque de Rouen, France
p. 177: right, collection of the Beinecke Rare Book Library, Yale, New Haven, Connecticut
p. 179: collection of the British Museum, London
p. 187: bottom right corner, collection of the Beinecke Rare Book Library, Yale, New Haven, Connecticut
p. 201: collection of the Beinecke Rare Book Library, Yale, New Haven, Connecticut
p. 202: bottom, collection of the British Museum, London
p. 205: bottom right corner, collection of the British Museum, London
p. 212: courtesy of the Victoria & Albert Museum, London
p. 221: top right corner, courtesy of Croft-Lyons Bequest / Victoria & Albert Museum, London
p. 234: bottom left corner, collection of the Beinecke Rare Book Library, Yale, New Haven, Connecticut
p. 236: collection of the British Museum, London
p. 245: right, collection of the Beinecke Rare Book Library, Yale, New Haven, Connecticut
p. 255: top right corner, collection of the Beinecke Rare Book Library, Yale, New Haven, Connecticut
p. 257: bottom left corner, collection of the Beinecke Rare Book Library, Yale, New Haven, Connecticut
p. 262: Wellcome Collection, London
p. 265: Wellcome Collection, London
p. 296: © 2018 Lou Benesch
p. 325: collection of Bandie Knight, photo c Brandon Hodge
p. 360: © 2021 Emi Brady
pp. 362–363: © 2021 Emi Brady
p. 364: © 2021 Courtney Alexander
pp. 366–367: © 2021 Courtney Alexander
pp. 368–369: © 2021 Kahn & Selesnick
pp. 370–375: © 2021 Kahn & Selesnick
pp. 376: © 2021 Alice Smeets / collectif de la Grand Rue, Atis Rezistans, Haiti
pp. 378–379: © 2021 Alice Smeets / collectif de la Grand Rue, Atis Rezistans, Haiti
p. 380: © 2021 Fyodor Pavlov
pp. 382–383: © 2021 Fyodor Pavlov
pp. 384–391: © Uusi (Linnea Gits and Peter Dunham)
pp. 396–395: © Uusi (Linnea Gits and Peter Dunham)

作者簡歷

拉媞西亞・巴比埃（Laetitia Barbier）出生於法國，是一位獨立的學者與策展者，也是專業塔羅解讀師和教師。她在巴黎的索邦大學（Sorbonne Université）取得藝術史學士學位。巴比埃自二〇一二年起在病態解剖學（Morbid Anatomy）擔任計劃主任和首席館員。她的作品見於 *Atlas Obscura*、*Vice* 網站和《死神：墳墓邊的同伴》（*Death: A Graveside Companion*）（Thames & Hudson 出版社）。她近來撰著了《今日耶穌：藝術 + 流行文化》（*Jesus Now: Art + Pop Culture*），檢視當代藝術中的基督肖像發展史（Cernunnos / Abrams books 出版社）。她透過 Instagram 帳號 @laetitia.cartomancy，與人分享她對塔羅和深奧的算命牌技巧的熱愛。你可以在網站 www.laetitiacartomancy.com 連繫到她。

若干世紀以來，牌卡遊戲被當作算命工具和內省的鏡子，我們可以藉由它來探索我們的道路、衝動和欲望。牌卡作為一種視覺神諭，已成為適用於各行各業中探尋者的冥想媒介，更是從時裝設到流行歌曲等主流文化的靈感來源。

在本書中，拉媞西亞・巴比埃邀請讀者一同凝視數百副塔羅和占卜牌，沐浴於它們的視覺之美，並探索圖像和它們難以形容的說故事能力是如何產生的。這些圖像在它們被創造出來的時代中代表了什麼意義，以及，我們現在從中看見了什麼？從蕾哈娜到維拉斯奎茲繪製的教皇肖像，從晦澀難解的文藝復興牌組到當代大師的傑作，《塔羅博物館》分析這些牌卡所描述的豐富歷史和輝煌的故事，證明牌卡占卜的長盛不衰和持續改變。

塔羅博物館

Tarot and Divination Cards: A Visual Archive

作　　者　拉媞西亞·巴比耶（Laetitia Barbier）
譯　　者　林金源
封面設計　莊謹銘
內頁排版　高巧怡
行銷企劃　蕭浩仰、江紫涓
行銷統籌　駱漢琦
業務發行　邱紹溢
營運顧問　郭其彬
責任編輯　李嘉琪
總 編 輯　李亞南
出　　版　漫遊者文化事業股份有限公司
地　　址　台北市103大同區重慶北路二段88號2樓之6
電　　話　(02) 2715-2022
傳　　真　(02) 2715-2021
服務信箱　service@azothbooks.com
網路書店　www.azothbooks.com
臉　　書　www.facebook.com/azothbooks.read
營運統籌　大雁文化事業股份有限公司
地　　址　新北市231新店區北新路三段207-3號5樓
電　　話　(02) 2695-4083
傳　　真　(02) 2695-4087
劃撥帳號　50022001
戶　　名　漫遊者文化事業股份有限公司
初版一刷　2023年5月
初版三刷 (1)　2024年3月
定　　價　台幣1800元

國家圖書館出版品預行編目 (CIP) 資料

塔羅博物館/ 拉媞西亞. 巴比耶(Laetitia Barbier) 著 ; 林金源譯. -- 初版. -- 臺北市 : 漫遊者文化事業股份有限公司出版 : 大雁文化事業股份有限公司發行, 2023.05
面； 公分
譯自 : Tarot and divination cards : a visual archive
ISBN 978-986-489-775-9(精裝)
1.CST: 占卜 2.CST: 歷史
292.96　　112003887

ISBN　978-986-489-775-9